高等教育政策与管理研究丛书

主编:陈学飞 副主编:李春萍

四 编
第 5 册

引进与融合
——晚清新政时期学校教育制度改革研究

陈 睿 腾 著

花木兰文化事业有限公司

国家图书馆出版品预行编目资料

引进与融合——晚清新政时期学校教育制度改革研究／陈睿
腾 著 -- 初版 -- 花木兰文化事业有限公司，2022〔民 111〕

目 2+246 面；19×26 公分

（高等教育政策与管理研究丛书 四编 第 5 册）

ISBN 978-986-518-939-6（精装）

1.CST：教育制度 2.CST：教育改革 3.CST：清末新政

526.08 111009783

ISBN-978-986-518-939-6

9 789865 189396

高等教育政策与管理研究丛书
四编 第五册

ISBN：978-986-518-939-6

引进与融合
——晚清新政时期学校教育制度改革研究

作 者 陈睿腾
主 编 陈学飞
副 主 编 李春萍
总 编 辑 杜洁祥
副总编辑 杨嘉乐
编辑主任 许郁翎
编 辑 张雅淋、潘玟静、刘子瑄 美术编辑 陈逸婷
出 版 花木兰文化事业有限公司
发 行 人 高小娟
联络地址 台湾 235 新北市中和区中安街七二号十三楼
     电话：02-2923-1455 ／ 传真：02-2923-1452
网 址 http://www.huamulan.tw 信箱 service@huamulans.com
印 刷 普罗文化出版广告事业
初 版 2022 年 9 月
定 价 四编 5 册（精装）新台币 10,000 元

引进与融合
——晚清新政时期学校教育制度改革研究

陈睿腾　著

作者简介

陈睿腾（1974年－），匹兹堡州立大学科学硕士、北京大学高等教育学博士。受过良好的科学研究训练，研究方向为科学哲学、高等教育。现为闽南师范大学教育科学学院副教授、硕士生导师。曾任西南大学特聘副教授（2011-2012年）、台湾东华大学访问学者（2014-2015年），于2012年作为台湾高层次人才引进到福建省工作。入选福建省漳州市高层次人才（2021年）、闽南师范大学新世纪优秀人才（2013年）。兼任华侨大学心理文化学研究所特聘研究员、《华侨华人文献学刊》编辑委员、厦门国科创新研究院智库成员。主持和参与国家级、省部级课题多项。在《北京社会科学》等核心期刊发表文章十余篇，涉及教育制度改革、两岸高等教育制度比较和创新人才培养等主题。译著有《乡民社会与文化——一种人类学研究文明社会的方法》。主讲两门校级一流本科课程。曾受民盟中央和厦门电台邀请就创新人才培养、亲子关系等主题进行讲座。近五年来先后获得省部级与校级教学大赛奖项四次。采用混合式教学颇受学生好评。

提　　要

　　本研究探讨清政府在1901至1911年的十年间，对学校教育制度进行的改革措施，并分析其改革理由、改革的社会影响，以说明学校教育制度作为一种外来物，在晚清新政时期从引进继而融合到中国社会的整个历程。最终得出结论，学校教育制度的引进需要借助中国传统教育特点，但要达到其预期的功能，还需要深挖学校教育制度的深层运作原理。借助中国社会中的一些特有要素有助于它融入中国社会。

　　在引进学校教育制度的过程中，清政府的主要措施有建立科名与新式学堂的对应关系；建立学校教育制度框架；建立教育行政体系。一系列措施的目的是要吸引学生进入学堂读书，而后成为创新人才；读书人与官员要得到妥善安排，或者到新式学堂学习，或者是出国游学；建立教育行政机构以推进各种改革。总体来看，晚清新政时期学校教育制度改革涉及的社会层面既广且深，完全不同于洋务运动时期教育改革的小修小补。改革的效果是突出的，学校教育制度框架得以确立，且融入了中国社会，吸引了大批学生，学生也开始学习西学知识。但是改革的问题也有不少，主要是在学堂的学生心思在于读书当官，学习是一种手段；教育行政机构的某些改革措施，有时显得简单粗暴，对学校教育制度的融入产生反作用。

　　究其原因，晚清新政时期学校教育制度改革主要是借鉴西方，主要是关注其结构，未涉及到其制度最深层次的运作原理，所以在建立学校教育制度时在结构上形似，但其运作原理主要还是贴近原来的教育制度。这或多或少妨碍了学校教育制度的创新人才培养功能。

通过本研究，可初步理解创新人才的培养，从个人层面出发，应该考虑到内部学习动力，从心理上养成探究兴趣与探究能力，不需要借助外力而学习，把学习知识本身视为目的，从中得到满足感，阶段性提升认知能力。从学校层面来说，考核学生不只有成绩，而是还有其创新性，考试形式不只是单一标准答案，涉及记忆这种初阶认知能力，还要包含批判性的论述，触及到高阶认知能力。晚清新政时期学校教育制度改革的影响，仍体现在现今的学校教育制度中，例如学习动力来自外部而少有内部，考核标准集中在记忆和学生所能获得的分数。学校教育制度的发展和改革脉络为之后的改革提供了宝贵借鉴。

谨以此书献给我的母亲

序 言

这是一套比较特殊的丛书，主要选择在高等教育领域年轻作者的著作。这不仅是因为青年是我们的未来，也是因为未来的大师可能会从他们之中生成。丛书的主题所以确定为高等教育政策与管理，是因为政策与管理对高等教育的正向或负向发展具有重要、甚至是决定性的意义。公共政策是执政党、政府系统有目的的产出，是对教育领域社会价值的权威性分配。中国不仅是高等教育大国，更是独特的教育政策大国和强国，执政党和政府年复一年，持续不断的以条列、规章、通知、意见、讲话、决议等等形式来规范高等院校的行为。高等教育管理很大程度上则是政治系统产出政策的执行。包括宏观的管理系统，如党的教育工作委员会及各级政府的教育行政部门；微观管理系统，如高等学校内部的各党政管理机构及其作为。

这些政策和管理行为，不仅影响到公众对高等教育的权利和选择，影响到教师、学生的表现和前途，以及学科、学校的发展变化，从长远来看，还关乎国家和民族的兴盛或衰败。

尽管高等教育政策和管理现象自从有了大学即已产生，但将其作为对象的学术研究却到 19 世纪和 20 世纪中叶才在美国率先出现。中国的现代大学产生于 19 世纪后半叶，但对高等教育政策和管理的研究迟至 20 世纪 80 年代才发端。虽然近些年学术研究已有不少进展，但研究队伍还狭小分散，应然性研究、解释性研究较多，真实的高等教育政策和管理状况的研究偏少，理论也大多搬用国外的著述。恰如美国学者柯伯斯在回顾美国教育政策研究的状况时所言："问题是与政策相关的基础研究太少。最为主要的是对教育政策进行更多的基础研究……如果不深化我们对政策过程的认识，提高和改进教育效果是无捷径可走的。仅仅对政策过程的认识程度不深这一弱点，就使我们远远缺乏那种可以对新政策一些变化做出英明预见的能力，缺乏那种自信地对某个建议付诸实施将会有何种成果做出预料的能力，缺乏对政策过程进行及时调整修正的能力"。（斯图亚特.S.纳格尔.政策研究百科全书，北京：科学技术文献出版社，1990:458）这里所言的基础研究，主要是指对于高等教育政策和管理实然状态的研究，探究其发生、发展、变化的过程、结果、原因、机理等等。

编辑本丛书的一个期望就是，凡是入选的著作，都能够在探索高等教育政策和管理的事实真相方面有新的发现，在探究方法方面较为严格规范，在理论分析和建构方面在前人的基础上有所创新。尽管这些著作大都聚焦于政策和管理过程中的某个问题，研究的结果可能只具有"局部"的、"片面"的深刻性，但只要方向正确，持续努力，总可以"积跬步以至千里，积小流以成江海"，逐步建构、丰富本领域的科学理论，为认识、理解、改善政策和管理过程提供有价值的视角和工具，成为相关领域学者、政策制定者、教育管理人员的良师和益友。

主编 陈学飞

目

次

导　论

一、问题提出

在 2000 年开始，台湾开始了一系列大幅度的教育改革，主持教育改革事务的李远哲以及领导下的教育改革委员会，把学校教育制度推上了一个高速现代化的进程：以"推荐甄试"代替束缚学生思考的"大学联考（高考）"；把高等职业学校全部改制为普通高校，加快高等教育大众化；全面停止道德课程，大幅增加西方科学课程课时。当政者的意图是以美国为参照系，让台湾教育全盘西化为目标，培养出更多的创新人才。

然而，经历了十余载的改革，台湾的学校教育制度虽然结构上形似西方学校教育制度，但却实际上存在一系列问题：高等教育"普及化"和义务教育"建构式"教学，但学生总体能力大幅下降；原本发达的职业学校体系几近消失，技术人才出现严重断层；"推荐甄试"存在虚伪造假、选才唯亲等现象，对教育公平性造成了巨大破坏。

这个经验指出一个问题：任何社会制度有其适应或存在的特定社会背景，一旦引进到其他社会时，需要考虑某些特定因素，才能让它在生根苗壮，发挥其应有的作用。从表面上看，西方学校教育制度在结构上的特点有：学校不以注重考试为评价学生的唯一指标、普通教育占学校教育制度的主体地位、高等教育发达；但从深层来看，它却是西方社会几百年，甚至千年历史发展中演变而来的一套适应其社会文化背景的学校体系。不论是从从宏观的学校教育制度与其他社会制度例如政治、经济制度的接轨，还是从微观的学科布局、学分计算、学生及教师的权利与义务、学校硬体设施管理规范等，西方学校教育制度无一不体现出特有的社会价值观与历史积淀。

实际上，在晚清时期，尤其是 1901 至 1911 年的"新政"期间，我国就已经着手引进西方学校教育制度，把私塾与书院、教育行政机构和行政体制、科举制度等原有的教育制度进行大幅改革，以培养"中体西用"的新式人才，储备国力，抵御西方的屋里侵略。此时的学校教育制度改革目标也是现代化，只不过是采用了"中体西用"的兼顾国情方式，以温和的路径引进西方学校教育制度。此后，中国的现代学校教育制度基本成型。此后的学校教育制度改革大多是在相同的框架上进行。晚清新政时期学校教育制度改革具有重要意义，此时期的改革涉及层面，具体措施，改革理由，改革的效果与修正等等，都决定了后续学校教育制度的发展，也决定了我国创新人才的培养。在西方教育质量受到较高评价和创新人才处于领先地位的当前，有必要研究上述问题，揭示晚清新政时期学校教育制度的结构及其内在运作原理。

二、选题意义

本研究以晚清新政时期学校教育制度改革为题，具有两个方面的意义：

第一是反思当前研究所盛行的现代化视角。前人对于学校教育制度发展的研究，主要采用了现代化的视角。现代化的视角是指：西方制度是先进、发达的；与西方制度不同者，基本是落后的、愚昧的。现代化视角下的学校教育制度研究，会导致片面地认为以儒家经典为主的传统教育制度毫无优点，只要"全盘西化"，全面照搬西方学校教育制度，就可以和西方国家一样培养出创新人才。这样的视角流于表面，以为学校教育制度只要结构上与西方学校教育制度一样即可。这当中缺少的是学校教育制度的运作原理：同样结构的制度，有可能运作原理不同；不同结构的制度，有可能在运作原理上颇为相似。只有掌握了学校教育制度的结构及其运作原理，才算是深入地认识了西方学校教育制度，也才能理解它引进到中国之后所需要的土壤，以及当前学校教育制度的存在不足，进而做出有效的调整。本研究以晚清新政时期学校教育制度改革为题，从引进与融合的角度出发，试图以更全面而客观的角度揭示学校教育制度。

第二是更客观地认识晚清新政时期学校教育制度的积极和消极作用，对当前的教育改革提供借鉴。现有晚清学校教育制度研究有两点不足之处。首先是在研究学校教育制度时，把重心放在这个制度的构成主体——各级各类学校上，认为只要学校设立就一定会发挥培养人才的作用，忽略了这些学校要发挥作用所需要的其他必要条件。第二是认为晚清新政时期的学校教育制度改革过程所产生的负面影响。本研究认为，此时的学校教育制度改革虽然有利于更多创新人才的培养，但也对原来的教育和社会制度起到了负面影响，例如中国所特有的"士阶层"的消亡。

综合以上两点，本研究试图揭示晚清新政时期学校教育制度的结构及其运作原理，对现有研究成果进行补充，并在此基础上，反思自身当前学校教育制度在创新人才培养上的不足以及解决之道。

三、研究创新

本研究的创新体现在对以下四个方面：第一是系统地研究晚清新政时期学校教育制度。学界认为晚清学校教育制度是现代学校教育制度的开始。[1]这个观点虽是定论，但实际上还存在一些研究空白，例如它对当时社会起到了哪些作用？本研究系统探讨了晚清新政时期学校教育制度改革，梳理 1901 到 1911 年时间里学校教育制度改革措施，揭示其结构及其运作原理，可对晚清学校教育制度研究起到补充作用。

第二是从两方面对科名进行了更全面的梳理。首先是关于科名的内涵。现有关于科名的研究较稀少，基本把科名当成一种文官资格。这种看法不够去全面，科名的内涵非常丰富，除了是文官资格外，还有教师资格、阶层身份、教育经历、学历等象征，极具中国特色。科名是学历证书、学位证书、教师资格证、文官资格证、职称等资历和头衔的结合体。接下来是科名与学堂的对应关系。现有研究把科名视为文官资格，也就是把科名与学堂的对应关系定位为是利诱读书人的手段，进而总结说此对应关系会激励学生为了当官而读书，反过来阻碍新式学堂的培养创新人才功能。现有研究有其道理，但是他们忽略了此种对应关系的正面作用：在新式学堂设立之初，此关系可妥善安置当时老一派的读书人与官员，而且确保学生在新式学堂毕业后能够有

---

1 学界的观点是"中国近代学校教育制度始于清末"，"癸卯（1904 年）学校教育制度是近代中国第一个以法令形式公布，并在全国推行的学校教育制度，是中国近代学校教育制度的开始"。顾明远：《教育大辞典》第 1 卷，页 72。有学者认为中国所颁布的第一个学校教育制度是 1902 年的《钦定学堂章程》，但因为这份章程施行不到一年便被废除，所以 1904 年的《奏定学堂章程》被较多人视为现代学校教育制度的基础。

出路。最后，清政府在科名与学堂对应关系的基础上发展出以各省为单位的统一的升学考试，可说是后来台湾的大学联考和大陆的高考制度的雏形。通过分析这种对应关系对当时社会的积极作用，本研究指出这种以省为单位进行的统一考试，由于其公正、公平、统一的特性，比西方的自由报考和申请入学的方式更加适合中国社会背景。高考制度虽有其缺点，但不能贸然废除。

第三是为科举制度废除提出一个新解释。科举制度在中国施行的历史有一千三百年之久，但却在学校教育制度改革的进程中被废除。现有研究认为，科举制度被废除的原因是改革派官员在政治斗争中取得了胜利。这个解释不够深刻。在梳理科名内涵的基础上，本研究指出科举制度授予考试者科名，促使一些读书人把读书视为当官利禄之捷径，从而制约了读书人们对知识进行认真的理性思考，违背了教育和学习的初衷，进一步指出了科举制度制约读书人的核心关键。同时，以晚清历年全国学堂的入学与毕业学生数量为切入点，厘清科举制度因为造成学堂学生挂名、半途辍学等问题，让学堂形同虚设，才会被官员视为妨碍学堂的祸首。科举制度的废除更多地是因为它阻碍了学堂的人才培养功能。

第四是分析晚清新政时期学校教育制度改革的社会影响。首先，在清代，私塾除了是初等教育机构外，亦是从业青年接受社会教育的场所，新政时期的学校教育制度改革把私塾改为小学堂，但却没有设立相应的社会教育机构来弥补社会教育的缺位，产生了大批从业青年的失学问题。其次，清代有不少书院的教学是讨论式的，给学生自由钻研儒家经典的空间，但是在把书院改为新式学堂的同时，清政府亦把科举考试引进到新式学堂里，从此，自由钻研的教育氛围消失，由各种考试取而代之成为新的评价机制。最后，清代塾师是扎根于乡村的，与当地人家的日常生活有着密不可分的关系，他们因此为农工商人所敬重。学堂教员则是来自全国，只负责教书，与学生家长或当地人家都甚少有联系。结果，士阶层开始消亡，教师与学生之间的"拟父子"关系也消失，士人流离失所，乡村教育资源衰弱，城乡发展差距加大。这些负面效应对当时的社会稳定起到了破坏，但却没有得到足够的关注。

四、概念界定

本文既然以晚清新政时期学校教育制度改革为题，也就必须对以下几个名词作精确定义，以阐明本研究的时间跨度与研究主体。

（一）教育

教育是影响人们知识、技能、身心健康、思想品德形成与发展的各种活动，[2]也可说是年长的一代对还没有为社会生活做好准备的新一代所施加的影响，[3]对这个社会的发展与延续起到重要作用。作为一种延续社会生存与发展的社会活动，教育对社会具有相当的重要性，也因此，学界对教育的定义作了不少研究，积累了颇多成果。一般说来，学界从广义与狭义两方面来对教育进行阐述：广义的教育是指影响人们知识、技能、身心健康、思想品德的形成和发展的各种活动；狭义的教育专指学校教育，也就是根据一定社会要求与受教育者的需要，所进行的有目的、有计划、有组织的培养人的活动。[4]

此种定义显然还有些不足，因为如果想在这个定义基础上进行教育研究，研究内容必须从广义与狭义两个视角入手。其结果是教育定义的混淆不清，例如在《教育大辞典》里，广义的社会教育是"有意识的培养人、有益于人的身心发展的社会活动"，而家庭教育则是"父母或其他年长者对儿女辈进行的教育"，[5]两者与广义的教育在定义上基本重叠。这不利于教育研究的深化。

抛开广义与狭义的分类方式，把教育划分为家庭、学校与社会教育三大部分，[6]可以清楚地突显出教育的构成：家庭是人最早也是最根本的教育场所，父母在其中起到了启蒙与潜移默化的作用；社会机构如图书馆、少年馆等是所有人的教育场所，全国民都可以借此学习遵守社会规范、增进生活技能，促进自身的发展；学校是对一定年龄的学生进行有系统、有组织的教学活动，以达到国家预定目标的一种专门教育机构。

更为重要的是，三者的相互联系也得以凸显：学校在正常上课时间外，可以承担一部分社会教育的职能，对有需要者提供成人、在职或者进修教育；家庭也可以培养儿童对科学知识的兴趣，或加强作为一个国民的基本素质，辅助小学在培养创造知识人才方面的奠基性工作。

简单地说，家庭、社会、学校都有教育活动存在，其中学校教育是教育的主要部分，提供一种正规教育；家庭与社会教育则是辅助部分，较弹性地

2　顾明远：《教育大辞典》第 1 卷，上海：上海教育出版社 1991 年版，页 3。
3　涂尔干：《道德教育》，陈光金等译，上海：上海人民出版社 2001 年版，页 309。
4　顾明远：《教育大辞典》第 1 卷，上海：上海教育出版社 1991 年版，页 3。
5　顾明远：《教育大辞典》第 1 卷，上海：上海教育出版社 1991 年版，页 11。
6　杨家余亦认为教育包含家庭、学校与社会三个部分，更详细的阐述可参考其著作《伪满社会教育研究》，北京高等教育出版社 2010 年版，页 2-5。

从事着非正规的教育活动。从组成部分来理清教育的定义后，可以更全面理解教育本身作为一种社会活动的含义，接下来也就可以探讨什么是教育制度。

（二）教育制度

制度一词为人所熟知，是指大家共同遵守的办事规程与行动准则，或者是在一定历史条件下形成的法令、礼俗等规范。制度包含了大家所认同的规范，因此不少学者将其置于整个社会系统中来考察其含义。孔德最早指出制度是社会中所建立、组成的事物，例如资本制度、家庭制度；斯宾塞认为制度是履行社会功能的机构；萨姆纳则指出了制度是由民俗成为风俗，最后形成一个结构，而后固定成为制度；社会学家库利和戴维斯则共同指出，制度是社会为了应付其需要而合法建立起来的大量规范。在许多社会学家不断努力研究之下，对制度意涵的研究取得了更为严谨而科学的成果，大致把制度视为有三个构成部分：第一是观念，是制度产生与施行的合理根据；第二是规范，包含成文与不成文的规定，是制度的主要内容；第三是组织，即保证制度得以施行的主体。[7]

结合教育与制度的定义，可以认为教育制度就是一个社会中各种教育机构所构成的体系。[8]教育制度中的各种教育机构是重要组成部分之一：学校是提供最正式而系统教学活动的机构；其他临时性或孤立的个人、家庭、企业或公共组织虽也从事教育活动，但只起到一种基础或辅助的作用。例如家庭或社会教育可能促使儿童对某个知识领域的兴趣，而小、中、大学则更有系统地培养他们的兴趣，并提供了更完整的一系列书籍和设备等资源，让他们得以在这个领域进行有效探索。

需要补充说明的是，教育机构必须依赖一套规范，才能够形成一个有机的系统，为社会培养创新人才。这一套规范强调三个方面：

> 其一，这种教育制度注重的是具有整体性和普遍性的行为规范，而不是个别或零散的；
>
> 其二，这种教育制度强调的是比较正式的行为规范，而不是一

---

7 马和民：《新编教育社会学》，华东师范大学出版社 2002 年版，页 275-276。作者认为还有第四部分的设备，也就是物质与象征设备。不过，笔者认为物质设备应被包含在组织之中，因为设备其实可以算作组织的构成部分，所以严格来说作者所谓的组成部分只有三个。

8 顾明远：《教育大辞典》第 1 卷，上海：上海教育出版社 1991 年版，页 3，页 68。

定约束性的风俗或习惯;

其三,它基本上表现为一种规范体系,尽管规范体系的构成方式有所不同,但他们之间的联系是稳定的和有机的。

借由这个具备普遍、正式、有机的规范体系,教育活动具备了统一性与系统性,并得以和社会其他系统彼此协调和联系,使教育者与受教育者能够认同教育活动的基本要求、共同目标和价值。[9]教育制度相关规范关系着教育机构是否以系统的方式对社会发挥影响,因此是教育制度赖以运行的重要辅助要素之一。

最后必须强调的一点是,教育是国家意志的反应。社会学家涂尔干说过,"一切教育活动在某种程度上都应该服从国家的影响",[10]教育学家孙喜亭也认为教育具有一定目的,其中一部分就是"社会中心",如此才能实现理想社会。[11]国家意志要体现在教育里,必须通过由国家立法部门负责拟定教育规范,各级教育行政机构长官去落实规范,各级行政部门从旁对教育行政机构进行监督的方式来完成。教育权作为一种"领导和实施学校教育事业的权力,一般由国家及政府有关部门分级掌握",[12]可见国家必须以行政与立法力量介入教育制度,对其进行管理。根据体现国家力量的教育规范,任何教育机构都直接或间接地受到国家的管理或监督,而不是任意或随意地发展;也因此,作为规范施行与监督者的教育行政机构便成为了教育制度之所以能够顺利运作的辅助要素之二。

理清了教育制度的定义后,也就可以明确教育制度与学校教育制度是两个不同层次的概念,前者是后者的上位概念,两者不可相互混淆使用。早期教育家郭秉文在探讨中国教育制度时便只涉及了学校,[13]实际上,他的专著若讨论的是教育制度,在内容上还必须加入家庭教育和社会教育。学者王雷曾说道,"教育学基本上都是学校教育学",[14]实际上指出了传统教育概念只关注学校而忽视甚至无视家庭教育和社会教育的问题。

---

9 谢维和:《教育活动的社会学分析——一种教育社会学的研究》,教育科学出版社2000年版,页215。

10 涂尔干:《道德教育》,上海:上海人民出版社2001年版,页317。

11 孙喜亭:《教育原理》,北京:北京师范大学出版社2000年版,页156。

12 顾明远:《教育大辞典》第1卷,上海:上海教育出版社1991年版,页3、69。

13 郭秉文:《中国教育制度沿革史》,福州:福建教育出版社2007年版。

14 王雷:《中国近代社会教育史》,北京:人民教育出版社2002年版,页12。

（三）学校教育制度

前人在学校教育制度的定义上做了不少努力，积累了许多成果。教育家舒新城认为"学制"，即学校教育制度的简称，其内涵有三：学校、系统、制度；学校是制度的载体，行政组织与全国统一的法令则是使学校形成系统的手段，它们三者共同构成了学校教育制度。除了见到学校教育制度需要有主体学校之外，舒新城还注意到所有学校必须形成一个系统，才能使"学生能按照一定年龄进入其年力相符之学校以求学"。[15]

时至今日，学界对学校教育制度一词的使用更为严谨与规范，对学校教育制度定义也更为清晰，一般认为，学校教育制度是"一个国家各级各类学校的体系。它规定各级各类学校的性质、任务、入学条件、学习年限以及他们之间的衔接和关系"。[16]总的来说，学界对于学校教育制度的定义有两个重点，一是学校教育制度的构成主体是各级各类学校，二是所有学校必须彼此衔接，形成一个制度，并对社会发挥作用。

可是上述定义在第二个重点部分，即各级各类学校之间的衔接关系缺少细致的阐述。上述关于教育制度规范特点的研究为这样的探讨提供了基础。从理论上来说，全国学校必须依据普遍、正式、体系的规范来运作，才能在彼此之间建立起衔接关系。并且，由于各级各类学校的毕业与学位证书，是更高层级学校的入学标准，是学生们在各级学校间升学或转换的关键因素，那么，也就有必要对学历与学位的认证相关规范作进一步挖掘。

在现有研究中，学历指的是个人的求学经历，包括曾在某种类型与等级的学校肄业或毕业。[17]学位是个人在高等学校或科学研究部门中学习和研究，考试合格后，由有关部门授予国家和社会承认的专业知识学习资历或学术称号。[18]根据这个定义，学历与学位可说是一个人获得某一知识水平的证明，同时也是追求更高层级知识的必备条件。也就是说，学历与学位相关规范可以让各级各类学校得以彼此衔接，形成系统、构成制度；而只有在这样一个制度里，学生才能够以自己获得的毕业或学位证书在各级学校之间递升，在各类学校之间转换，达到舒新城所说的每个人都可以进入与其年龄或学力相符

---

15 舒新城：《教育通论》，福州：福建教育出版社2006年版，页31。

16 顾明远：《教育大辞典》第1卷，上海教育出版社1991年版，页72。

17 顾明远：《教育大辞典》第1卷，上海教育出版社1991年版，页73。

18 北京师范大学外国教育研究所：《国外学位制度》，北京：地震出版社1981年版，页1。

的学校。缺少了这一套办法，各级各类学校即使设立，也不能形成密切的衔接关系，更无从发挥有效作用。

另外还需要说明的是，学校作为一种教育机构，本身并没有足够的权力去拟定这种普遍、正式而体系的规范，这类规范必须由教育行政机构来制定、执行与监督，而教育行政机构就是国家以行政力量来直接干预学校教育制度的体现，正如教育行政学家罗廷光所认为的，透过教育行政的"集权化"方式，国家可以更系统地规划教育经费、教育机会以及各级行政机构支出，避免这些事务因为地方分权而有不公或难以落实的问题。[19]国家以行政力量干预学校，主要是通过中央与地方两级教育行政机构所构成的系统来实现；中央教育行政机构负责统筹与规划教育行政，地方教育行政机构负责贯彻与监督学校去执行与落实相关的教育政策。有了专门的教育行政机构来拟定与落实学历与学位相关规范，那么各级各类学校所授予的毕业证书或学位证书才具有普遍与正式性，能为整个社会所承认，从而通行全国。

综合教育、教育制度与学校教育制度的定义，可以认为学校教育制度是一个社会中各级各类学校所形成的系统，在这个系统中，各级各类学校是施行教育的主要机构，是制度的构成主体。学校教育制度要能够运行，系统地为社会培养出各式各样的人才，还必须借助两个要素的支持。第一是各级各类学校的学历与学位相关规范。这套规范是全国通行的，把各级各类学校联结成一个系统，让学生可以根据毕业或学位证书在其中升学或转换轨道；欠缺这套规范，学校将显得零散而无系统，难以有效地为社会培养人才。第二是教育行政机构。学校本身作为一种教育机构，没有拟定全国性法令的权力，必须依赖国家的力量形成规范。国家通过一个三级教育行政机构构成的体系，以行政力量对教育政策、法令与规划进行直接或间接干涉，确保学历与学位相关规范在全国各地的落实。概括地说，学校教育制度是一个国家各级各类具有不同性质和任务的学校为主体而形成的体系，这个体系通过教育行政机构来制定学历与学位相关规范与标准，并且统筹、规划、监督、落实统一的教育政策，使得求学者能够在统一的入学条件和学习年限中，整体达到国家要求的一定水平，从而在各级学校之间升学和转换。

---

19 罗廷光：《教育行政》上册，福州：福建教育出版社 2008 年版，页 26-27。

五、文献综述

关于晚清新政时期学校教育制度的材料在数量上十分庞大，但专门研究却是相对稀少的。从现有研究来看，晚清新政时期学校教育制度更多地被放在一个现代化的视角下，成果更多地体现在现代学校教育制度史研究中，还有少数一部分则体现在科举制度和留学史研究中。前一类研究的重心在于学校，关注的是各个时期的学校相关章程，并且倾向以朝代来划分学校教育制度的发展期；而后者在以科举考试或留学为研究重心的同时，也不免要涉及清代学校教育制度的变迁，因为清代的私塾与书院等教育机构与科举考试本来就密不可分。为了更好地理解晚清新政时期学校教育制度的发展过程，对上述研究进行深度梳理是必要的。

较早研究学校教育制度的，是曾在晚清新政时期教育部——学部里任职的陈宝泉。他在《中国近代学校教育制度变迁史》中，将晚清学校教育制度的发展分为三个时期，分别是 1902 年之前的"无系统时期"、1902 年至 1904年的"钦定学堂章程时期"和 1904 年之后的"奏定学堂章程时期"。[20]这种划分法的价值在于点出了晚清新政时期学校教育制度的特点，即制度是建立在明确法令文本的基础上，随着章程的逐渐完善而不断发展。

后来，民国时期的教育家，例如周予同、孙邦正等人也延用了这个观点，对中国学校教育制度的发展做了类似划分，并且在各个阶段划分的基础上，以比较方法探讨了中国历代与西方学校教育制度在课程设置、就读年限、是否适应社会需要的不同与各自的利弊。[21]这段时期的研究说明，许多教育家与学者认识到中国虽然从清代就有新式学堂，但构成的是一种不同于西方的体系，直至清末新政时期，才开始了更系统性的改革。[22]

在此后的一段较长时间里，学者们为学校教育制度做了更明确的定义，为研究深度提升打下了基础，学者钱曼倩就是代表人物。她对晚清学校教育制度进行了深入挖掘后，指出中国现代学校教育制度从 1902 年开始，历经了1913、1922 年两次章程改革而形成今日的面貌。与之前有所不同的是，她对晚清新政时期学校教育制度的认识更深入：中国在 1902 年之前也有学校教育

---

20 陈宝泉：《中国近代学校教育制度变迁史》，北京：北京文化学社 1927 年版。

21 周予同：《中国学校制度》，上海：商务印书馆 1933 年版、孙邦正：《中国学校教育制度问题》，台湾商务印书馆 1973 年版。

22 孟宪承：《教育概论》，页 57-58、庄泽宣：《教育概论》，页 82-86、孙邦正：《中国学校教育制度问题》，页五、《中国大百科全书·教育卷》，页 550。

制度，只是它与细密地规定了"各级各类学校的性质、任务、入学条件、学习年限以及它们之间衔接和关系"的现代学校教育制度很不相同。[23]这个观点基本指出了清代学校的衔接关系与现代学校教育很不相同，有必要开展进一步研究。

在中国学校教育制度研究不断积累的同时，有学者开始注意到中国学校教育制度的发展与科举考试关系密切。王炳照就是将学校教育制度与科举考试相结合进行研究的代表人物。他指出了科举考试与清代学校教育制度是密切结合的，所以在晚清新政时期开始改革学校教育制度之时，便与科举考试发生不少矛盾与冲突；为了"新学校教育制度"的推行，清政府最后决定废除科举考试。[24]这个论述点出了学校教育制度研究一直忽视的一个关键问题：晚清新政时期学校教育制度改革历经了各种艰难。张亚群后来进一步探讨科举考试与晚清新政时期"高等教育"的因果关系，从入学动机、办学宗旨等方面指出科举考试的改革与废除对高等教育的变迁与发展的促进作用，[25]证实了前述所提到过的废除科举制度对晚清新政时期学校教育制度发展具有关键性影响的观点。这些教育研究的先锋已初步发现了科举制度一直以来对中国学校的钳制作用，并得出了要设立新式学校并培养创新人才避免不了要改革科举制度的基本结论。

还有学者梳理了中国学校教育制度在发展过程中如何借鉴其他国家的改革经验。美国学者任达（Douglas Reynolds）的研究重心集中在以"日本为模式而形成中国现代学校系统"的过程，揭示了清政府官员认为日本模仿西方卓有成效，派出大量精英赴日考察学校教育制度，打算借鉴其经验的做法。在此同时，随着日本对中国留学生的欢迎，晚清新政时期大量中国留学生赴日留学，对中国教育思想与教育"体制的转变上起着重要作用，他们促进了中国新教育机构的建立，成为无数新型学校的创建者、管理者和教师"。[26]日本学者实藤惠秀对晚清中国留学生进行了系统性的研究，认为晚清新政时期

---

23 钱曼倩等：《中国近代学校教育制度比较研究》，广州：广东教育出版社 1994 年版，绪论页 3-4。

24 王炳照：《中国科举制度研究》，石家庄：河北人民出版社 2002 年版，页 354、375-381。

25 张亚群：《科举革废与近代中国高等教育的转型》，武汉：华中师范大学出版社 2005 年版。

26 任达：《新政革命与日本》，南京：江苏人民出版社 2006 年版，页 139、63。

的女子留学生数目虽然远不及男子，但同样通过杂志来传播新思想，刺激了清政府之后颁布了女子学堂章程，让女子教育有了新发展，[27]因而女子留学对于促进中国教育的广泛性和公平性具有重要意义。后来有研究进一步阐述了日本官员与清政府官员间的交流，尤其是前者对晚清学校教育制度改革的各种建议，以及这些意见的一部分如何体现在改革法令文本中。[28]

总的来说，这些既有研究为晚清新政时期学校教育制度成为一个被系统研究的课题奠定了坚实的基础，为后续学者确定了我国现代学校教育制度在何时以及如何迈开了第一步。

但与此同时，现有研究还存在两个有待解决的重要问题。第一是对"学校教育制度"一词的使用规范性问题。许多研究根据晚清新政时期学校教育制度建立在《钦定学堂章程》和《奏定学堂章程》的基础上的特点，以颁布章程的年份来命名当时的学校教育制度，例如李国钧认为《奏定学堂章程》的颁布年份是癸卯年，所以在这份章程基础上所形成的学校教育制度称为癸卯学校教育制度。[29]这种说法得到许多研究者的认同，[30]研究者因此把《钦定、奏定学堂章程》与壬寅、癸卯学校教育制度视为同义词，将两者交互使用。[31]

实际上，这个做法并不科学。所谓的壬寅和癸卯等概念，指的是年份，而这两个概念所承载的学校教育制度却是有明确的政策文本的，而这些文本有一定的连续性，而不是局限于一定的时间段。如果把某一套法令作为某一种相关制度的同义词，将导致许多思考上的混乱，例如1898年的《京师大学堂章程》也应该被称为"戊戌学制"，现代中国每次颁布新的学校改革法令后也应该有一个以相应年份特别命名的学校教育制度。这显然不利于学校教育制度研究的深化。

学校教育制度一词的使用不够严谨，事关重大，必须即刻解决，而首要工作就在于明确学校教育制度的定义。在明确概念定义、科学使用概念的基础上，才可以更客观而全面地呈现学校教育制度的全貌，即既能够认识到构

---

27 实藤惠秀：《中国人留学日本史》，北京：三联书店 1982 年版，页 56-57。

28 杨晓：《中日近代教育关系史》，北京：人民教育出版社 2004 年版，页 126-135。

29 李国钧等：《中国教育制度通史》第六卷，页 303。

30 李细珠：《张之洞与清末新政研究》，上海：上海书店出版社 2003 年版，页 116；陈景磐：《中国近代教育史》，北京：人民教育出版社 2001 年版，页 147-148。

31 《中国大百科全书·教育卷》，页 550。朱海龙在其硕士学位论文《张之洞与癸卯学校教育制度》里也将学堂章程与学校教育制度当作同义词来交互使用。

成制度的主体，还可以见到此制度如何借助学历与学位办法以及教育行政机构两个辅助要素来发挥作用，从而推动学校教育制度研究成果更加深入。

第二个问题是学校教育制度"作用"的相关研究相对欠缺。从学校教育制度的定义来看，学校是学校教育制度的主体；但这个制度要能够发挥作用，需要学历与学位办法、教育行政机构这两个不可或缺的辅助要素来予以支持。没有学历与学位相关法令，学校之间便缺乏联系，是个别而零散的；没有一个有力的教育机构，就不会有明确的学历与学位相关法令。为此，有必要对这两个学校教育制度辅助要素进行探讨。要系统研究学校教育制度的作用，首先必须审视作为学校教育制度主要研究方法的现代化视角可能存在哪些缺陷或问题。不过，现有研究大多以现代化为视角，故认为借鉴而来的学校教育制度一定可以落地生根，故而没有对其作用做过实际检验。

关于现代化视角应用在研究中的缺陷，其实早有不少学者提出过批评。著名的现代化学者罗荣渠强调现代化的论证是虚假的，"因为任何现代社会都不可能是纯粹的现代性社会，而是现代性与传统性兼而有之的社会"。[32]这个论述明确指出了任何非西方国家在模仿西方的新制度或事物时，实际上都要涉及对某些原有的传统制度或事物的改革或废除，某些传统可能阻碍改革，但也可能为改革提供发展的土壤。也就是说，现代化视角的缺点在于它倾向于把传统与现代做出绝对的区别，忽略二者之间可能存在着的任何互动关系。

鉴于现代化视角的局限性，从制度是否能够发挥作用的思路去重新探讨学校教育制度发展，不但可以跳出这种局限，而且可以立即见到现有学校教育制度在作用的研究上存在两个不足。

第一个问题是对清代科名的内涵挖掘不足。科名在中国有悠久的历史，即使不是专门的研究者也对之耳熟能详；一直以来，不少研究更注意到科名对学校教育制度的制约作用，认为科名束缚读书人的思考模式、引诱读书人惟当官是求。周予同早就指出清代"学校"的学生是因为了得到利禄而入学，学校"有名无实"，[33]陈宝泉更严厉批评清代学校只是"粉饰之具"。[34]这意味着学界普遍认为学校更多的是培养各式各样人才的地方，而清代的学生则是以读书当官的动机，而去参加科举考试或是而进入新式学堂，违背了现代学

---

32 罗荣渠：《现代化新论》，北京：商务印书馆 2004 年版，页 40。

33 周予同：《中国学校制度》，上海：商务印书馆 1933 年版，页一百八。

34 陈宝泉：《中国近代学校教育制度变迁史》，北京文化学社 1927 年版，序言。

校教育制度的人才培养预期。科名因此被视为是妨碍学校发挥培养创新人才功能的关键。但是,这样的观点涉及到一个更细微的问题,即所谓的功名利禄内涵到底是什么,为何会吸引如此多的学生去追逐?

科名的历史悠久,其内涵实际上相当丰富,首先,它是入学标准。在清代,读书人如果要接受私塾以上的教育,大多被要求有参加科举考试的经验,而后才有机会进入书院,一些优秀书院的要求更高,必须拥有第一级的科名(生员)才行,京师的国子监要求更高,甚至要求地方选送在第一级科名里面的拔尖者。一直以来,科名就是官员与书院山长审核读书人是否有资格接受进阶教育的一种客观标准,只不过这种标准的功能在它的另一种担任官员资格下,显得微不足道。可见清代与现代学校教育制度有其不同于现代学校教育制度的特色,主要体现在入学标准附属于科举制度。

其次,从获得科名者的出路来看,获得第一级科名的读书人大多担任塾师或文官幕僚,获得第二级科名读书人作为地方士绅;他们只是文官的预备人选。获得第三级科名的读书人才是真正意义上的文官。可以认为,三个层级的科名既代表了知识水平,同时还是文官资格。现有研究对前者还需要更深入的挖掘。

科名内涵没有被深入挖掘的结果是关于晚清新政时期学校教育制度的两个问题没有得到学界重视。第一是科名与学堂的对应关系,对新式学堂的正面作用。由于把科名视为功名利禄,所以晚清新政时期的"奖励出身章程",也就是三级科名与新式学堂的对应关系,被研究者视为是清政府利诱读书人读书的政治手段。但实际上这种说法不客观,因为读书的读书人从读书获得科名,进而谋求出路,让所学得以所用,具有一定的正当性。就像现代学校教育制度为某些层次的教育授予学历和学位一样。科名与学堂的对应关系促使新式学堂这一新兴事物被更多的读书人所接受,要需要更多的研究。

其次是科举制度对新式学堂的制约作用。晚清新政时期主张改革的官员指出,科举制度因为妨碍了三级学堂的发展,必须将其废除;而现有研究认为科举制度之所以被废除,主要是改革与保守两派官员之间的政治斗争结果。但是,科举制度如何妨碍学校教育制度的发展,还需要更科学合理的分析。这里应该详细阐述科名如何影响新式学堂,影响体现在哪些层面,这就需要对当时的各种考察报告与时人回忆录进行总结,深入分析晚清十年间的科名对新式学堂与学生数量变化的影响。

第二个问题是晚清新政时期教育行政机构体系与学校教育制度作用关系的相关研究相对薄弱。清代一直没有形成一个专门管理学校事务的教育行政机构体系，而是交由各级行政部门来负责；因此，晚清教育行政机构放面的研究虽积累了不少成果，[35]但大多作为一个相对独立的课题在发展。早期教育行政研究的代表性著作《教育行政》虽提及了"学校教育制度系统"，但是其重心在于梳理各级教育行政机构的发展，没有凸出这个体系与学校教育制度之间的联系。[36]关晓红的《晚清学部研究》是这方面研究的杰作。[37]但总体制度研究是比较薄弱的。这导致许多现代学者视晚清新政时期教育行政机构为一种新设立的机构，忽略了它和原来教育行政机构，例如礼部的关系，从而更客观地阐述教育行政制度如何改革而来，改革理由为何，改革如何促使学校教育制度起到哪些作用等问题。例如关晓红认为晚清学部是中国第一个正式、独立和专门的中央教育行政机构，其发展不但被礼部、国子监等保守机构严重制约，而且还牵扯到保守与改革派官员之间的政治派系斗争。[38]但这些现象应该是新式教育行政机构与原来承担教育行政事务的老机构在功能上的冲突。根据本研究，晚清新政时期的教育行政机构虽是新设的，但其职权行使却牵涉到督抚、州县官、府州县学教官职能的调整，关系到施行已有百年历史的《国子监则例》、《学政全书》、《科场条例》的存废，对现有制度的运作，以及社会整体的稳定性都有不小的影响，故其发展过程较为缓慢而复杂。官员间的政治派系斗争的因素当然存在于其中，但官员们斗争的深层次原因与他们对如何在保证社会稳定的前提下，推动教育行政机构改革，促使新式学堂能够发挥培养人才作用的做法存在差异有关。总之，把晚清新政时期教育行政机构体系与学校教育制度之间的关系厘清有其必要性。

综上所述，现有学校教育制度研究在概念的使用上不够清晰，且采用了现代化的视角，结果把晚清学校教育制度改革问题解释为政治派系斗争。现

---

35 参考李才栋等：《中国教育管理制度史》，江西教育出版社 1996 年版、萧宗六等：《中国教育行政学》，北京：人民教育出版社 1999 年版。

36 罗廷光：《教育行政》，福建教育出版社 2008 年版。

37 关晓红：《晚清学部研究》，广州：广东教育出版社 2000 年版。

38 关晓红：晚清学部成立前的中央教育行政机构沿革，《近代史研究》1998 年第 4 期，页 89-105、晚清学部的酝酿产生，《历史研究》1998 年第 2 期，页 75-88。作者认为身为教育行政机构官员——管学大臣的张百熙便受到袁世凯、荣庆等守旧派官员的排挤，而此观点后来也体现在其专著《晚清学部研究》中。

代化视角有其解释力，而政治派系斗争的解释也具有一定合理性，因为现代化过程本身就充满了新与旧、保守与创新的不断冲突；但是，这只是晚清新政时期学校教育制度的部分面貌。要认识它的全貌，必须对学校教育制度的定义进行整理，进而从制度对社会起到作用的这条思路，重点研究学校系统，检视学历与学位办法的衔接作用、教育行政机构的管理作用。相信现代教育制度改革可以从这段改革历程里得到有意义的借鉴。

六、研究方法

本研究属于历史研究，故以文本分析法为研究方法。本研究里的文本分析对象包含二个部分，第一个是官方颁布的法令章程与官员与士绅关于改革措施的各种讨论，这部分可以突显出官方如何形成各种改革措施的想法与依据，以一种自上而下的观点来审视改革的总体蓝图。第二个是受到法令影响的群体，主要是学生、读书人或官员这些读书人与参加过科举考试的人，他们身处在动荡不安的社会里，有的在报章杂志撰文对社会问题提出批评，有的写下了回忆去诉说以往的酸甜苦辣。这些珍贵的材料提供了一种自下而上的视角去审视当时改革法令施行的成效。这两部分材料的结合可以较好地把晚清新政时期学校教育制度改革过程呈现出来。

其次是以大历史观为出发点去回答研究问题。大历史观（Macro-history）是历史学家黄仁宇（1918-2000）所提出的，是一种强调对当时历史社会的整体面貌分析和把握，关注的是社会的结构性特点，不以历史人物短暂生涯的探究或者孤立的历史事件分析去研究历史的方法。这种方法着重归纳，[39]与早先以费正清（John King Fairbank，1907-1991）为代表的，以分析法为主的微观剖析历史研究法完全不同。大历史观主张把现有史料进行高度压缩，并与欧洲、美国史进行比较，在这个基础上，黄氏认为，历史事件在短时间内有可能不合理，即使连当事人也可能不知道其中的原委；可是把这些历史事件放在更长的时间段之下，都是具有一定意义的，因此，研究历史"叙事不妨细致，但是结论却要看远不看近"。[40]大历史观为历史研究者提供了一种从大处着眼、小处着手方法，达到以管窥豹的目标，本研究也借用大历史观，阐述了现代学校教育制度从西方被引进并融入中国社会的发展道路，试图为现

---

39 黄仁宇：《放宽历史的视界》，北京：三联书店 2004 年版，页294。

40 黄仁宇：《万历十五年》，北京：三联书店 2004 年版，页二六九-二七〇。

代中国学校教育制度改革提供历史借鉴。

七、论文结构安排

本研究梳理清政府在其统治的最后十年间的学校教育制度改革，进而此制度所起到的作用。本文结构安排如下：

第一章是晚清新政时期学校教育制度改革背景。首先说明鸦片战争对清代社会在各个方面的剧烈影响，迫使清政府开始改革教育以解决社会问题。其次是介绍清代学校教育制度的运作方式，并指出它无法培养出足够的新式人才，解决各种社会问题的缺陷。最后讨论清政府官员对西方学校教育制度有更深的认识，并通过日本改革成功经验的借鉴，为学校教育制度改革做好了准备。

第二章是改革方针的确立及其影响。这一部分是通过对一些中央官员的奏摺进行梳理，厘清清政府订立改革方针的总体过程。接下来通过检视各省督抚关于读书人与官员的相关安置措施，以更好地说明掌握实权的督抚如何施行改革。最后在这个基础上对法令与时人回忆材料进行梳理，全面探讨改革方针如何推动学校教育制度框架的确立，以及对当时读书人所产生的影响。

第三章是具体改革措施的落实。在确立了改革方针后，督抚开始参与到各种具体改革措施的讨论与拟定过程。作为掌握实权的官员，督抚们对具体措施的各种考量决定了措施能否得到落实，所以有必要梳理他们的书信、奏摺等资料，揭示他们对改革方针的考虑与具体落实方式。第二步是整理官方看法与士绅观点的材料，以说明这两个重要的社会群体对改革提出的补充意见，以确保改革措施能够有效。最后是梳理官方统计资料，分析改革措施的有效性及其在融入中国社会过程中所面临的问题。

第四章是改革措施的调整与检讨。随着改革措施落实到地方，各种问题开始随之而来；对这个时期的各种修正法令政策、统计资料与报刊杂志等材料进行梳理，能更好地说明督抚与士绅如何看待改革问题，以及对改革措施做出的相应调整。其次是分析士绅团体的言论与活动，指出他们如何开始积极发挥士阶层在地方的既有力量，推动新式学堂在地方的发展。最后整合当时的考察报告与新式学堂统计数据，分析改革措施存在哪些不足以及为什么不能达到预期的原因，从而全面检视学校教育制度改革的根本问题。

结论指出晚清新政时期学校教育制度改革总体来说较为成功，把全国读书人包含官员，都纳入了学校教育制度里。与此同时，科举制度转换为学堂考试，以新的形式延续下去。学界之所以说晚清新政时期学校教育制度是现代学校教育制度的开始，是因为它在结构上具备了现代学校教育制度框架，但在功能上除了培养新式人才之外，还继承了科举制度的选拔文官。它的运作原理是培养创新人才，但也延续了传统的读书当官的教育观。

第一章 学校教育制度的引进背景：晚清新政时期学校教育制度改革的必要性与可行性

　　自鸦片战争开始后，西方势力不断入侵中国，对中国的政治、外交、经济、社会等方面产生了深刻的影响。清政府对外疲于应对西方各国洋枪大炮的侵略，对内又要面临统治危机，完全处于被动状态。面对这一系列前所未有的剧烈变动，儒家经典中全无前例可循，而熟读经典的士绅与官员也不具备应对这场挑战的知识与经验。为了应对接踵而来的内忧外患，官员们集思广益、广征建议，终于意识到这些问题全都是由于科学技术人才匮乏所导致，于是开始积极推动设立洋务学堂，培养各种技术人才。洋务学堂虽然培养出了不少语言与技术人才，但科学技术还是落后西方甚多，在与列强竞争中的劣势似乎没有缓解。随着与西方国家的频繁接触来往，许多出使官员见到了西方完善的学校教育制度，并发现西方的学校培养出了各类创新人才，推动了社会的进步；与此同时，日本全面模仿西方教育制度，人才辈出，科技发展迅猛，一跃成为强国，这些现象间接促使官员与士绅对中国学校教育制度的全面改革做好了准备。

第一节 鸦片战争后的创新人才需求

一、鸦片战争之后的社会问题

　　1840 年，距离清代开国已有 200 年，蕞尔小国英国用洋枪大炮向素以天朝上国自居的中国发起了战争，由于战争的导火线起源于两国对于倾销鸦片的纷争，因而也被史学家称为鸦片战争。在数年的战争期间，清政府的军事力量明显处于下风，完全无力与装备先进的英军抗衡，因此最后以签订一批不平等条约收场。此后，西方列强纷纷效仿，以武力相威胁，向中国设立了大量的租界地，在这些租界区行使特权，对中国展开更深的侵略。到了咸丰年间，列强为获取更多利益与特权，加紧对中国的侵略，更进而发动了英法联军之役。这场战争作为鸦片战争的延伸，让清政府再次与列强妥协，签订了更多不平等条约，损失了更多的主权和领土，加深了半殖民地的程度。西方国家的侵略范围从原本的沿海各省深入到长江中下游地区，外国使节也相应拥有更多对清政府的影响和控制力。连年不断的战争和一系列丧权辱国的不平等条约的签订，对清政府来说不但是一种外力压迫，而且也对国内的政治、经济、军事等方面造成了负面影响，直接威胁到清政府一直以来的统治基础。

首先，军事失利促使清政府的世界观，即华夷观受到了严重挑战。长久以来，中国正统皇朝自称"天朝，而其他国家则是不知礼仪而落后的蛮夷戎狄，而蛮夷戎狄必须是要臣服于天朝的。这就是一个以中国为中心的"中华朝贡体系"，世界各国都要按时进贡，以示臣服。[1]但是，西方国家却不接受这一套朝贡体系，以自己的意志行事。官员陈康祺曾把西方列强的入侵行为批评为"蕞尔岛夷，知天朝有人，或不至骄横如此"，[2]说明了当时的皇帝与官员都认为中国拥有高于任何其他国家的地位，是神圣无敌的，而西方国家作为未开化的国家，所以不懂这一套礼仪。

鸦片战争颠覆了这个观念，让清政府意识到世界各国与中国具有同等，甚至高于中国的地位。美国汉学家费正清（John King Fairbank）的观点是鸦片战争"把中国皇帝的国际地位整个颠倒了，他从一个文明顶端的宇宙统治者，降为一个半殖民地不合时宜的人物"。[3]事实的确如此。当时的传教士丁韪良，在《万国公法》，也就是早期的国际法中，为中国人叙述了一种完全不同的国际秩序概念。许多与西方接触频繁的官员开始意识到，以往中国是世界的中心、天朝上国的想法根本不被西方人接受，实际情况是，中国最多也只

---

1 简军波：中华朝贡体系：观念结构与功能，《国际政治研究》2009（01）：132-143。
2 ［清］陈康祺：《郎潜纪闻》卷一，沈云龙：《近代中国史料丛刊》第五十六辑，台北：文海出版社（1966年版），页40。
3 ［美］费正清：《伟大的中国革命》，北京：世界知识出版社1999年版，页105。

是国际社会里的一员，而且是在被西方国家承认的前提下。如薛福成这样的出使官员便撰文说道，"各国之大小强弱，万有不齐，究赖此公法以齐之，则可以弥有形之衅，[4] 初步意识到中国原来根本没有高于其他国家的地位，而是必须根据全世界通行的法律来与世界各国相处。

可以说，通过一连串的战争，中国的闭关自守状态被打破，清代皇帝与官员见到了一个完全不同的世界体系，在这个体系中，世界各国不承认中国是世界中心，而是通过万国公法来平衡与制约彼此之间的关系，在法律下进行着弱肉强食的激烈竞争。对其他处于弱势的国家——例如中国，列强可以随心所欲地进行任意的侵略或瓜分。

华夷观的变动为清政府的统治种下了内忧的种子，因为统治者地位的合法性开始受到民间的质疑，对统治形成了重大危害。在中国，皇帝是得到全天下人的认同与尊崇而被赋予了统治权力，根据学者芮玛丽的看法，中国皇帝不只是一个个人，而是一种具有魄力、有才干，具备高尚道德品质的神化的统治者。[5] 费正清曾用一句话来概括中国皇帝统治的合法性的基础，即"中国的优势建立在文明对非文明的超越力量所固有的规范性和道义性因素之上的"，[6] 很好地说明了中国皇帝以其超凡力量而进行正义的统治。清代最高层级文官——大学士倭仁便清楚明确地说道，"立国之道，尚礼义不尚权谋；根本之图，在人心不在技艺"，[7] 换句话说，皇帝以其仁义道德树立权威，进而聚集民心，确立统治根基。

结果，当皇帝不再是万国朝拜的对象，连蛮夷之邦可以对之随意侵略之时，皇帝在民间所具有的超凡天赋权力形象也随之颠覆，其统治的正义性和合法性也就受到了破坏。加以一系列丧权辱国条约的签订，更使得清政府失信于民，对清王朝的统治造成了巨大冲击，各地的反叛，例如太平天国、捻军、回族起义先后发生。

在经济方面，中国国内经济的稳定性也因为列强的入侵而发生了剧烈震荡。一直以来，清政府对经济的干预是有限的，主要是维持法律性和制度性

4　[日]佐藤慎一：《近代中国的知识分子与文明》，南京：江苏人民出版社2006年版，页47-48。

5　[美]芮玛丽：《同治中兴》，北京：中国社会科学出版社2002年版，页63。

6　[美]费正清：《中国的现代化》，南京：江苏人民出版社1998年版，页263-265。

7　同治六年二月十五日大学士倭仁摺，《洋务运动》（二），上海：上海人民出版社2000年版，页30。

安排，必要时才以调节手段来保持体制的顺利运行。在对外贸易方面，清政府不但没有给予足够重视，反而还特别进行控制与压缩，把重农抑商、防止民间资本增长作为一种既定政策。[8]然而，货币问题、外忧、内乱所造成的巨大军事支出与破坏、通商口岸开放、以及不平等条约签订所带来的额外压力，使得这样的稳定状态难以为继。再加上鸦片大量输入造成白银严重外流，外国洋纱的流入使得国内经济的支柱产业的纺纱业大幅衰落，曾大量出口的茶叶与蚕丝也失去了竞争优势，国内经济状况每况愈下，人民生活渐趋困难。清政府虽然也意识到这些问题，但却想不出一个行之有效的应对之道。[9]最终，农民的地租负担因为铜银兑换价格上涨而加重了一倍，通商口岸自给自足的手工业也因条约开放对外贸易而被摧毁。[10]经济方面的稳定遭受破坏，许多农民生活举步维艰，再加上对政府的统治根基已有所衰弱，农民们故而纷纷响应起义、放胆去参加讨伐当朝皇帝的队伍。

总之，中国自鸦片战争之后，不但因战争而损失了大量的社会资源，而且签订了一系列丧权辱国的条约，被迫实行对外开放，在军事、外交、政治、经济等方面产生了各种问题，从原本自封为世界中心的大国跌落为一个受尽欺凌的弱国。对清政府来说，最严重的问题莫过于统治基础受到了质疑。一系列问题形成恶性循环，一步步破坏了社会的稳定。

面对这些从不受儒家思想影响的西方国家，熟读儒家经典的文官与士绅无法按照既往的原则与习惯来与之应对，在面临各种内忧外患时，官员与士绅们有时反应迟缓，有时甚至毫无对策，重臣李鸿章把这个恶劣情势概括为"三千余年一大变局"，指的就是国家已到了儒家经典不足以作为解决问题的方针，官员与士绅束手无策的严峻态势。在这样一场变局中，部分官员暂时想到的方法是"师夷长技以制夷"，也就是学习其科学技术，采取以力量对抗力量的方式。这就需要先改革教育制度，以培养具有西方科学文化知识和技能的创新人才，应对国难。

二、社会问题对创新人才提出要求

当然，束手无策不意味清政府不打算解决这些问题，实际上，在各种军

8　[美] 费正清：《伟大的中国革命》，北京：世界知识出版社 1999 年版，页 105。
9　罗荣渠：《现代化新论》，北京：商务印书馆 2004 年版，页 266-268。
10　徐中约：《中国近代史》，北京：世界图书出版公司 2008 年版，页 177。

事、外交、经济等问题纷至沓来之际，官员们纷纷积极反应，绞尽脑汁，希望在恶劣的局势之中谋求一条生存之道，甚至还抱着彻底改变这种局势的一线希望。他们见到西方强大在于其使其取得压倒性胜利的军事力量，继而想到如果中国也能够学习西方这些先进技术，制造出同等强大的武器，要对付列强并不是没有可能。总督曾国藩就认为，"目前资夷力以助剿济运，得纾一时之忧；将来师夷督以造炮制船，尤可期永远之利"。奕䜣看到曾氏积极学造外国船炮，也决定派员前往西方学习技术；他上奏指出，治国要做到自强，自强以练兵为要，练兵又以制器为先，"我能自强，可以彼此相安"。[11]由此可见大多数官员与士绅都认为，只要利用西学之新来补强中学之旧，把先进科技的外衣披在儒家经典上，就可以解决当下国家所面临的种种问题。可以说，外来压迫让清政府认识到国内缺乏西方先进的科学技术，要想与西方列强抗衡，就必须"师夷长技以制夷"，也就是全面向西方人学习如何建立工厂，培养军事技术人才，制造军备器械。

还有不少官员与士绅见到西方善于商战，商业的高度发达造就了他们本身的富裕；为了缓解抵制西方的经济侵略，必须积极改革水利，漕运，盐政等民生措施。例如学者魏源就认为中国有着丰富的矿产与资源，只是欠缺像西方那样的先进技术，一旦实现了"师夷长技以制夷"，掌握了西方的生产技术，不久之后就可以自给自足，赶上西方的富强之境。[12]政治思想家盛宣怀对洋人独揽中国商业利益的情况也万分感慨，提出了一套振兴中国商业办法，内容是在中央、地方分别设立管理商务的商部、商务总局，任用众所信服的商人来总理商务，以官方支持商人的方式来与西方商人抗衡。他还主张商务局要开设商学课，教导打算从商的子弟，[13]培养足以与西方进行商业战争的人才。可以说，西方发达的工商业，使得清代部分有先见之明的官员们认识到了重儒轻工商的传统将不再符合历史潮流，要想赶上西方，就必须重视并大

---

11 罗荣渠：《现代化新论》，页282、284，北京：商务印书馆2004年版；夏东元：《洋务运动史》，页58-66。

12 魏源主张"以夷攻夷，以守为战"，以本地之富民养本地之劲民何尝尽烦外兵外饷，"若江浙之南田山，福建之封禁山，许民屯垦之，沿海之银矿山，许民开采，境内自然之，利用之不穷，"《海国图志》卷一·筹海篇一·议守、筹海篇二·议守，早稻田大学图书馆藏光绪二年刻本，页一、三十二。

13 盛宣怀：《盛世危言》，卷五·户政·商务一、商务三，北京：华夏出版社2002年版，页305、315。

力发扬工农商。

最后，在签订不平等条约的过程中，清政府还意识到了外语人才的重要性。在与西方列强进行条约谈判时，清政府往往因为缺乏外语人才而高度依赖外国人，或是通过"通事"来进行转述或翻译。李鸿章认为通事不外两种，要么就是"商伙子弟"，要不就是曾在外国义学学习过的"本地贫苦童稚"，而这两种人都是心术不正的群体；至于外国人，更是不会站在清政府的利益上。总之，不论是外国人还是"通事"，清政府要是想在谈判中掌握主动权，决不可依赖他们的其中之一，如果"中国仅侍通事，凡关局军营交涉事务，无非顾觅通事往来传话，而其人遂为洋务之大害"。[14]李氏所谓的大害就是通事根本不可能精通西方人的意思表达，误解与曲解所在难免；而从中翻译的西方人更是以自身利益为出发点，不可能照顾中国利益，最后导致政府在谈判中受制于西方，蒙受巨大损失。要避免在交涉中处于受制于人的被动地位，唯有培养官方自己的专门语言人才。

以上这些问题促使清政府积极努力培养新式人才，尤其是军事技术、农工商业以及语言三个领域的专门人才，以期解决上述一连串环环相扣的问题。这样的思考逻辑是可以理解的，因为：加强军事技术不但可以抗衡西方，也可以进而镇压内乱；改善外交关系、得到国际承认的同时，也间接巩固了皇帝自身的统治地位；提升了经济能力，既可以发展武器、武装自己，提高自己在与西方交涉时的国际地位，而且也可以让国民富强，不再图谋造反。总之，引进西方学校教育制度，培养新式人才对面临内忧外患的清政府来说已是势在必行。

第二节　清代学校教育制度无法培养创新人才

以当时学校教育制度的作用来看，新式人才的需求不太可能被满足，因为在清代学校里，教材主要是四书五经等儒家经典，教师是通过科举考试的生员或举人，农工商业或西方技术的教材及师资十分欠缺，甚至可以说是没有。清代学校教育制度的作用，根本不在于系统地培养出上述军事、农工商业、语言等新式人才，而仅仅是在于培养具有儒家道德修养的士人阶层。而

---

14 陈向阳：《晚清京师同文馆组织研究》，广州：广东高等教育出版社 2004 年版，页 78。

且，学校教育制度附属于科举制度，清代学校中的读书人大多以参加科举考试取得科名为目标，不注重对知识本身的钻研，这种特殊性与现今学校教育制度是完全不同的。并且，这种特殊性导致学者们在研究清代学校教育制度时，只关注到科举制度的作用而忽略了学校教育制度的作用，比如周予同、陈宝泉两人就批评清代学校有名无实，只是粉饰之具。

但是，英国人类学大师暨功能学派创始人马林诺夫斯基曾说，任何社会制度都对准一种基本需要，[15]按此推论，清代学校教育制度的存在本身就已经说明它对当时的社会是有积极作用和贡献的，而清代私塾空前普及，书院数量也超越以往任何朝代，也可作为它们对社会有积极作用的证据。只不过，从现今的眼光来审视，当时的教育机构培养出来的人才不足以承担拯救国家于危难的重任罢了。毕竟，"不同国家在不同时期,学校教育制度有不同特点"，[16]也就是说，即使在同一国家，学校教育制度在不同时期也是培养了不同类型的人才，从而对社会发挥了不同的作用。

总之，因为清代的学校有其作用，只不过这些作用与现代学校很不相同，因为它附属于科举制度而认为其丝毫没有作用的看法是不够客观的。正因为这些作用与现代不同，所以清代学校教育制度培养什么人才，到底对社会起到了什么贡献等问题，值得身处于现代学校教育制度的我们作更深入的研究。有了这一层认识，也才能从更高的视角来认识西方学校教育制度是如何被介绍到中国社会，并进而融入其中的。

一、科举制度制约创新人才培养

清代科举考试科目在类型上分为常科、特科和八旗科三种，其中常科最为重要。常科源于唐朝,又可细分分为文科和武科，面向一般子弟，举行时间基本固定，考试程序与科目有严谨的规范，其中文科尤其是选拔文官的主要途径，攸关清政府的统治基础，最受重视。[17]通常来说，由于历代科举考试对

---

15 马和民：《新编教育社会学》第二版，上海：华东师范大学出版社 2009 年版，页305。

16 《教育大辞典》第 1 卷，页 72。

17 特科，又称制科，是为了达到某特定目的而举行的考试，可说是常科考试的补充。既然作为一种补充，意味着特科的考试时间与科目没有固定，例如康熙十七年曾诏举"博学鸿词科"，乾隆元年举行了"特科"，光绪二十三年举行"经济特科"，是为了录取懂得特定领域学问的读书人而开的。八旗科则是专为八旗子弟而设的科目，早期时举时停，而且有特殊录取名额，但后来被纳入一般科目中，后来康

文科更注重，所以在一般的科举制度研究中大多指文科，本文也是如此。科举考试的科目图示如下。

清朝科举考试科目

（一）科举考试内容

文科考试分为童试、乡试、会试和殿试四种，前三级考试轮流举行，每年一次，所以同一种考试大约是每三年举行一次；殿试则是皇帝对通过会试者的测试通常稍晚于会试，在会试的同一年进行。从层级的角度来说，童试、乡试和会试是主要的三个层级。不过，从考试内容来看，三级考试基本是一样的。例如童试可细分为县试、府试、院试三级：在县试里，四至五场的考试，考题范围大致是四书文、五言八韵、诗赋、经论等；[18]院试主要是先考经古、四书文，五言六韵试帖诗，另外加上默写《圣谕广训》二百字。[19]乡试的考试内容也不出四书五经的范围，只不过考试形式不同。《钦定科场条例》规定，乡试首场考八股文，第二场则有论、表、诏、判、策，第三场则是时务策等考试法。1793年后，乡、会试的考试题型与程序大致固定为，第一场考四书文三篇、五言八韵诗一首；第二场，五经文各一篇；第三场，策问五道。乡、会试的考官，考试内容，场次等程序大体是一样的。总之，三级考试的内容基本不超出四书五经的范围，只是在考试场次、考题形式、答题文体要求等技术层面上有所不同。

熙帝也规定满人也倾向与汉人同试，此科的考试后来也就停止了。关于八旗科的设立、作用及其废止，在潘洪钢在《清代驻防八旗与科举考试》一文中有相当翔实的探讨，可参考《江汉论坛》2006年第8期，页85-89。

18 《钦定学政全书》卷十四·考试题目，《近代中国史料丛刊》第三十辑，台北：文海出版社（1982年版），页269-286。

19 刘海峰：《中国科举史》，上海：东方出版社2006年版，页358。

在以儒家经典为考试内容的情况下，在科举考试中表现优异者无非是熟读儒家经典，精于吟诗作赋，但对各种国内外问题毫无经验也无能为力。而在洋务运动时期设立的洋务学堂，尽管是培养军事、外交、语言等新式人才的新式教育，更有可能解决问题，但学生在学习完毕后，没有机会参加科举考试，当然从学习内容上来说，也难以通过考试，也就不可能取得出路，发挥其所知所学。当时的文官唐文治就注意到了这一点，说在科举考试中表现杰出者，"亦不过敷陈曼词"，"于经世之学，实乃去以千里"；"而瑰奇之士，负其磊落不羁之才，一见摈于有司束脩之问，或出竟楚才晋用，尤为肘腋腹心之大患"。[20]连身为进士的高级官员都对科举考试内容局限在儒家经典的问题提出批判，说明这个问题对培养创新人才有较为严重的负面影响。

（二）科举考试的目的在于选拔文官

清代科举制度虽然制约了人才对新知识的追求，无助于读书人的创新能力力，不过在选拔文官这个功能上，但具有公平、公正的特点。这样的特点使得科举制度在内容上与现代文官制度相近。著名行政法史和法治研究学者艾永明认为，文官制度可以概述为"文职官员的管理制度"，其中要解决的一些根本问题是"由什么人来做官"、"通过什么途径"和"通过什么方式来做官"，[21]选拔人才是文官制度最基本，也是最重要的组成部分。行政管理学家学家李俊清进一步阐述说，现代文官制度以"公开考试、平等竞争"和"法律保障"为重要原则，而这些原则有赖于文官制度中的录用系统能够得到法律的具体保障。[22]

科举考试因此具有重要的社会功能。当时的传教士丁韪良说道，中国"科举考试以最令人满意的方式经受住了考验"，"假如我们采取中国选拔人才的方法来为我们的国家政府选择最优秀的人才，那么它对于我们的政府管理机构所带来的有益影响，绝不会小于上面提到过的那些技艺发明（罗盘与火药）"。[23]学者钱穆也盛赞科举考试"是用客观标准，挑选人才，使之参预政治"。[24]在私塾和西式学校学习过的孙中山也高度评价科举制度说，"考试本是

---

20 唐文治：请挽大局以维国运摺，《中国近代教育史资料汇编·洋务运动时期》，页638-639。
21 艾永明：《清代文官制度》，商务印书馆 2003 年版，页 2、12。
22 李俊清：《现代文官制度在中国的创构》，三联书店 2007 年版，页 19-21。
23 ［美］丁韪良：《汉学菁华》，北京：世界图书出版公司 2009 年版，页 207。
24 钱穆：《国史新论》，北京：三联书店 2005 年版，页 259。

中国一个很好的制度","举行考试的时候，将门都关上，认真得很，关节通不来，人情讲不来，看看何等郑重","中国虽乞丐之子，凭考试取功名，实平等已极"。[25] 不难看出，科举考试作为一种选拔文官的客观办法，有其积极性的一面，英国文官制度的创建人诺斯科特和杜维廉提到，他们在 19 世纪 50 年代提出文官选拔制度时，就是参考了中国科举考试的"公开竞争——公平考试"原则。[26]

在学校教育制度附属于科举制度的情形下，学校就不免受到科举制度的影响，以培养文官为重要功能，尤其是作为进阶教育的书院，就是一种受官方资助的官员培养摇篮。同治初年担任闽浙总督的吴棠在一份奏摺里提到，"书院之设，所以作育人材，而举人一途，内则考取学正中书，外则挑选知县教职，必须平时加意甄培"，[27] 基本说明了书院的文官培养功能。科举制度影响了清代传统学校教育，例如私塾和书院以培养文官为目标，这就使得创新人才的培养与发展受到一定的限制甚至是挤压。

（三）科名使得科举考试受到社会重视

在清代，科名对读书人的影响甚大，读书人通过各个层级的科举考试分别获得生员、举人与进士科名，[28] 从而决定了他们的谋生之路，尤其是对于家境贫寒或社会地位较低的读书人而言，取得科名后的他们可立即步入"士"这一个阶层，从而得到社会尊重，获得更高的社会地位，甚至可直接得到官职，有更高的社会和经济权利。这样的机制使得科举制度受到社会重视，决定了读书人对学习和接受教育的观念，对创新人才的培养起到了决定性的影响。在这里，必须说明科名与读书人出路之间的关系。

先是最高级科名——进士。获得进士科名的读书人通常会直接被授予官职，这是古人所说的一朝中第、光耀门楣的荣耀。至于举人，他们是通过两

---

25 五权宪法，《孙中山先生演说全集》，《近代中国史料丛刊》第六十七辑，台北：文海出版社（1966 年版），页 51、55。

26 李俊清：《现代文官制度在中国的创构》，三联书店 2007 年版，页 16-17。

27 吴棠：闽省建设书院疏，《中国近代教育史资料汇编·洋务运动时期教育》，页 707。

28 许多研究将读书人通过各级科举考试所得到的头衔称为"功名"，例如张仲礼的《中国绅士》和《中国绅士的收入》。但是，拥有科名的齐如山却不如此认为，他强调说，把这种头衔称为功名并不恰当，因为功名意味着官位；而获得生员、举人、进士等科名者既不完全是官员，但又与平民有很大区别，具有另外一种特殊性质，因此不妨称为科名，参考《中国的科名》，序页 1。本文采用齐氏的看法，把读书人通过科举考试所获得的头衔称为科名。

级科举考试而被挑选出的人才，通常是担任书院山长，不过，他们享有"大挑"的特权，即每六年可以有一次被皇帝挑选拔为文官的机会。[29]最初级的科名，生员，他们的仕途也是清晰的。例如，有些生员辅助文官治理地方事务，多与地方官或地方上的名门望族交往，备受礼遇，例如在浙江颇有名望的汪辉祖就担任许多州县官的幕友，公正地审判了不少诉讼，成为地方颇有名望的"师爷"。[30]他以此为基础，在之后成为了官员。另外一部分成绩拔尖的生员，若在学政主持的岁试与科试中取得优异成绩，则可以被选送到国子监读书，并且在学习期间得到各项资助，这样，读书人即使家境贫寒，也可以不愁生计而专心读书，准备科举考试。此外，皇帝偶尔会在国子监学生中挑选成绩优秀者，直接授予官职，这是监生的仕途通道。

其次，更为重要的是，这些拥有科名者即使不能成为文官，也形成了一种完全不同于农工商、并且高于农工商的阶层，即士绅阶层，如齐如山所说的，科名具有一种很特殊的性质，而这种性质使得有科名者完全不同于一般平民。[31]拥有科名的读书人在地方形成一个阶层，而他们这些士绅正是以他们自身拥有的，具有特殊性质的科名而承担了社会责任，在地方发挥着维持社会秩序的作用。[32]马克斯·韦伯（Max Weber）就是因为见到这些士绅阶层的重要性，所以说：

> 成功地通过了科举考试的中国考生与官员，绝不仅仅是一个由知识证明了资格的官职候补人，而是一个经受了考验的卡里司马素质（领导者气质）的体现者，这种素质附着在取得学位的大官身上，如同附着在一个通过宗教慈善团体考试并被授予了圣职的神职人员身上，或者附着在经过专门考验的术士身上一样。[33]

中国士绅被视为是具有神圣地位的群体，可见科名具有的神圣、不可侵犯的性质以及士绅所具有的独特而又崇高的社会地位。

---

29 商衍鎏：《清代科举考试述录》，天津：百花文艺出版社 2003 年版，页一二〇。

30 鲍永军：《绍兴师爷汪辉祖研究》，北京：人民出版社 2006 年版，页 103-105。

31 齐如山：《中国的科名》，沈阳：辽宁教育出版社 2006 年版，序页 1。

32 张仲礼的研究显示，地方士绅对社会的贡献不外以下几种：维修文庙，为农工商人树立道德模范；撰写地方志，对忠孝节义者的事迹进行褒扬；经常捐款、捐地以兴办书院，为入学的读书人提供读书所需的资助；修造贡院，方便新进读书人能够参加科举考试；其他还有推行公益活动、排解纠纷、兴修公共工程，甚至组织团练和征税等许多事务。《中国绅士》，页 61-63。

33 马克斯·韦伯：《儒教与道教》，北京：商务印书馆 2003 年版，页 179。

可以总结地说，科举制度对通过考试的读书人，授予三个层级的科名，他们或者直接被钦点为文官；或者得到成为文官的资格和捷径，通过资历积累而成为地方官。读书人只要参加过科举考试，之后不论从事什么职业，都还是在仕途上。他们即使不担任官职，在地方也是有一定声望的特殊阶层。如此的制度设计，促使所有人都把接受教育当成担任官职、提升自身阶层的一种途径，是一种目的；读书或研究学问，反而是一种手段。这样的教育观或多或少阻碍了创新人才的培养进程。创新人才是在某个领域不断钻研，从而取得突破，而这与他们的自身兴趣或自制力有关。

二、私塾与书院等教育机构不培养创新人才

学校是指有计划、有组织地进行系统教育的机构，在中国是从民国时期开始使用这个词的。在古代，教育机构在各个阶段曾被称为学、校、庠、序；到了清代，教育机构有社学、义学、私塾、书院、国子监。历史上，中国教育机构的名称虽然繁杂，但脉络基本清晰，并且由于这些教育机构符合上述对学校的定义，可以说是现代学校的前身。为了更好地对他们进行分类与排序，必须将它们置于学校教育制度的视角下；在学校教育制度中，学校可进行类型划分，如普通、职业等学校；也可进行层级划分，如小学、中学、大学。各级各类学校彼此之间有衔接关系，学生也就可以在学校教育制度之中升学或转学。[34]以上的学校教育制度视角为梳理清代学校类型及其关系提供了一种有效方法。

在清代，社学、义学与私塾是对儿童进行初步读书、认字的场所，也是启蒙儿童的场所。社学的起源颇早，元朝时便规定五十家为一社，每社设学校一所，择通晓四书五经的读书人为师，令子弟于农闲时候入学，称之为社学。义学最早是北宋时期的宰相范仲淹专为民间孤寒子弟所设立的，这类学校大多是一些官员、地主出资在家乡所开办的，也有的是以祠堂地租或私人捐款而设。私塾起源可以上溯到春秋时期，是大多数家庭让子弟接受教育的地方，对于传递文化，培养儒学人才有着不可磨灭的贡献。这些初级机构招收所有子弟，属于初级教育阶段，只不过社学和义学在清代中后期逐渐没落，而私塾则成为清代主要的初级教育场所。[35]

---

34 孙喜亭：《教育原理》，北京：北京师范大学出版社 2000 年版，页 204。

35 李国钧、王炳照总主编：《中国教育制度通史》第五卷，济南：山东教育出版社

书院相较于社学、义学和私塾，是一种传授更高等教育的机构。书院起源于唐朝，兴盛于宋朝，一直以来都是读书人学习、讲学的重要场所，培养了许多文官，当然也有专心致志于学问的学者。到了清代，历代皇帝对书院颇为重视，所以书院在数量上取得了长足发展。有志于仕途的子弟在完成私塾教育后会去参加科举考试，通过第一级考试的生员和仅仅通过县府试的童生可以申请进入书院读书，接受进阶教育。[36]有些学者因此把书院视为一种高等教育，例如左玉河指出书院作为一种研究的场所，与近代大学有不少相通之处。[37]从制度中的层级来作这样的类比并无不妥，但需要注意的是，清代的高等教育与现代高等教育仍有一定差距；从培养人才这个角度来说，作为现代高等教育的大学主要是为了各式各样的专门人才，但清代书院主要还是为了培养文官。

总之，从横向划分来看，清代教育机构分为私塾、书院两种类型，前者是初级教育机构，后者是进阶教育机构；从纵向来看，这些教育机构通过科名而形成一种松散的关联，从而构成了一种两级制的学校教育制度。有了这一层认识，接下来将可以把私塾与书院等教育机构作为探讨对象，逐一从课程、师资、学生来源三个方面来说明并探讨清代学校教育制度为什么不能培养出新式人才。

（一）私塾与书院培养熟悉儒家经典的人才

学校作为一种社会制度，有其作用，学者在此主题上，有两种看法。第一种着重于学校教育制度对人才的培养，即以学生为出发点，对各级学校对学生的培养目标进行研究，从而分析各级学校分别培养造就了何种人才。例如学者舒新城认为，小学的职能在于灌输儿童对于国家有一致的理想；中学的职能在于"鉴别与分化"，也就是注意学生个性，使教学方式能够适应其个性；大学的职能在于"专攻与导率"，即保存文化，开创新知识。[38]

第二种侧重研究学校教育制度对于社会的贡献，这种研究通常把学校教育制度作为一个整体，研究和总结其对社会的积极作用。例如学者吴俊升认

1999 年版：页 273-287。

36 李国钧、王炳照总主编：《中国教育制度通史》第五卷，济南：山东教育出版社 1999 年版：页 201-258。

37 左玉河：《中国近代学术体制之创建》，成都：四川人民出版社 2008 年版，页 53。

38 舒新城：《教育通论》，福州：福建教育出版社 2006 年版，页 19-21、33。

为教育使个人去适应社会,进而为社会谋求福利。[39]另一位学者陈桂生提到,学校有让个体培养自身的人格与个性,并提升自己在社会中与他人交往的社交能力,或在社会的各种制度中扮演一定角色的职能。[40]钱民辉也把传授个人知识与技能看成是学校教育制度的一种社会功能。[41]

总结来说,不论是从哪一种观点,都指出了学校教育制度的功能在于培养一批具有专门的知识技能和崇高的道德理念的人才,从而推动社会的发展。如果把两种观点加以结合,将可以更全面地认识学校教育制度的功能:各级学校共同合作而形成一种有效的制度,小、中、大学生得以在这个制度中循序渐进地接受教育,并依循一定规范升学或转学。这个制度培养各种创新人才来促进社会的发展,体现在于:小学提升儿童的国民素质,为儿童的社会化打下基础,并为他们日后取得谋生技能作好基本准备;中学培养国民谋生的知识与技能,并加强个人对创新知识的兴趣与能力,从而为进入大学后进行知识创新打下基础;大学培养学生成为各自学习领域的精英,并培养创新知识能力。简言之,学校教育制度的功能在于培养具备知识技能与社会责任感的创新人才,从而推动社会的进步。

接下来,为了要说明清代私塾与书院培养的人才,需要从课程、师资与学生来源等三个方面进行探讨。

1. 课程设置

在清代私塾与书院等教育机构中,所有课程都集中在代表儒家思想的四书五经等经典中。不过,清政府对于初级教育机构的教学内容没有明确规定,也没有一套全国通行的教材与课程体系。各个私塾通常是基于前人经验,自行安排教材和课程。清代一位塾师王筠对私塾课程做了如此的描述:

> 蒙养之时,识字为先,不必遽读书,先取象形、指事之纯体教之。识日月字,即以天上日月告之;识上下字,即以在上在下之物告之,乃为切实。

> 纯体既识,乃教以同体字,又须先易讲者,而后及难讲者。讲又不必尽说正义,但须说入童子之耳,不可出自我口便算了事。

> 如子弟钝,则识千余字后,乃为之讲,能识二千字,乃可读书,

---

39 吴俊升:《教育概论》,福州:福建教育出版社2006年版,页95。

40 陈桂生:《教育原理》,上海:华东师范大学出版社2000年版,页236-238。

41 钱民辉:《教育社会学》,页152。

读亦必讲。然所识二千字，前已能解，则此时合为一句讲之；若尚未解，或并未曾讲，只可逐字讲之。

八九岁时，神智渐开，则四声、虚实、韵部、双声、叠韵，事事都须教，兼当教之属对，且每日教一典故。才高者，全经及《国语》、《国策》、《文选》尽读之；即才钝，亦《五经》、《周礼》、《左传》全读之，《仪礼》、《公》、《谷》摘钞读之。

才高者十六岁可以学文，钝者二十岁不晚。初学文，先令读唐宋古文之浅显者，即令作论，以写书为主，不许说空话，以放为主，越多越好，但于其虚字不顺者少改易之，以圈为主。等他知道文法，而后使读隆、万文，不难成就也。

从这份记载可以见到，私塾教育主要是在四书五经的基础上，把课程规划为识字、阅读训练、进阶阅读与写作训练三个阶段。虽然这份记载并非正式的官方规定，但却出现在许多私塾的塾规之中。学界在整理许多塾规的基础上，总结了清代的私塾教育课程，如下表所示。[42]

年　　龄	课　　程	教　　材	训练活动
七岁	集中识字	《三字经》 《百家姓》 《千字文》	识字 写字训练
九岁	读写基础训练	韵语书《蒙求》 散文故事《日记故事》 音韵书《声律启蒙》	属对 作诗
十四岁	进阶阅读写作	古文选《古文观止》 时文选 八股教材《小题正鹄》	作八股文 作试帖诗

书院的课程也不超出四书五经。儒家思想作为一种世界观、社会伦理、政治意识形态、学术传统，甚至一种生活方式，其精髓体现在四书五经等经典之中，而这些经典正是读书人在私塾、书院里所学习的主要内容。儒学家杜维明曾对儒家思想有过一段论述：

儒家传统的基本关怀是学以成人。儒家强调的人，不是与自然

---

42 李国钧、王炳照总主编：《中国教育制度通史》第五卷，济南：山东教育出版社1999年版，页290-291，299。

> 对立或与天对立的人，而是寻求自然和谐、与天共鸣的人。在儒家
> 看来，学以成人是一个不断拓宽和深化的过程，在此一过程中，人
> 们了解到，一切界定人类状况的存在样式都处于相互联系的状态之
> 中。透过了包含了家庭、社会、国家、世界和天上这样一个不断扩
> 大的关系网路，儒家寻求在其中全面的实现人性。[43]

这段论述表明儒家思想以道德为核心，要求读过经书的读书人在任何场合表现出适当的礼仪，服从常规仪式，尊重长者，效法公认的典范，以最合适的方式与人交往，与社会和谐相处。儒家思想是读书人待人处世的重要原则，熟悉这些原则是他们被视为具有道德修养的表现。[44]儒家思想的核心是道德与和谐，因此，以儒家经典为核心教材而进行的学校教育，其培养人才的目标也莫过于道德崇高、举止合宜、爱家爱国、遵守人伦观念、遵守社会和国家规范，这样的思想在作为进阶教育机构的书院里更得到了更充分的体现。以儒家经典为主要教材的私塾和书院，必然无法培养出熟悉西方科学技术、具有专门知识的新式人才。

2. 师资

儒家经典必须通过教师来传播，而这些教师是经过筛选而出的优秀人才。例如社学必须"择生员学优行端者，补充社师"，[45]义学教师由当地"择本省之举人贡生，学品兼优者"来担任，[46]教师都是道德修养得到地方公认者。至于书院则由"学臣悉心采访，不拘本省邻省，亦不论已仕未仕，但择品行方正，学问博通，素为士林推重者"，[47]也就是由地方官自行聘用有德之人。之后，书院教师必须经由督抚审核，要求比私塾、社学或义学更加严格。不论是初级还是进阶教育机构的师资，任用标准就在于科名，因为这是他们熟读儒家经典的证明。既然教师们都是儒家传统教育培育出的典范，他们的教育

---

43 杜维明：《儒教》，陈静译，台北：麦田出版社2002年版，页028-029。

44 杜维明：《道学政——论儒家知识分子》，钱文忠、盛勤译，上海人民出版社2000年版，页6-7、26。

45 《钦定学政全书》卷七十三·义学事例，《近代中国史料丛刊》第三十辑，台北：文海出版社（1982年版），页1531-1532。

46 ［清］席裕福：《皇朝政典类纂》卷二百三十一·学校十九·义学，《近代中国史料丛刊》续编第八十九辑，台北：文海出版社，页4474。

47 ［清］席裕福：《皇朝政典类纂》卷二百二十六·学校十四·书院，《近代中国史料丛刊》续编第八十九辑，台北：文海出版社，页4203。

背景和立场也就决定了其播儒家文化的人才培养理念，把学生培养为儒家思想的遵从者和倡导者。

上述也提到，书院教师的要求更高，并且需要经过督抚审核，这是因为书院是具有一定基础的读书人接受更严谨的道德教育的场所。在书院里，熟读经书并得到官方承认的山长以身作则，严格监督子弟的学习成果，强化读书人对自身道德的培养，如教育家蔡元培所指出的，书院等教育机构对社会起到一些重要作用，而其中之一就是注重伦理道德与个人修养。[48]从书院教师的选择任用标准以及清代著名学者的总结中，不难看出书院对已有一定道德修养的优秀读书人进行道德强化和升级的教育机构，以有组织、有计划、有目的的方式对他们进行道德陶冶，成功地培养了读书人的深厚道德。[49]可以见到课程与师资围绕着儒家经典的私塾、书院，其作用就在于培养具有道德的儿童与读书人，加上官方的积极管理与监督与优秀师资的加入，私塾与书院的影响力与作用得到了加强。

3. 学生来源

从理论上来说，私塾没有明确的生源资格规定，学生来源是相对宽松的，入学者既可以是七、八岁的儿童，也可以是二十岁的青年；而且他们来自于各个阶层的家庭，其经济能力不同，接受教育的目的也有很大差异，例如有的是要准备参加科举考试，有的是为了职业准备而学习基本的识字与读写能力。私塾分别对这两种子弟施行不同的教育，塾师对于应试者是进行识字和知识教育、学做八股文；对于不应试的子弟则是传授常用字，特别是与其从事行业有关的字，以及应用文的阅读写作，使之能读会写，而后应用于工作中。[50]总之，私塾对儿童与从业青年随时开放，以弹性的方式向他们传授基本的识字能力和道德修养。

正是因为这样的开放性与弹性，许多人家有能力，而且也有意愿将子弟送入私塾去培养道德，例如担任民国总统的李宗仁回忆说：

> 我们因是农家子弟，长辈虽然也要我们"开蒙"读书，但是

---

48 中国教育的历史与现状，《蔡元培教育名篇》，北京：教育科学出版社 2008 年版，
页 199。

49 胡青：《书院的社会功能及其文化特色》，湖北教育出版社 1996 年版，页 71-73、
176-177。

50 李国钧等编：《中国教育制度通史》第五卷，济南：山东教育出版社 1999 年版，
页 287-290。

> 他们意思无法要我们稍知时数，明白事理，将来能继承且耕且读
> 的家风，做一个诚朴纯良的农民而已，绝无意要我们以诗书作进
> 身之阶。[51]

也有不少官员有类似想法，例如如总督曾国藩就教诲后代读书是为了"请求乎诚正修齐之道，以图无忝所生"；[52]重臣左宗棠在给儿子的信里告诫"所贵读书者，为能明白事理。学做圣贤，不在科名一路"。[53]对于一些重视孩子教育的家庭来说，他们愿意让儿童去读儒家经典，修养道德。后来担任北京大学校长的蒋梦麟就认为，他小时候在私塾里学习四书五经时，才开始了解做人的道理，后来更意识到这些四书五经为人提供了行为准则，"一个人到了成年时，常常可以从背的古书里找到立身处世的指南针"。[54]

至于打算让孩子走仕途的家庭，家长会让孩子跟随塾师学习一段较长的时间，例如清代高官张廷玉从七岁即开始启蒙，先后换了三位塾师，一直学习到十六岁参加科举为止，[55]前后共计九年。弹性的入学资格与学习时间，加强了私塾对儿童影响的持续性。张廷玉后来成为清廉而有作为的高级官员，并受到皇帝的重视，与他长时间学习跟随塾师，深受儒家经典熏陶有一定的关系。

宽松的入学标准，使得私塾还兼有社会教育的作用。社会教育是一种"有意识的培养人、有益于人的身心发展的社会活动"，[56]从这个角度来说，私塾对愿意受教育的农工商青年开放，让这些从业青年在闲暇之余可以学习儒家经典、训练基本读写能力，接受社会教育。在一些乡村，"多数男子在童年都曾启蒙识字，少的数月，多的三年五载不等"，[57]可见私塾作为一种初级教育，不像现代小学那样强迫学龄儿童入学，而是由非常宽松的入学标准，对愿意学习的儿童和从业青年随时开放，把儒家经典以一种社会教育的方式去普及到乡村之中。私塾的社会教育作用对从业青年具有重要意义，因为他们可随时学习，在业余时间有机会接触儒家经典，学习基础读写能力与基本道德，

---

51 李宗仁：《李宗仁回忆录》，华东师范大学出版社 1995 年版，页 18。

52 《曾国藩家书》，西安：陕西旅游出版社 2002 年版，页 7。

53 《左宗棠教子书》，长沙：岳麓书院 2002 年版，页一〇。

54 蒋梦麟：《西潮》，天津：天津教育出版社 2008 年版，页 22。

55 张廷玉：《清张大学士廷玉自订年谱》，王云五主编：《新编中国名人年谱集成》第八十辑，台北：台湾商务印书馆 1982 年版，页 5-9。

56 《教育大辞典》1，上海：上海教育出版社 1991 年版，页 11。

57 李宗仁：《李宗仁回忆录》，华东师范大学出版社 1995 年版，页 19。

兼顾工作与基本教育。

　　书院是传授进阶知识和道德的教育机构，有更高的硬件要求，例如资金、书籍、固定场地以及师资，因而更规范些。书院因此在管理和选拔生源方面更加严格，负责建立和管理书院、筹措书院费用的州县官与士绅，尽力确保书院招收到最优秀的读书人，以更好地培养一批更深入掌握儒家文化、精通儒家思想的高层次人才。

　　综合课程、师资和学生来源三个方面，清代学校教育制度的作用在于培养子弟的道德修养和传播儒家经典的能力。私塾教育对此时的乡村道德教育有重要作用，而书院则以更高水平的硬件设备和师资，保证了对优秀读书人的道德和传播儒家经典能力培养。

（二）读书人把时间都用于记忆儒家经典

　　不过，清代教育制度在近代面临了挑战，主要就是缺乏代表科学的西学。早在洋务运动时期之际，就有以贵州学政严修、严复等人为代表的一批官员与士绅，指出了科举制度使读书人只读儒家经典、受制于这些经典，难以创造出科学知识和技术。[58]一些身在其中的读书人在总结自身经验后，认为科举制度制约了学校教育制度的创新人才培养，例如拥有生员科名的梁启超大力批评"八股和一切学问都不相容，而科学为尤甚"，"所以科举制度，我认为是科学不兴的一个原因"。[59]不论是官员还是士绅都一致认为熟读儒家经典之人尽管具备道德修养，但创新能力相对薄弱。

　　不过，现有研究在科举制度对人才创新能力的制约作用的解释上不够深入。理由在于，首先，科举制度在中国存在一千三百年，而中国科学技术发展直到近代之前，基本领先世界的，至少也是处于前沿的。[60]比较可能的解释是科举制度与人才创新能力之间的关系存在各种变量，而其中某些变量起到了关键性影响。

　　许多学者尝试揭示这些变量。一派学者把研究焦点集中在科名对于读书人群体的吸引力上，对清代学校教育制度无法培养人才创新能力的问题进行

58　参考贵州学政奏请设经济专科，《中国近代教育史资料汇编·戊戌时期》页 53-56、
　　严复：救亡决论，《严复作品精选集》，武汉：长江文艺出版社 2005 年版，页 56-70。
59　梁启超：《中国近三百年学术史》，北京：东方出版社 1996 年版，页 19。
60　[英]李约瑟：《中国科学技术史》第一卷·导论，科学出版社、上海古籍出版社
　　1990 年版，页 1。

了深入分析，他们注意到了科举考试所授予的科名对读书人具有莫大吸引作用，使他们尽管在新式学堂学习科学知识，但一心只想着获取功名，就像经济史学家张仲礼所认为的，读书人从获得生员科名开始便要不断参加考试，以避免被剥夺科名，结果"皓首穷经和学习八股文"，"几无时间来独立思考"。[61]另一位经济学家林毅夫进一步阐述说，"中国的激励结构使知识分子无心从事科学事业"，他们受到科名的吸引，把时间都用来记忆儒家经典、想着当官，中国也就缺乏创新知识的足够人力资本。[62]他们的说法总结概括就是说科举制度用利益引诱读书人，让他们把时间都用于记忆儒家经典，无心追求或探索科学知识。

这里还需要解释科名对读书人所具有的吸引力。一些来到中国的西方传教士都把科名看成西方学位，也就是科名代表知识水平，是社会对个人能否从事教职的认可标准。在清代，一般人只要没有参加过科举考试，无论怎么熟读四书五经，知识如何深入，也都被认为是白丁。通过童试中的第一、第二级考试（县试、府试）者则被称为童生，但童生只是对参加过科举考试群体的资历，并非科名。白丁与童生没有资格担任塾师，而一般人也不会请他们来指导自己的子弟读经书。并且，科名等级的高低，代表了知识水平的高低。举人可教生员，生员可以教童生与白丁，次序反过来则不能被一般人接受。以书院为例，各县书院因为招收童生与生员，所以书院院长多是高于生员一级的举人，贡生（成绩优秀、被送入国子监读书的生员）虽可勉强担任，但大家仍要求院长是学问渊博、被大家所信服的读书人。[63]

综上所述，熟读儒家经典并取得科名的学子们，出路不外乎是担任教职：拥有生员、举人科名的读书人一般说来大都以教职为业：生员、贡生科名层级较低，大多担任塾师；举人科名层级较高，从事较高级的教职工作，有的担任书院山长，有的甚至自行成立一书房，来学者便收。[64]总的来说，科名是一种担任教职资格，对个人来说意味着一条出路。

正因为科名代表了一个人的知识水平，所以科举制度是一种师资证明、学历证明、学位证明，类似一种现代学位制度与文官制度的结合体。对许多

61 张仲礼：《中国绅士》，上海：社会科学院出版社1992年版，页201。

62 林毅夫：《制度、技术与中国农业发展》，上海：上海人民出版社2005年版，页256、258。

63 齐如山：《中国的科名》，沈阳：辽宁教育出版社2006年版，页16、93。

64 齐如山：《中国的科名》，沈阳：辽宁教育出版社2006年版，页92。

人家来说，他们希望自己的子弟去读书，不一定非得要当官，但至少可以成为一名具备知识、受人尊敬的教师。但在另一方面，如前所述，生员与举人科名同时又是一种预备文官资格，所以科名的特殊性质使得老师兼具一种预备官员的身份。在科举制度具有选拔文官以及师资认证的双重作用之下，读书人可以通过考科举获得谋生的资本（教职或官职），因而会不断地努力去获得科名。读书人获取科名的倾向有助于社会的稳定，可获得社会认可，而至于研究西方科学技术，则是如哲学家冯友兰所谓的"按照它自己（中国社会）的价值标准它毫不需要"。[65]

总之，生员、举人、进士这三级科名分别代表了不同程度的知识水平，从而提供了出路：进士中的最优秀者可以直接被授予官职或被选入翰林院继续深造，举人大多成为书院山长，生员则多在私塾担任教学工作。读书人必须用大量的时间去记忆儒家经典、考试，没有时间和兴趣去研究科学知识和技术，创新能力没有提升。

（三）读书人排斥西学

不过，读书人尽管没有时间和兴趣去钻研科学，也不会直接导致整个国家都没有创新人才。毕竟在洋务运动时期，清政府也成立了不少洋务学堂，也派遣了不少留学生出国，总是会有人对科学有兴趣，从而提升自己的创新能力。

耗费心力于儒家经典，就难以创造知识呢？要回答这个问题，首先可以从培养创造性人才更有效率的西方学校教育制度着手，研究西方学校里的学生如何对待知识、积累知识、发展知识；在这个基础上，再分析清代中国读书人们与西方学校学生对待知识态度的差异，从而回答清代学校教育制度下，学生不能创造新知识的问题。

首先，创新能力的必要条件之一是对知识有一定积累，而积累与研究人数和研究时间两个条件是密切相关的。在天文学、数学、光学、力学方面作出巨大贡献的科学家牛顿说道，"如果我比别人看得远些，那是因为我站在巨人们的肩膀上"，[66]表明了自己是基于前人对知识成果而做出的贡献。创造能

---

65 Yu-Lan Fung. (1922). Why China Has No Science—An Interpretation of the History and Consequences of Chinese Philosophy, ***International Journal of Ethics***, Vol. 32, No. 3, pp. 238.

66 吴国盛：《科学的历程》，北京：北京大学出版社 2002 年版，页 216。

力的培养虽然有个人兴趣的成分，但也需要形成一个小团体、借助系统方法、经过长时期积累才能显现成果。

要积累还需要对于追求知识的毅力和坚定不移的信念。古希腊哲学家亚里士多德说过，人们是由于"惊奇"而后认识到自己的无知，为了要免除无知，才对问题或现象进行哲学思考，这个思考没有任何实用的目的，是自由的。[67]西方人在学习知识时，特别注重理性思维的培养和对未知事物的探索，并不以其目的性或实用性为关注焦点；这种理性思维与追求知识的无目的性，也深深的烙印于学校教育制度中，并通过学校教育而得到加强。教育思想家纽曼（John Henry Newman）早就指出大学是培养"哲学思维"的场所：

> 把这个场所当作是接受教育的殿堂，一大群学识渊博的人埋头于各自的学科，又相互竞争，通过熟悉的沟通渠道，为了达到理智上的和谐被召集起来，共同调整各自钻研的学科的要求和相互之间的关系。他们学会了互相尊重，互相磋商，互相帮助。这样就造就了一种纯洁明净的思想氛围。

他还特别强调，大学中的学者对各式各样的学问进行理性思考，并不是为了什么特定明确目的，因为"知识本身即为目的"。[68]虽然纽曼只谈及大学，但许多教育理论家和教师都认为各级学校或多或少要有理性思考培养功能。

科学史家的观点也基本如此，吴国盛总结西方知识进步的原因在于西方人以追求自由作为崇高理想，所以在探讨知识时，倾向以一套逻辑严密的推理体系，追求世界背后的规律。在西方人眼中，世界背后的规律不是祖宗规定并传下来的，而是经过理性思考与论证得来的。吴氏强调西方人的理性思维与思辨就是一种理性科学。[69]概括地说，西方学校教育制度培养人对知识进行理性思考的兴趣与坚持，推进知识的持续积累与突破。

相比之下，中国读书人对知识的态度并不相同，他们对知识实用性关心高于知识的理性思考。钱穆说中国的读书人同样研究音乐、天文或算学，但那是为了提升自己的修养，利于农事活动，或者督促皇帝施行仁政，其目的都不脱离"人文"这样的现实生活；在这些读书人眼中，自然科学如果脱离

---

67 亚里士多德：《形而上学》，上海：上海人民出版社 2005 年版，页 19。

68 纽曼：《大学的理想》，杭州：浙江教育出版社 2003 年版，页 22-23。

69 吴国盛：《反思科学》，北京：新世界出版社 2004 年版，页 6-9、19。

人文而独立，便是一种低下的技术，受人轻视，没有继续发展的可能。[70]也就是说，读书人不会对知识背后的理论或规律进行更深入的探讨。史学家余英时也认为中国读书人对知识的认识侧重实用，导致知识本身没有形成一个独立自足的领域；[71]英国科学家李约瑟（Joseph Needham）也认为中国社会有发达的科学技术，但在把技艺和逻辑等理论方法合而为一方面则十分薄弱。[72]他们的观点基本说明中国读书人对待知识的目的性很强，只有在知识对自己的未来、对社会发展有作用时，才会花费时间和精力去研习。

　　读书人强调对知识的应用，不运用逻辑思维，推动知识上升到一种理论的高度，创新能力就得不到提升，社会的知识和技术创新便无从谈起。哲学家冯友兰曾简要精辟地对于中国读书人讲求知识的实用性，不关注科学的问题：

　　　　中国所以未曾发现科学方法，是因为中国思想从心出发，从各人自己的心出发。譬如我饿了，我难道还有必要用迂回的、抽象的科学方法向我自己证明我想吃饭吗？…中国哲学家爱的是知觉的确实，不是概念的确实，因此他们不想也没有把他们的具体所见转换成科学形式。总之一句话，中国没有科学，是因为在一切哲学中，中国哲学是最讲人伦日用的。[73]

这一段论述与丁韪良认为清代读书人"对于习得能力的培养，甚于对于创新能力的培养"，也就是重视记忆而不是思考的观点不谋而合。[74]读书人强调知识实用性的倾向通过学校教育制度而得到加强，因为学校要培养的也是能够接受既定知识，并推广这些知识以作为社会规范的人才。

　　简言之，儒家经典从内容和形式两个方面束缚了读书人们对于知识的创新：在内容上，儒家经典颂扬传统，要求读书人遵循已有传统，不要质疑和挑战；在形式上，儒家经典还借由科名的评价机制，促使读书人追求科名，

70　钱穆：《国史新论》，北京：三联书店 2005 年版，页 121-122。

71　余英时：《余英时文集第四卷·中国知识人之史的考察》，广西师范大学出版社
　　2004 年版，页 158-159。

72　转引自林毅夫：《制度、技术与中国农业发展》，上海：上海人民出版社 2005 年
　　版，页 254。

73　Yu-Lan Fung. (1922). Why China Has No Science—An Interpretation of the History
　　and Consequences of Chinese Philosophy, *International Journal of Ethics*, Vol. 32,
　　No. 3, pp. 237-263.

74　［美］丁韪良：《汉学菁华》，北京：世界图书出版公司 2009 年版，页 216。

心无他想，一心钻研经典。最后，读书人不但不倾向创造新知识，还会排斥知识挑战和创新。

（四）儒家经典与科举制度反对西学

私塾与书院之所以能够加强儒家经典的影响，关键在于它们与科举制度合一。科举制度在一定程度上也是选拔文官制度，通过科举考试选拔出来的文官毋庸置疑都是熟读儒家经典并且集其大成之人，是儒家哲学和思想的拥护者和倡导者。文官作为社会规范的制定者、监督者以及与执行者，又负责执行科举考试的选拔，因而他们在挑选人才时，也必然是以儒家哲学和处世之道为标准，从私塾与书院的读书人之中挑选出最符合他们的标准之人，也即最熟悉儒家经典，愿意把儒家经典应用在社会，而不是在考试中对知识进行理性思考的读书人。最后，不论是读书人还是官员，都如史学家余英时所说的，缺乏独立的判断精神，倾向于服从权威，[75]那么科学知识和技术就只能在儒家经典的夹缝中求生存。科学史家汤浅光朝曾指出科举制度大量培养了"自以为是"的官僚，从而阻滞了读书人研究科学和创造知识的意愿，[76]就是这个意思。

总的来说，儒家经典影响读书人不去作独立思考，而是维持知识的既有地位，科名则是加强这种影响的机制。一直以来，熟悉儒家经典的人才足够为国家所用，但自鸦片战争开始，国家间的竞争关键在于科学，读书人的已有知识已不足以帮助国家解决新的问题。教育家蔡元培评价清代学校教育制度"重视个人修养的尽善尽美，重视个人的文学才能，而不注重科学方面的教育"，[77]基本指出了制度的严重缺陷。在经历了洋务运动之后，科学技术虽然有进展，但仍然落后西方甚多，清政府所处的局势更加险峻。改革私塾和书院以培养创新人才的意识，在一些官员和士绅的心中有所加强。

三、洋务学堂的人才培养效果低下

清代的私塾与书院在教材、师资上都以儒家经典为主，在儒家思想轻视技术与技艺的情况下，其他流派的学问一直没有能够形成相对成熟的知识体系。《易经》所谓的"形而上者谓之道，形而下者谓之器"，说明了读书人具有

---

75 余英时：余英时文集第四卷·《中国知识人之史的考察》，广西师范大学出版社 2004 年版，页 158-159。

76 汤浅光朝：《解说科学文化史年表》，新华书店 1984 年版，页 228-229。

77 中国教育的历史与现状，《蔡元培教育名篇》，页 200。

较高的地位，所该做的是理解与实践儒家经典，不必学习其他"旁门左道"的技艺；工匠是具有各种技艺的群体，但他们的地位较读书人为低，应受读书人的支配和管理。在这样的背景下，研究各种技艺甚至说外国语言的人才大多被官员、士绅甚至一些农工商人所轻视，要促使学校教育制度培养出新式人才，也就更加困难。清政府意识到，要培养新式人才去解决社会问题，势必要在私塾与书院之外另设学校、筹备新教材与师资以及开辟生源才行，于是在咸丰年间开始的洋务运动里，不少军事、语言等洋务学堂纷纷设立。奕䜣曾把这些新式学堂视为一种"以救目前之急"的手段之一，[78]期望这些洋务学堂能够培养出新式人才，救国家于危难之中，但是洋务学堂因为办学方面存在以下三个问题，一直没有达到预期目标。

（一）招生困难、学生来源不稳定

在一般人眼中，不论是技艺还是语言，都是被轻视的科目，任何学习技艺的尝试，都会受到地方邻里的质疑甚至侧目。蒋梦麟的父亲蒋绍模曾试图以西方轮船为模板而打造一艘新式船只，但他家的塾师却反对这种做法，认为这些西方事物都是"奇技淫巧"，模仿之势必要"伤风败俗"，维持现有的朴素生活才是正确的生活方向。[79]这位塾师既然对西方技术持有这种否定的态度，那么他肯定不会把自己的子弟送到洋务学堂去学习西方语言或军事技术；这位塾师也只是万千具有科名的读书人的典型代表之一，从他的观点和做法可推论出更多有科名的读书人的想法。这对于洋务学堂的发展是不利的，因为根据规定，选取给洋务学堂的学生必须要有地方官绅这些有声望者来具名保送，[80]地方官绅其实不外乎与这位塾师一样，唯儒家经典是尊，认为西方技艺是一种"奇技淫巧"，也就很可能不愿意为想要入洋务学堂的子弟作保，洋务学堂的招生也就不可能乐观。京师同文馆的招生数据显示，1862 年的英文馆招生只有学生 10 名，[81]1867 年天文、算学两馆更因为报考人员过少而无

---

78 奕䜣等：通筹善后章程摺，《中国近代教育史资料汇编·洋务运动时期》，页 5。

79 蒋梦麟：《西潮》，天津：天津教育出版社 2008 年版，页 31。

80 在一份江南储材学堂"甘结式"，也就是担保证明里，记载了关于学生入学必须要有家属出具作保的证明，表明自己的子弟身家清白，而且不会在学习期间中辍或滋事的说明。而这些证明的作保人，就是地方上的士绅。参考《中国近代教育史资料汇编·洋务运动时期》，页 602-603。

81 吴宣易：京师同文馆略史，《中国近代教育史资料汇编·洋务运动时期》，页 159。

法准时开馆。[82]洋务学堂在清代教育制度围绕儒家经典和士阶层的框架下，招生困难重重。没有合适的学生，人才就无从培养。

面对这个问题，清政府先后采取了多种办法努力开拓学生来源。官方首先调整新式学堂的招生法令。以京师同文馆为例，负责管理同文馆的总理衙门从 1862 年开始让该馆从八旗子弟之中挑选学生，[83]1867 年更开放"专取正途人员以资肄习"，[84]让有科名者入学。官方的做法先是强迫八旗子弟入学，后又改为向具有一定科名的读书人开放，可说是用尽了各种方法，想把具有较高社会地位或在社会上被接受程度高的人安排进洋务学堂读书，从而带动普通人家的子弟进入洋务学堂。接下来，为了招揽学生，官方打算给予这些学生更好的出路，而不只是在毕业后只获得工匠的身份。在 1869 年，一位官员进一步建议由皇帝简派精通数学的大臣去主持考试，选拔优秀的天文与算学生，然后给予他们官职。[85]这个提议具有一定的重要性，因为由督抚来审核洋务学堂毕业生，意味着洋务学堂的毕业生由具有一定权威官员所选拔，可以表明政府对洋务学堂毕业生的重视，提高洋务学堂毕业生在社会里的低下地位，改变他们受社会轻视的情况，而且给予毕业生一官半职也可以推动民间对洋务学堂的认同感。

不过，这个做法等于是在学校教育制度之外，另外设立洋务学堂，这样的做法使得洋务学堂无法与既有教育制度对接，特别是从洋务学堂学习之后的出路。最后，读书人还是不愿意进入洋务学堂学习，洋务学堂一直受到学生来源不稳定的问题所困，无法稳定地培养和输出创新人才。

（二）毕业学生程度不如预期

另外的问题是洋务学堂的学生能力不如预期。由于缺乏稳定生源，洋务学堂有时不得不放宽招生条件，这就难免导致学生资质参差不齐，不少学生基本能力较为薄弱，更大的问题是有的人甚至志不在学习，只是利用洋务学堂博取毕业后授予官职的机会。曾在同文馆里学习的齐如山对于洋务学堂学

---

82 曾国藩：送学生咨文，《中国近代教育史资料汇编·洋务运动时期》，页 211。

83 恭亲王奕訢等：奏请设立同文馆摺，《中国近代教育史教学参考资料》上册，页 27。

84 同治五年十二月二十三日总理各国事务奕訢等摺，《洋务运动》二，上海：上海人民出版社 2000 年版，页 26。

85 同治六年四月十三日崇实摺，《洋务运动》二，上海：上海人民出版社 2000 年版，页 55。

生的良莠不齐深有体会：在官方从八旗子弟中挑选学生之后，多数学生都依靠人情去请托，所以最后入学的都是"没有人情，或笨而不用功的学生"。

这些学生入堂后无心学习，甚至经常无故缺课，他们之中有的只是偶尔来一趟，更甚者还有每个月来领一次"膏火银"的，而且即使来了也只是约上好友吃饭聊天，像在吃饭馆一样。[86]学生如此敷衍洋务学堂功课，在毕业时当然不能达到官方的预期程度。学生在经过数年的学习后，"尚堪造就者不过数人"。[87]以京师同文馆为例，它从设立直到光绪年间已颇有时日，但却一直没有成效，一位监察御史上奏皇帝，批评同文馆"通晓洋文、汉文者寥寥无几，殊属有名鲜实"。[88]同文馆作为最早的洋务学堂，成立十几年后依旧生源不足且成效很差，狠狠打击了对它抱持高度期待的一派官员，也阻碍了这类学堂的进一步发展。

也许，这种结果不排除有总理衙门的考试过严，或考题不恰当所导致；毕竟，政府之中本来就缺少通晓西方技艺和语言的官员，考试在题目或方式层面不客观的情形在所难免。然而齐如山认为洋务学堂成效低落不是这些问题所导致：

> 在光绪八九年间，有军机处给总理衙门的一件公文，这篇公文，现尚在我家中保存着，是因为在西北科布多一带与俄国有交涉，需要会俄文的翻译人员，当然是由储备翻译人才的同文馆中去找。由总理衙门捡了七个学生送到军机处考试，其中一个人学过十三年之久的俄文，其余六人只学过七年，及一考试，其中只有一人能把俄文字母念得上来，其余最多者，不过认识一半…这种情形，若不是有这么一件公文作证明，那你跟谁说，谁也不会相信的，连我自己也不信。[89]

虽然掌握一门语言不可能只花费几年的时间就可以完成，何况外交公文可能还涉及到不少专业术语，想将其翻译成为流畅的中文存在一定难度；但从上述情形来看，学习一门外语六七年却看不懂字母，与未读过书的市井之

86 齐如山：《齐如山回忆录》，沈阳：辽宁教育出版社 2005 年版，页 29、36。

87 总理各国事务奕䜣等摺同治七年五月二十三日，《洋务运动》二，上海：上海人民出版社 2000 年版，页 56。

88 光绪九年六月二十一日掌广东道监察御史陈锦奏，《洋务运动》二，上海：上海人民出版社 2000 年版，页 62。

89 《齐如山回忆录》，沈阳：辽宁教育出版社 2005 年版，页 35-36。

人无异，足以说明这些学生根本没有在学习上下一点功夫。上述记载说明进入洋务学堂的读书人根本志不在学习和创新的问题。

（三）学堂管理混乱

设立洋务学堂主要是为了培养各种语言与技术人才，然而，此时中国大多数的官员与士绅还处于把西方语言、西方技术视为工匠技艺一般的东西，所以不可能对洋务学堂进行像书院一样的系统化、正规化管理。这是洋务学堂处于学校教育制度之外的另一表现。同时，在对西方语言与技术的这种认知前提下，清政府把所有新设立的新式学堂都交由专门负责洋务的总理衙门，但是，总理衙门并非专门的教育行政机构，而更像是一种处理对西方事务的部门（比如现代的外交部）。于是，在洋务运动时期便出现了行政官员身兼教育官员，并且教育行政管理只是官员或部门职责的一小部分的情况，全国新式教育体系所获得的专门的监管力量非常薄弱，不能像西方学校那样得到有效管理。而且，由于有学识、受尊重的士绅看不起西方语言与技艺，也不愿"屈尊"去担任洋务学堂的教职或管理职位，让这些职位落入不称职之人手里；由于这些职位攸关教育行政的效力，也就注定了洋务学堂的教育行政体系难以得到积极健康的发展，所以洋务学堂的作用也很难发挥出来。

以京师最重要的西文人才培养场所之一的京师同文馆为例，它虽然有总理衙门在管理，但也因为总理衙门对管理同文馆所花费的心思和精力都非常有限，所以同文馆不断发生各种教育行政问题而被官员弹劾。在1883年，官员陈锦却就曾强烈批评同文馆"馆规不严"，负责管理的提调"竟有不住宿者，晚餐醉饱，食足洋烟，令门丁携茶叶点心，潜行回寓，而馆内一切大小事宜，概不管束"；还有"考课不真"，一些人"专与副教习联络声气，试则前茅也，食则全俸也，叩以算学则茫然不知也"。[90]可见同文馆虽已成立十多年，但校内管理混乱，管理人员胡作非为。另一个例子是作为中国海军摇篮的马尾船政学堂。它在设立的前几十年里，也有着和京师同文馆类似的管理问题，当时一位官员在奏摺里提到，国家虽然花费大量经费在船政学堂上，但"总办区姓，日吸洋烟、恋姬妾十数日不到局一次…绝口不言

---

90 陈锦：请饬整顿同文馆并将提调苑菜池严惩摺，《中国近代教育史资料汇编·洋务运动时期》，页29。

局事"，而且学生"皆学画、学歌词，提调、监工不谙洋务，并不过问，船政大臣亦为所欺"，[91]建议尽快对这些行径恶劣的官员加以整顿。

上述两个例子表明，受到政府关注、给予大量经费补贴、具有代表性的洋务学堂虽然培养了一些新式人才，但学堂内的行政官员腐败至极，许多学生不堪任用，办学经费投入巨大与人才产出寥寥的强烈对比令改革官员感到无比沮丧。这种情形与书院聘用有举人科名者为山长，又受到州县官监督，受到一定管理的情形有如天壤之别。对比之下，也让官绅见到有必要设立一套专门的教育行政机构体系。光是只有学校是不足的。学校教育制度需要教育行政制度的配套。

总结以上三个方面，洋务学堂生源素质参差不齐，入学目的不在学习，并且由于教育行政管理缺位，学生在学期间没有得到好的管理与激励，在学期间不会认真专注的提高自己的知识，创新能力没有得到锻炼。在这种情况下，官员与士绅也就更不能认同洋务学堂，也会更加看轻进入洋务学堂的学生，许多人家更不愿自己的子弟入学，自甘堕落。这样一个恶性循环关系导致洋务学堂的办学成效低落，难以培养出可以为国所用的新式人才，无法实现培养创新人才的目标。

第三节 改革学校教育制度的必要性与可行性

中国对外战争的连连失利，使得一些出使国外的清政府官员意识到，西方的强大在很大程度上归功于源源不绝的科学技术人才，而这些人才正是由他们国内遍布的各级学堂所培养出来的。这些出使的官员们不断阐述西方学校教育制度的优点，成为了改革清代学校的先驱。在他们对西方学校教育制度的论述中，越来越多官员发现以往零星地在各地设立洋务学堂的做法确实难以系统地培养出新式人才，因此，对现有学校教育制度进行全面的、深层次的改革是必要的。在同时，邻国日本早期同样是被西方侵略的国家，但却经过了迅速改革而一跃为强国，这也引起了清代一些官员的高度关注，他们把日本经验视为西化的最佳借鉴，并积极派员出访考察日本。在对日本学校教育制度进行频繁考察，以及与日本学者不断交流、学习经验的过程中，这

---

91 李士彬：闽局废弛请饬严加整顿摺，《中国近代教育史资料汇编·洋务运动时期》，页 314-315。

些官员对学校教育制度改革的方向和方式有了初步的结论，而且做好了相关准备，为日后改革措施的全面展开打下了思想上的基础。

一、对学校教育制度的认识

最早接触到西方学校教育制度，认识现代学校教育制度成效的是出使外国的官员。1866 年，出使过欧洲列国的斌椿便在《职外方记》提到，欧洲诸国"广设学校，一国一郡有大学、中学，一乡一邑有小学"，[92]这是较早关于西方学校教育制度的论述，从这段论述可以确定，当时斌椿已经发现了西方的学校教育制度包含三级学校，并且三级学堂分布广泛。后来，更多的出使官员也相继注意到西方国家的三级学校特别发达，例如薛福成就在《出使四国日记》中这样记录："西洋各国在乡则有乡塾，至于一郡一省，以及国度之内，学堂林立，有大有中有小，自初学以至成材，及能研究精微者，无不有一定程限。"[93]

在官员对西方学校教育制度的表现形式——三级学校有了直观的认识后，更多官员与士绅进一步注意到西方各级学校所造就出的各式各样人才，对强盛国力起到了巨大的作用。谭嗣同（1894 年）就明确指出了西方"每国大小公私书院学塾多至十数万区，少亦数万，学某学即读某门专节，而各门又无不兼有舆地之学"，而"学者以此递升，其材者升于大书院，犹成均也"，[94]不难看出，他在当时不仅仅注意到了西方学校的数量和分布之广，也发现了西方学生在各级学校之间逐级递升，逐步升到大学而最终成为国家的顶尖人材。

可以说，随着与西方国家的更多接触，官员与士绅打开了眼界，不再把自己视为世界中心，而是能够以更加客观的眼光来审视这些以往被视为"蛮夷之邦"的国家长处；这也是清代政府官员第一次开始用客观的理性思维检视中国的传统教学方式和内容。在这样的更为宽广的眼界下，他们见到西方大中小学构成了一种完善的学校教育制度，为社会培养了各级各类人才；相

---

92 斌椿：《乘槎笔记》，转引自《中国近代学校教育制度比较研究》，广州：广东教育出版社 1994 年版，页绪论 5。

93 ［清］薛福成：《出使四国日记》卷六·初三日记，北京：社会科学文献出版社 2007 年版，页 241。

94 《谭嗣同全集》，《中国近代教育史资料》下册，北京：人民教育出版社 1962 年版，页 919-922。

比之下，私塾与书院之间的关系十分松散，层级划分不够分明，尤其是所教授的知识在难易程度上没有明显区别，更关键的是，这些教育机构在某种程度上附属于具有选拔文官功能的科举制度。

在形成了这种对中、西方学校教育制度各自优缺点的认识后，戊戌变法前夕，开始有中央的高级官员正式提出改革的主张，打开了中国晚清时期教育现代化的大门。刑部侍郎李端棻上陈一份奏摺，提出了"自京师以及各省府州县皆设学堂"的计划，并同时"令每省每县各改其一院，增广功课，变通章程，以为学堂"。他所谓的变通章程，主要是指让原有书院参考西方学校的制度和章程，作出调整，以逐渐把这些书院改制成西式学校。李氏同时也对建设新式学校的学生来源和资格、以及教师的任用做了规定：他要求从生徒当中选拔优秀者作为学生，根据他们的学识程度及年龄安排进各级学堂；[95]并"令中外大吏各举才任教习之士"，也就是让地方官挑选合格师资。李氏强调说，这种将书院直接改成学校的方式，一方面可以节省办学经费；另一方面，让优秀读书人直接入学可"远之得三代庠序之意，近之才西人广院之长"，此做法既充分利用了传统学堂和书院的资源，又能够充分发挥西式学校的优势，势必可以解决新式人才缺乏的问题。不难看到，李端棻的改革主张可以在一定程度上使得新式学校避免出现洋务学堂招生困难、程度不佳的老问题，他的这份计划是在对洋务学堂的种种问题进行分析，并且对西方学校制度仔细研究后所拟定的。他的改革在引进西方学校时，结合了中国传统教育的一些固有因素（比如书院和功名），并且在传统因素和引进因素两者之间作了有机的结合。

和以往把西方强盛归于算学的观点相比，此时的官员更深入地认识到西方各门学问构成了一个体系，这个体系中的三级学校构成了完整的学校教育制度。在中西方学校教育制度的两相对照之下，他们也就很容易就见到，中国缺乏人才的原因在于国内没有教授各种专门学问的教育机构，因而他们认为必须对当下的学校教育制度进行改革，尤其是对培养精英人才的高等教育进行改革，模仿西方大学就是很恰当的改革起点。总理衙门在见到李端棻的

---

95 李氏所定的学堂招生规定是：府州县学选民间俊秀子弟年十二至二十者入学…以三年为期；省学选诸生二十五以下者入学，其举人以上欲学者听之…以三年为期；京师大学，选举贡监年三十以下者入学，其京官学者听之…以三年为期。刑部左侍郎李端棻奏请推广学校摺，《北京大学史料》第一卷，北京：北京大学出版社1993年版，页21。

建议后，马上批复在当前的进阶教育机构中增设西学科目，让各地督抚"或就原有书院量加课程，或另建书院肄业专门"。[96]不久后，身为帝师的大臣孙家鼐负责在京师培养创新人才，他在京城的私塾与书院基础上，着手创建新式学堂，并进一步完备了学校体系，不但在京师设立大学堂来培养专门人才，而且还在附近设立小学堂作为学生来源；更值得一提的是，孙氏还让各级学校里的学生在毕业时可以获得科名，来证明他们的学习经历。[97]从孙氏的改革措施中可以见到，官员在引进新式学校时，意识到要与本土教育融合，而两者的结合点就是功名，暂不论这种结合是否科学与正确，这样的做法使得从西方引进的学校教育制度得到了更多的认可。在这样的主张下，当时（1898年）负责管理洋务学堂的总理衙门便立即拟定了《京师大学堂章程》，要求全国督抚开办学堂，"府州县谓之小学，省会谓之中学，京师谓之大学"。[98]从这份章程可以看到，清政府初步确立了在全国范围内广泛设立中小学堂的办学方针。

不过，再仔细分析这份章程，便能够看出它只是一个大方针，考量不够细致。首先的问题是让拥有初级科名的读书人对自己的资质产生怀疑，因为他们在改革之前，是百中选一的府州县学生，正在省会书院准备科举考试，但章程的颁布意味着他们只是中学堂学生，难道历代皇帝所举办的、汇集全国优秀生员的国子监只是中学堂这样的低水平？这样的怀疑使得他们不会支持改革。

改革对举人的心理影响也不小。在改革前，他们可以在全国书院担任山长，还有参与大挑，被钦点为州县官的特权；[99]但在改革后，举人却只能成为一名大学堂学生，完全失去了原本可以担任山长的资格以及被钦点的特权与机会。即使举人们愿意接受改革后的现况，但这个改革也还存在一个问题：谁有更高的知识水平足以在大学堂里面担任他们的老师？一直以来，进士虽是最高知识水平的代表，完全有资格教导举人或生员，但他们不是成为地方

---

96 总理衙门议复李侍郎推广学校摺，《北京大学史料》第一卷，北京：北京大学出版社 1993 年版，页 23。

97 孙家鼐说，可以让大学堂在乡试会试时，派遣学生报考。如果考试没有通过者，"由学堂考验，仿西例奖给金牌文凭"。孙家鼐议复开办京师大学堂摺，《北京大学史料》第一卷，北京：北京大学出版社 1993 年版，页 25。

98 总理衙门奏拟京师大学堂章程，《北京大学史料第一卷》，北京：北京大学出版社 1993 年版，页 81-87。

99 齐如山：《中国的科名》，沈阳：辽宁教育出版社 2006 年版，页 93。

官就是进入翰林院，不担任任何教育机构的师资；并且进士们也只是攻读传统的儒家经典而出类拔萃的人，并不精通西方科学。

不仅如此，上述改革也没有明确规定童生的入学办法，没有考虑到这个人数庞大的群体在整个改革中的位置。有的童生完全可能和生员一样，跟着塾师学习已有颇长的时日，只是没有能够通过科举考试；而在《京师大学堂章程》颁布后，他们却因为没有科名而必须从小学开始。中国当时有数十万的童生，他们并不是不识字的白丁，要求他们一律进入小学堂，与从没读过书的农工商子弟一起读书，势必会让他们从心底反对改革，挫伤他们的学习动力。

这些问题说明官员虽然有考虑到让学堂学生逐级递升，但还没有考虑到如何安排已有科名的读书人以及多年苦读暂时未考取科名者，这样的措施当然会遭到读书人们的抵制。最后，改革的相关章程也就因为欠缺详尽考虑而在戊戌政变时停止施行，只有大学堂作为培养高等人才的场所被保留。光绪帝在一道谕旨里面解释说道：

> 大学堂为培养人才之地，除京师及各省会业已次第兴办外，其各府州县议设之小学堂，著该地方官察酌情形，听民自便。其各省祠庙，不在祀典者，苟非淫祀，著一仍其旧，毋庸改为学堂，致于民情不便。[100]

这份谕旨说明有不少官员认为设立大学堂选拔人才是可行而必须的，只是在各地开办中小学堂要根据各地的具体情况及条件来决定，不再统一强行规定。由此可见，由于对读书人们现有知识水平的认定欠缺周全考量，因而中小学堂的开办在地方受到了较大阻力，难以继续开展。可见，在设立、或改书院为学堂的同时，若不先把读书人们按照其所已经具备的知识水平而进行妥善安置，若不将新式学校的招生进行科学、系统、详细的规划，改革工作将遭遇各种阻力而难以进行。

概括地说，随着与西方的持续交流，一些官员原本对西方各种技术学堂的认识逐步深化，见到西方各级学堂构成一个体系，源源不绝地为社会培养各式人才，中国要谋求富强，必须尽快加以模仿，改革国内的教育机构；也就是说，官员们有了引进西方学校教育制度的初步概念。在国内的改革开展

---

100 著停止变法大学堂仍行开办谕旨，《京师大学堂档案选编》，北京：北京大学出版社 2001 年版，页 66-67。

一段时期后，有些官员也注意到完全模仿西方而进行改革可能引起不少问题，如果不仔细分析这些问题、拟定解决之道，是不可能使西方的学校教育制度在中国扎根并发挥培养新式人才的功能。那么，要如何对现有教育制度改革才能显出成效？作为邻国的日本显然是一个模仿西方，并把西方制度与自己原有制度相结合而改革成功的范例，因为日本也曾被西方欺凌，但却在短短时间内一跃成为科学与军事强国，人才济济，打败了地大物博的中国。于是，不少督抚开始考察日本，借鉴其经验，在这个过程中，他们对改革要如何进行有了更多的认识，也开始有了更加科学可行的主张。

二、日本在明治维新后国力提升

最早注意到日本以西方为模板而大幅改革学校教育制度的是郑观应。他早在1884年时就指出，日本不断派出王公大臣出洋游历，然后根据他们的建议广设大小学堂。他说，"据日报云，现计其能当管驾输船机器武备各员者，每业约有数千人。通化学矿学校教育制度造机器者，每业亦有数百人。我中国人民土地十倍于日本，而所设西学堂所育人才，尚未及其半，恐怕他日海军有事，人材不足耳"。[101]这段话的核心在于，日本从一小国发展成为强国，完全仰仗了其大量的专精于各科学问及高端技术的西式人才；中国领土广博、人口众多，如果也能够像日本或西方那样在全国设立学堂，新式人才势必源源不绝。中国现今要培养人才，模仿西方学校教育制度是必须的，日本便是一个成功案例。理论如此不错，但成效低落的洋务学堂却是一个活生生的反面教材；显然，模仿西方并不是招收聪明子弟、聘请洋人任教、由一个官方组织来管理那样简单，其背后还蕴含着更多有决定意义的深层因素，诸如招生规则、各级学校之间的层级衔接、学科的划分以及与中国社会背景和文化的融合等等。

甲午战争中，日本强大的军力和先进、精良的装备让清政府侧目，不少官员认识到日本已经大量掌握了西方的科学技术，因而国力骤强，于是战争结束后许多督抚纷纷派员赴日考察，希望学习其成功经验。学校教育制度的改革则是赴日官员所要重点考察和学习的内容之一，因为很多官员认为日本的崛起与采纳了西方的学校教育制度、广设学校培养了大量西式人才密切相

---

101 郑观应：《盛世危言》考试上，《清代后期教育论著选》，北京：人民教育出版社1997年版，页五〇三。

关。张之洞的一段话道出了清政府官员想借鉴日本经验以改革学校教育制度的想法：

> 日本国近三十年来，采用西法，设立各种学校，实力举行，规制周详，于武备一门进境尤速。近来中国虽已极意经营，而立法尚嫌未备，成材不能甚多。日本与我同种、同教、同文、同俗，又已先著成效，故中国欲采泰西各种新学新法，允宜阶梯日本…详考各种学校章程，实有领悟，方足以资仿效。[102]

一向以中国为师的日本，借由改革取得了巨大的成功，这一变化让清代政府内越来越多的官员深有感慨，更多的人主张学习日本经验改变落后的现状。担任高级官员的康有为此时也上奏了一份奏摺，向光绪帝陈述了日本与中国同文同种、容易仿效其改革经验的建议，[103]企图说服更多中央官员赞同改革。

后来，在日本考察的一些官员开始注意到日本学堂的相关法令甚为完备。例如担任湖北武备兼自强学堂总监督的姚锡光，便系统地阐述了日本学校教育制度规章，注意到日本学校分为官立、公立、私立，在层级上分为小学、中学、高等学校和大学。他强调，日本各级各类学校不是零散的，而是形成了一个严密体系，"官设之各专门学校皆有小学校中学校以为之基"。小学堂之所以是所有学校的根基，是因为它遍布全国，而且强迫学龄儿童入学，从而为更高层级进阶教育机构提供充足而又稳定的学生生源。他还注意到这些学校发挥作用，是由于有"文部省"来发挥统筹管理之功能。在对比中日双方办学成效后，姚氏分析洋务学堂之所以成效微弱，培养出来的人才数量寥寥，就在于初级教育的缺乏，他说，"中国无小学中学之培植，而言练陆军、习专门，是无山林渊薮而求渔猎也"，[104]一针见血地指出了没有坚固的知识根基，根本无从谈起精通陆军和学习西方专门技术。可见，借鉴日本而对中国学校

---

102 札委姚锡光等前往日本游历详考各种学校章程，《张之洞教育文存》，北京：人民教育出版社 2007 年版，页 169。

103 康有为在奏摺里说，"日本变新之始，皆遣贵游聪敏学生出洋学习"，所以现在"泰西诸学，灿然美备"。中国现在变法图强，缺乏人才，"非派才俊出洋游学，不足供变政之用"。康氏建议派遣学生留学日本，一方面是因为其"变法立学，确有成效"，另一方面是因为其与我"政俗文字同则学之易，舟车饮食贱则费无多"。请派游学日本摺，《康有为政论集》上册，北京：中华书局 1982 年版，页 250-251。

104 《东瀛学校举概》，《教育考察记》上，杭州：杭州大学出版社 1999 年版，页五、十二、十六。

教育制度进行改革，已经成为官员眼中刻不容缓的要务；也就是说，引进日本的改革经验已经成为大势所趋。

后来，更多人员纷纷发表考察日本学校的心得，而随着更多考察报告的出炉，不少官员和士绅都对当时学校教育制度做了更深入的思考，为晚清新政时期学校教育制度改革提供了更大的推动力。以屡次派员赴日考察的督抚张之洞为例，他就是在日本考察结果的基础上形成了一个"学校教育制度"的想法：在学堂层级方面，学堂分为小、中、大三等，小学数万区，中学数千，大学数百。在毕业认可方面，对毕业学生授予"凭照"，国家可根据凭照来对之进行任用。在招生学生方面，除了读书人之外，农工商人也必须根据规定而入学堂学习，然后"各有生计，自无冻馁"。在教育行政机构方面，学部负有审定全国教材之权。[105]这个学校教育制度想法涉及了学校衔接、学校层级划分、教育行政机构改革等层面，比以往设立洋务学堂的做法更全面而系统，是对日本的教育做了谨慎考虑后制定出来的。在新政时期成为改革的中心人物后，张之洞进一步全面发挥了他深思熟虑的宝贵想法与实践后的经验，而且得到了更多官员对改革的认同。

由此可看出不少官员从考察中见到日本的强盛，认为其强大的原因在于引进西方学校教育制度，并与本土文化背景相融合的典范，足以为其他非西方国家学习的借鉴。中国想要追上西方科学，唯一的道路是从全面而系统地引进西方学校教育制度，中国作为与日本同文同种的国家，完全可以参考日本的经验，如此更能够维持传统，又能促进学校教育制度的融入，是温和而有效的改革方式。

---

105 《劝学篇》下篇·学校教育制度第四，北京：华夏出版社 2002 年版，页 97-99。

第二章　学校教育制度的引进：
1901-1902 年

在 1901-1902 年期间，科名与学堂如何对应在中央官员之间激起了辩论，官员们最终取得共识，确立了三级科名对应三级学堂的学校教育制度改革方针。基于这个方针，安排全国读书人、从科举考试出身的读书人以及官员等群体的相关办法陆续被提出，改革即将大范围施行。此方针为学校教育制度的框架打下基础。本章将梳理中央官员与督抚对科名与学堂对应关系的讨论与相关措施，并通过对时人的记录去分析改革的影响，借以说明来自西方的学校教育制度在中国社会扎下根基的历程。

第一节　确立符合国情的学校教育制度框架

自光绪帝下令全国广设学堂后，科名如何对应学堂成为如何改革的重要方针；它关系到书院如何改革、参加过科举、以及拥有科名的读书人的入学。在学校教育制度附属于科举制度这样一个特殊情况下，改革学堂不免要涉及科举制度这个部分，因此，官员对科名如何对应学堂的看法及其变迁，深深地影响着改革方针确立的进程，所以有必要予以讨论。

首先讨论科名的内涵。自清代举行科举考试以来，便把三级科名授予通过考试的读书人，并从中选拔成绩最优秀的进士为官。从考试程序来看，科举考试主要是由童试、乡试、会试三个主要考试构成，童试之后虽有岁试与科试，但那主要是学政淘汰一些读书人、确保最优秀者才能参加乡试的一种手段；会试之后虽有殿试，但那也只是确认进士科名的授予、决定他们授予中央还是地方官职的必经流程，实际上会试就已经确定了进士科名的授予。通过这三级考试的合格者可以被授予生员、举人、进士等三种不同层级的科名。从知识水平的角度来说，拥有高级科名的读书人可以教导较低科名的读书人乃至于平民。清代科举考试的层级及其相应的科名图示如下。

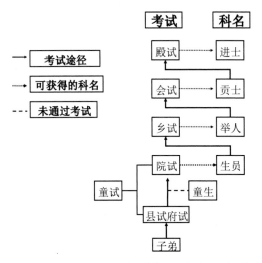

自11、12世纪开始，西方国家逐步发展出学士、硕士、博士三级学位，作为个人知识水平或已达到学力的证明。[1]从上图来看，生员、举人、进士三级科名与学士、硕士、博士三级学位分别代表中西的知识水平标准。第一章提到过明末的传教士把西方学位看成中国的科名，而到了19世纪，传教士丁韪良（William A. P. Martin）在来到中国后也同样把科名看成西方学位，他是这样向西方人介绍科名的：

> 这第一种"秀才"的称号相当于学院或大学授予的学士学位；
>
> 这第二种"举人"称号相当于硕士学位；第三种"进士"称号相当于民法博士或法学博士。[2]

需要进一步说明的是，从学位与学校之间的对应关系这一点来说，中国科名和西方学位实际上存在着不小的差异。在西方，学校有三级，其中，中小学给予学历证明，三级学位只对应大学，且大学是权授予学位证明的主要机构；但在中国，教育机构只有私塾与书院两个层级，只能勉强认为前两级

1　顾明远：《教育大辞典》卷3，上海：上海教育出版社1991年版，页74。

2　丁韪良：《汉学菁华》，世界图书出版公司2010年版，页204。

科名对应两级教育机构，因为中国进士科名虽然代表最高知识水平，但与书院或国子监等进阶教育机构没有直接的对应关系。而且，两级教育机构都无权授予毕业生科名，任何读书人要获得科名，惟有通过科举制度这条途径，此外别无他法，这一点也与西方十分不同。

从知识水平的角度来看，科名与学堂的对应是有必要的。以容闳这位早期留学生为例，他从耶鲁大学毕业回国后，告诉母亲自己得到了一个学士学位，而他把学位解释为"盖与中国之秀才相仿"。[3]尽管他也和传教士一样把西方学士学位看成了中国秀才，但当时中国社会根本没有任何关于学位与科名对应的相关规定。在这样的情况下，容闳即便拥有学位，学富五车，也根本无法担任塾师或山长等教职，更不可能成为正途出身的文官。另一位早期留学生在回国后也感叹，"我们（归国留学生）所得的待遇，直同被褫夺了国籍的罪犯。上岸之后，即由士兵一队，押解入上海县城，安置于一所破旧不堪，久无人踪的书院里…直蛮荒野人之不若。"[4]在没有科名与学堂对应法令的情况下，民间与官方根本不可能认识学位是何物，又如何期待学堂能招收到学生、培养出可以为国所用的新式人才呢？相对的，如果把秀才科名对应大学堂，那么便可以让更多人认识到学士等于秀才，把优秀人才善加利用了。

1896 年 6 月，有官员注意到必须尽快建立科名与学堂之间的对应关系。官员李端棻就在一篇奏摺里总结说，洋务学堂之所以没有成效的原因在于"利禄之路，不出斯途"，也就是科名没有对应新式学堂。如果给予这些学生科名，则"人争涤磨，士知向往，风气自开，技能自成，才不可胜用矣"。[5]身为督抚的张之洞也从留学生归国无法得到任用的问题得到启发，说道：

　　　　"尝遣学生赴英、法、德学水陆师各艺矣，何以人才不多？"

　　　曰："失之使臣监督不措意，又无出身明文也。"[6]

他们的观点把科名与学堂的对应关系提上日程，否则不论是本国培养的还是海外学成归国的创新人才，都没有合适的任用之道。

到了新政时期，科名与学堂要如何对应再度为官员们所讨论，成为改革

3　容闳：《容闳自传》，北京：团结出版社 2005 年版，页 38。

4　《颜惠庆自传》，台北：传记文学出版社 1982 年版，页三九。

5　刑部侍郎李端棻请推广学校、总理衙门议复李侍郎推广学校摺，《北京大学史料》第一卷，页 20-22。

6　《劝学篇》下篇·游学第二，《张之洞教育文存》，北京：人民教育出版社 2007 年版，页 214。

学校教育制度的第一步。从他们的讨论来看，确立科名与学堂的对应关系一举不单是想要以功名利禄吸引读书人入学堂，还有想让入学者能够获得等同于通过科举考试的知识水平证明，然后能够获得谋生的机会，考虑有其道理。

一、建立科名与新式学堂的对应关系

在对科名对应学堂这个问题进行讨论时，由于清政府本身没有教育行政机构，所以主要是由接触到教会大学的士绅先行提出看法；地方官员才开始有所注意，进而与中央官员进行讨论，取得共识，最后才拟定成文法令。就如同教官、州县官与学政分别负责管理生员，一旦有生员违规、要对其进行处罚时，这几个行政部门便要开始协商，取得共识，最后才能作出决定的惯例。

在科名如何对应学堂的协商过程中，官员与士绅的意见主要可以分成两派：一派主张学习西方，让三级科名对应大学堂，这一派以中央官员居多。他们的理由在于，这样一方面更能保证有科名读书人具有较高的知识水平，而且更接近西方大学授予三级学位做法。另一派则参考中国国情，主张三级科名应该对应三级学堂，这一派则以地方督抚与士绅为主，因为这有助于他们在地方能够更有效地推广三级学堂。

在两派的不断论战中，最后新设立的管学大臣打通了官员们对这个问题的沟通管道，从而加快了科名改革的进程。管学大臣最后拟定采用中央官员主张的章程，但也与地方督抚保持着频繁的交流；在认定这个方针成效不佳后，又转而采取三级科名对应三级学堂的方针，一直维持到清代覆灭。三级科名与三级学堂的对应关系如下图。

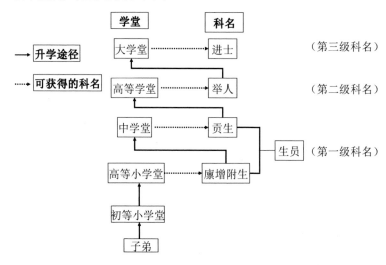

（一）1896-1901 年间：建立三级科名与大学堂的对应关系

自鸦片战争开放了通商口岸后，便有许多传教士开始在华办理起了各级学校，而他们的办学方式是，只对教会大学毕业生授予学位，而其他中小学毕业生只发给凭照。[7]这样的办学方式势必影响士绅把中国将科名视为西方学位，最后认为应该像西方大学授予学位一样，让三级科名对应大学堂。

一些对学务较为了解的高级官员也抱持这样的看法。曾任礼部尚书的孙家鼐就是一例，他熟悉科举事务，了解科名的授予过程，于 1896 年主张在开办京师大学堂时，应该准许学生去参加科举的乡会试，进而取得举人、进士科名。至于考试不中者则"由学堂考验，仿西例给予金牌文凭"，派给官差；如不能为官者，则"仿泰西例奖给牌凭，任为教习"。[8]从大学堂毕业生可以通过审核考试而获得第二级科名的主张来看，孙氏较认同把三级科名对应大学堂的主张。有人认为孙家鼐此举是西方学位制度的模仿，[9]其意就在于孙氏主张只对大学堂毕业生而不是所有学生授予象征知识水平证明的观点与做法。

积极倡导设立新式学堂的湖广总督张之洞也支持孙家鼐将功名集中在大学堂授予的做法，因为他认为这样可以杜绝中小学堂学生的浮躁功利情绪。张之洞早在办理洋务学堂时，便发现许多读书人为了奖励而来报考学堂；他因此不断在学堂招考公告中强调"诸学生有志在励学致用，虚心受教者，即来应选。若意存滥竽仅图膏奖者，断断不必投考，以免徒干甄别"，[10]为的就是不想招收这些只图奖励，心态不良的读书人，以免破坏新式学堂设立之培养优秀人才的初衷。但这样的公告没有达到效果，不少贪图奖励的人依然不断报考，张之洞最后只好取消自强学堂的膏火奖励，以使"入学之人，皆系有志求益之士，学堂规矩更形严肃"。[11]书院有给读书人膏火补贴的惯例，不能不说取消奖励的做法是一种重大改革。后来（1898 年），张之洞告知总理各

7　根据资料，最早授予学位的在华教会大学是北京汇文大学，从 1892 年便开始授予第一批学士。参考周谷平：近代中国教会大学的学位制度，《浙江大学学报》，2004 年第 1 期，页 13-21。

8　孙家鼐议复开办京师大学堂摺，《北京大学史料》第一卷，页 23-25。

9　《20 世纪的中国高等教育》·学位制度与研究生教育卷，北京：高等教育出版社2003 年版，页 21。

10　招考武备学生示、晓谕报考武备学生示，《张之洞教育文存》，北京：人民教育出版社 2007 年版，页 135、137。

11　自强学堂不给膏火示，《张之洞教育文存》，北京：人民教育出版社 2007 年版页162。

国事务衙门，说自己取消学堂膏火，希望利用这个办法让自己辖区内的学堂能够像南洋公学一样招收到潜心修学的读书人，培养出优秀的创新人才。[12]同时，张氏还在《劝学篇》里大力批评"中国书院积习，误以为救济寒士之地"，说给读书人膏火补贴是不利于吸引优秀学生的错误之举。

在他眼中，科名是比膏火补贴对读书人更具诱惑力的一种吸引机制，如若三级学堂毕业均授予科名，势必会让三级学堂吸引许多为科名或奖励而来的读书人，无法达到培养新式人才的目的，所以，他主张"小学堂以备升入大学堂之选"，其他各级学堂毕业生也只需要"考其等第，给予执照"即可，[13]没有提到把三级科名对应三级学堂。可以说，在这个时期，不论是从西方经验还是实际办学情形来看，三级科名对应大学堂的方式得到了较多官员的认同。

与此同时，光绪帝数次命令政务处与礼部共同商讨科名与新式学堂的对应关系，拟定全国性规定，鼓励更多读书人进入新式学堂。1901 年 12 月 5 日，两部在商讨后指出，想要从学堂中培养出人才，"不可不优其进取之途，亦不可不防其登选之滥"，对于科名对学堂和读书人的意义有了共识，即功名可以为读书人和学校的学生们带来出人头地的机会，是一种激励因素，但也会使得读书人和学生们由于功名心切而报名充数、无心学习科学。他们进一步从毕业学生数量的角度指出，授予中小学学堂毕业生科名将导致有科名者大量增加，造成科名的价值大幅下降，并且选拔出来的文官也不会如以往那样是百里挑一的优秀者。两部最后的建议是：大学堂毕业考试合格后发给凭照，作为优等学生，由督抚、学政选拔其中优秀者咨送京师大学堂覆试，然后由皇帝钦定为举人或贡生；举人经大学堂考试合格，咨送礼部，经过大臣考试，侯旨钦定，作为进士，然后集中进行殿试。[14]也就是说，他们希望对大学堂毕业生授予证书，学生在证书的基础上再参加选拔考试，通过后才能被

---

12 1898 年 9 月 3 日向总理衙门办学状况报告中，张氏提到湖北学堂"堂内备伙食，每月课略有笔墨奖赏，不给膏火银"，致总署，《张之洞教育文存》，北京：人民教育出版社 2007 年版，页 279-280。

13 张之洞在《劝学篇》（1898 年）中提到"西洋各国小学，中学，大学又各分为两三等，期满以后，考其等第，给予执照"，对西方学位制度已有所注意，《劝学篇》下·外篇·设学第三、学校教育制度第四，华夏出版社 2002 年版，页 92、98。

14 政务处、礼部：遵旨核议学堂选举鼓励章程摺，《中国近代教育史资料汇编·学校教育制度演变》，页 38。

授予举人或进士科名。按照这样的安排，三级科名都是对应大学堂的。

综上所述，在 1898 年至 1901 年期间，中央官员在中央教育行政机构缺失的情况下，力主把三级科名对应大学堂，因为这样的安排不但接近西方大学授予三级学位的做法，而且可以避免中、小学堂吸引动机不纯者入学，可以保证学生们扎实的打好基本功；而且不会大量增加拥有科名者而降低科名的价值；更重要的是，已有科名读书人将一律被视为大学堂毕业生，也就不会对改革产生巨大的抵触情绪。可以说，这个主张体现了中央官员在引进西方学校教育制度之初，便注意到与中国国情相结合的重要性，是中央官员兼顾中外国情的一种审慎考量。

（二）1901 年之后确立三级科名与三级学堂的对应关系

在孙家鼐主张三级科名对应大学堂时，有不少士绅主张把三级科名对应三级学堂。尽管他们身在地方，没有决策权，但这个主张在之后汇集了更多力量，并得到了官员的采纳，应该加以介绍。

在 1896 年之际，曾在上海英华书院学习英语的郑观应一直极力主张把生员、举人、进士三级科名应分别对应到中学堂、省会书院与京师大书院的主张，[15]也就是三级科名分别对应中学、地方大学堂以及京师大学堂。一些士绅受其影响，也提出把三级科名对应三级学堂的主张，例如生员梁启超提出了应把三级科名对应小学、大学生与大学毕业生的主张。[16]尽管两种对应方式有些微差距，但都是把三级科名对应三级学堂的体现。少数官员像刑部侍郎李端棻对这种对应方式很是认同，并做了进一步修正，建议光绪帝让生员入省城（高等）学堂，举人贡生进入京师大学堂。[17]只是在孙家鼐的强力推动下，这个主张处于一种弱势地位。

在 1898 年戊戌变法期间，这种主张开始得到一些高级官员的注意，重要

---

15 郑观应：《盛世危言》卷二·礼政·考试上，页 125-126、130。其实，郑观应在本书卷二·礼政·学校上中谈到，大学分科凭照"略如中国举人"、大学院凭照"则如进士、翰林"，他虽然没有说明生员要对应哪一级学堂，但可推论是中、小学堂的其中之一。

16 梁启超（1896）的想法是"入小学者比诸生，入大学者比举人，大学学成比进士，选其尤异者出洋学习，比庶吉士"。《变法通议·论科举》，《饮冰室合集》文集第一册，上海：中华书局 1936 年版，页二一─三四。

17 刑部侍郎李端棻奏请推广学校摺，《北京大学史料》第一卷，页 20-21。赵尔巽曾在《清史稿》里提到，省会大书院的"阶级"是"高等学"，把省会书院视为高等学堂。参考《清史稿》志八十二·选举二·学校二，中华书局 1997 年版，页 844。

性有所提升。其主要原因就是当时负责新式学堂事务的总理各国事务衙门在考虑了洋务学堂办学成效不佳，而三级科名对应三级学堂将吸引更多优秀读书人的可能后，打算将李端棻的想法具体化为法令文本。在总理衙门的主导下，《京师大学堂章程》在 1898 年 7 月 2 日颁布了，三级科名对应三级学堂终于有了明确规定：小学堂毕业授予生员，中学堂毕业授予举人，大学堂毕业授予进士。[18]之前主张只让大学颁发凭照的孙家鼐在见到（1898 年 8 月 9 日）这份办法后，也认为这样的对应办法更可能让学堂吸引人才入学，扩展生源，表示了认同，他说道，"国家鼓励人才，原可不惜破格之赏"，只要注意"冒滥情弊"，[19]防止招收到为奖励而来的读书人即可。

作为大学堂最高的行政官员，孙家鼐的这番话可能把官员们在科名与学堂对应关系上的分歧整合起来。但是，这个主张要想施行还存在不少问题，首先，生员与举人不免要怀疑，在历经科举考试的层层选拔后，自己的知识水平只等同于改革后的小学与中学堂？其次，进士并不担任教职，举人一般是书院山长，也就是最高知识水平的教师，现在他们只等同于高等学堂毕业，谁有资格可以担任他们的老师呢？这些问题导致三级科名对应三级学堂法令在戊戌政变后被全数废止，也催生了于 1901 年颁布三级科名对应大学堂的相关法令。

可是，在 1901 年颁布三级科名对应大学堂的办法后，许多官员与士绅在从办学时都遇到了学堂难以吸引优秀读书人入学的问题：任大理寺少卿的盛宣怀声称自己办理的天津北洋西学学堂、南洋公学虽然培养出不少人才，但却难以筹足办学经费；[20]袁世凯亦说自己设立中小学堂需要大量经费，必须对学堂毕业生提供奖励，吸引读书人，中小学堂才有进一步发展的基础。[21]他们的办学困难指出了一个事实：学堂若不能吸引读书人，也就无法进一步得到地方士绅的支持；在单单只有官方支持的情况下，学堂不论是在硬体条件还是学生来源方面都得不到有力而持续的支撑。

---

18 总理衙门奏拟《京师大学堂章程》，《北京大学史料》第一卷，北京：北京大学出版社 1993 年版，页 84。

19 孙家鼐奏覆筹办办京师大学堂情形摺，《北京大学史料》第一卷，北京：北京大学出版社 1993 年版，页 47-48。

20 大理寺少卿盛宣怀摺，《戊戌变法档案史料》，上海：中华书局 1958 年版，页二五〇。

21 奏办山东大学堂摺，《中国近代教育史资料汇编·学校教育制度演变》，页 45。

从长远的眼光来看，要全国遍设这种新式学堂，首先要让学堂能够吸引学生入学，其次是必须让学生能够循序渐进地学习，才能保证各级学堂能够重蹈洋务学堂的覆辙，进而为国家培养新式人才。一些督抚知道授予大学堂毕业生科名既可保证人才的知识水平，也更像西方学位制度，但在全国学堂初办，学生、经费都不足的情况下，如果不把三级科名对应三级学堂，现有读书人怎么会根据自己的科名而分别入学、又如何确保学堂毕业的读书人达到了一定的知识水平？这些问题不解决，培养人才的目标也就不可能完成。调整三级科名对应大学堂法令的各种条件，至此已经颇为成熟。

曾任国子监祭酒、礼部侍郎的张百熙于 1901 年后期再度提出把三级科名对应三级学堂的主张，说"学堂者，所以变举国之风气，广天下之教育，兹事体大用宏，断非支节为之，方隅限之所能得"，亦即兴办学堂涉及的层面甚广，绝不只是对现有学校教育制度的小修小补。如果现在把三级科名对应三级学堂，"以小学堂立业者比生员，中学大学立业者比举人进士"，学堂能吸引人才，而人才也可以根据科名而有出路，"如此而人才不兴、治道不立者，未之有也"，[22]国家面临的内忧外患也就可以逐步解决。

张百熙提出这样的意见，说明已有中央官员注意到三级科名对应三级学堂主张的好处，尽管这个主张尚未得到实现，但却有利于消弭中央与地方官员的意见分歧。当然，地方督抚也不是不知道中央官员的考量，所以也对自己所提的三级科名对应三级学堂的可能问题做思考。例如总督刘坤一后来上奏光绪帝，希望对高等小学与中学、高等学、大学堂毕业生分别授予生员、举人和进士科名，让读书人可以循序渐进地升学而愿意进入学堂；这个做法可能存在读书人为获得奖励而报考的问题，但只要让州县官、学政仿照管理府州县学生的惯例来对这些报考生进行严格的考核即可避免。[23]这些持续不断的深入思考，使三级科名对应三级学堂的方针更为细密，为其后来的施行打下了更坚实的基础。张百熙后来被任命为管学大臣，也就一改之前政务处与礼部的规定，迅速把三级科名对应三级学堂的主张具体化为政策文本。

---

22 敬陈大计疏，《张百熙集》，长沙：岳麓书社 2008 年版，页 16。
23 变通政治人才为先遵旨筹议摺，《张之洞文存》，北京：人民教育出版社 2007 年版，页 323-329。

二、确定新式学堂的发展方向

　　清政府虽然早在 19 世纪末的几年里就通过派员考察、学习西方和日本的经验，了解到了要想重新崛起，在军事上、经济上与西方抗衡，唯有大力发展科学，而发展科学的关键就在于广泛设立西式学堂培养科学人才。但是，清政府没有立即采取行动，而是在确定科名与学堂的对应关系后，才开始真正推动新式学堂的发展，并着手改革书院为三级学堂的工作。这样的考虑是可以理解的，因为私塾与书院一直附属于科举制度，现在要推动设立三级学堂，不可能避免要对科举制度和科名进行改革，因为科名与学堂对应方式的不同决定了大中小学堂之间的衔接关系，也涉及了已有科名读书人如何入学，影响至关重要。也就是说，清代学校教育制度与现代学校教育制度很不相同。正因如此，要深入探讨清代学校教育机构的改革及其影响，必须先梳理清政府对于科名与学堂对应关系的政策和措施。

　　在说明了清政府对于建立三级科名与三级学堂的对应关系后，也就更可以理顺清代学校教育制度的构成主体及其之间的关系。从学校的层级来看，清代初级教育机构包含社学、义学与私塾，是引导儿童进行初步读书、认字的场所，它们是启蒙儿童的场所。经历私塾教育的子弟在完成初级教育后，大多会去参加科举考试，通过院试的生员和通过县试或府试的童生，可以进入书院，接受进阶教育。至于国子监，则跟书院一样，应该被视为进阶教育机构，原因如下：从学生来源来看，如前述曾提到的，取得生员科名的读书人立即成为府州县学生中的附生；在参加乡试之前，他们必须通过学政举行的岁试，成绩优秀者便可以从附生逐步升为廪生；在成为廪生之后，他们还有机会被学政送入国子监中读书，并在入监之后获得另外一种不同于生员或府州县学学生的头衔——贡生。不论廪生还是贡生其实都是生员的一种，所以国子监和书院一样属于进阶教育。从初级与进阶教育机构的衔接关系来看，清代教育机构形成了一个两级学校教育制度，只不过这个制度依附于科举制度。清代教育机构的关系如下图所示。

　　在清代与西方学校教育制度存在如此差异的情况下，到底要如何将它们改为三级学堂呢？清政府一向没有中央教育行政机构，各省督抚自行管理自己辖区内的学务，对于这个问题，中央与地方官员只能自行摸索。在 1901 到 1902 年这段时间，清政府的主要改革方针是设立三级学堂，书院也就地改为三级学堂，至于私塾则没有受到官方的太多注意。在这段时间里，三级科名与三级学堂对应关系的反复调整让新学堂、书院改革以及读书人安排等措施显得更为复杂,对学堂的推广工作造成了不小影响。不过,在不断解决这些问题的过程中,官员们也积累了不少经验。

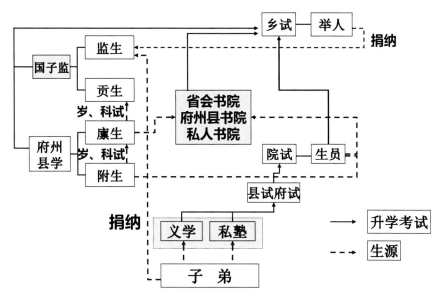

（一）把书院改为三级新式学堂

教育机构的改革是一个渐进变迁的复杂过程,且期间不时会有迂回甚至反复,但如果简单地用一句话加以总结,就是把原来的两级教育机构改为三级学堂。1901 年 9 月 14 日,光绪帝颁布谕旨,下令各省把书院改为大中小学堂:省城书院改为大学堂,府、直隶州书院改中学堂,州、县书院改为小学堂。[24]当然,学堂推广除了改革原有的书院,也包含新设立三级学堂的工作。谕旨里之所以强调是"改革",主要原因是改革在字面上有把旧制度的不合理之处进行调整与修正,让其发挥新的作用,以推动社会继续顺利运行的意涵。从这一点来说,把书院改革为学堂的意思在于把旧教育机构改为能够发挥培养新式人才作用的新式教育机构,而不是强调三级学堂是否是新设立的。从清政府打算在三级学堂仍旧保留儒家经典,还把有科名的读书人、官员当成学生来源、学生入学必须如同以往一样要有保人等已有规定。这体现了改革措施考虑到要尽可能降低对社会造成冲击。

---

24 光绪二十七年八月初二日谕于各省、府、直隶州及各州、县分别将书院改设大中小学堂,《中国近代教育史资料汇编·学校教育制度演变》,上海:上海教育出版社 2007 年版,页 7。

如前述所提，新政开始之初的 1901 年，负责学务的政务处与礼部共同拟定了学堂选举鼓励章程，规定三级科名对应大学堂，[25] 书院改为三级学堂的工作跨出了第一步。根据这份章程，读书人在大学堂肄业并通过层层考试后，可以获得第一级科名——生员，[26] 对拥有生员与举人科名的读书人来说，这份章程将他们的知识水平定位在大学堂这个最高学校层级，显然要比在戊戌变法时期被废止而没有施行的三级科名对应三级学堂的规定更能够让人接受。已经拥有举人与进士科名的读书人也都等同于大学堂毕业，从理论上提高了书院改革的可行性。

虽然把三级科名对应大学堂有不少好处，但也却存在一个明显缺点：中、小学堂一时还不具备让儿童或读书人入学的吸引力，在全国各地广泛设立小学堂的情况下，这些学校能否招收足够学生？另外，获得科名是读书人读书的必要成果之一，因为在他们的心目中认定科名关系着他们能否继续升学或谋生；现在规定只有大学堂才授予毕业生科名，那么在科举尚未废除的情况下，也就存在中小学堂读书的儿童与青年在学习途中去参加科举考试的可能性。如此一来，书院即使在形式上被改革成了新式学堂，也可能招收不等充足的生源，在校学生也不能保证安心上课读书，心无旁顾，如同洋务学堂的老问题一样。

对于这些问题，一些在地方负责具体办学的督抚是了解的，但在他们看来，这些只不过是改革过程中所必经的坎坷，随着改革的推进，问题终将解决。张之洞与刘坤一两位总督就曾强调说（1901 年 7 月 12 日），现在三级学堂数量还不多，正在进行改革的科举考试也还有选拔人才的作用，必须坚持改革持续推进，"俟学堂人才渐多，即按科递减科举取士之额，为学堂取士之额，其颖敏有志者，必已渐次改业归入学堂"，[27] 这样，上述的招生与辍学问题完全可以迎刃而解。也就是说，他们打算在学堂数量大增后，便把科举考

---

25 根据规定，读书人在大学堂毕业可得到凭照，在通过拔优考试之后更可作为举人或贡生，若再通过一次拔优考试则可作为进士。政务处、礼部：遵旨核议学堂选举鼓励章程摺，《中国近代教育史资料汇编·学校教育制度演变》，上海：上海教育出版社 2007 年版，页 38。

26 光绪帝颁布谕旨，命各省照此办法鼓励读书人入学堂。著各省选拔真才送由京师大学堂覆试谕旨，《京师大学堂档案选编》，北京：北京大学出版社 2001 年版，页 93。

27 变通政治人才为先遵旨筹议摺，《张之洞教育文存》，页 332。

试的选拔人才作用转移到学堂之中，那么，学生数量与在堂的学习时间都可以得到一定的保障。

（二）新式学堂的推广

把书院改为三级学堂只是学校教育制度改革所迈出的第一步，清政府还要积极地在全国范围内推动学堂的发展，使学堂尽快被广大读书人和群众所认可，以便招贤纳士，最终达到培养新式人才的目的。然而，要达到这个目的需要大量经费的支持：大学堂作为各省最高层级的学堂，要招收最优秀的师资，要配置足够的演习和实验设备与足够的教学场地，[28]必须要有大量资金的支持；中、小学堂要普及到各地，也同样需要不少经费用于开建校舍。

清代学校教育制度的发展历史显示，在改革之前，书院是由官方提供土地与资金、士绅积极捐款这种官绅合办方式而发展起来的；遍布全国的私塾没有来自于政府直接、强力的资金支持，而是由有教育需要的家庭、家族或者某村落中的几户人家来自行承担费用。改革开始后，大、中、小学堂无论是新建或是由书院改革而来，都需要政府的庞大经费支出，再加之学堂的数量宏大，这笔财政支出对政府来说是个巨大负担，即使官绅合办，经费缺口也还是庞大。此外，学堂中的西学课程也欠缺足够的合格师资，对各级学堂的发展十分不利。

对于如何迅速有效地发展新式学堂这个问题，官员与士绅只能各显神通，寻找并提出自己的解决办法。他们回顾戊戌变法前后的措施，在新政时期做出了相应调整。

1. 1896-1898 年期间的相关主张

（1）《京师大学堂章程》的核心价值观

在戊戌变法前不久，一些官员如当时担任刑部侍郎的李端棻，已注意到西方学校教育制度历史悠久，所以学堂数量普遍，而学堂在悠久的发展历史中也发挥了应有的培养各种专门人才的作用，得到了政府和民众的普遍认可和重视，因而经费充足。但如果要对之进行模仿，在儒家思想占据统治地位、

---

28 例如李端棻在 1896 年主张京师大学堂是"首善之区不宜因陋就简"，必须"酌动帑藏，以崇体制"。姚文栋在次年也强调说，京师大学堂是"四方之所则效，故规模不可不宏"。他们一致道出了大学堂作为最高层级的学堂，具有一定的地位与重要性，而且又是全国的模仿对象，故必须拥有尽可能多的资源来支持。《北京大学史料》第一卷，北京：北京大学出版社 1993 年版，页 11、21。

科举考试为主要选拔人才机制、学校毫无发展根基的中国社会全面设立学堂，势必要面临经费与教习不足的问题，对于数量最多、分布要遍及全国的小学堂尤其如此。29

官员们面对这些问题时，审视了清代原有的学校教育制度，并摘取了其中的精华作为改革的参考：一是清代官绅合力办学促使清代书院在数量上超越历朝，取得了丰硕成果；二是政府所设立的国子监不乏来自于全国的大量优秀学生。这样的成就让孙氏推论出，在京师设立大学堂势必可以带动全国官绅在地方积极设立三级学堂；不少出使官员乃至于接触过中国教育的外国传教士，也都对这种推广学堂方式表示认同。30孙家鼐于是提出了一个暂行方案，在 1896 年 9 月 27 日的一份奏摺里奏陈说，西方国家遍布学堂"非一日所成"，中国在改革初始之际，官方一时难以带领士绅出钱出力、积极响应学堂的设立，经费与师资匮乏的情况不可能在短时间得到解决，但人才培养工作却不能因此停顿。如果在大学堂之中附设中小学堂，不但可省下不少办学经费，而且也可以让大学堂学生担任中小学堂教习，这样既节省了师资费用，又充分利用了现有的人才资源，人才培养将可以持续进行而不会因一时的困难所搁置。他强调，这种"变通办理"的办学方式，将可以使全国学堂"亦可联为一气矣"，31培养人才工作可以顺利展开。

这个提议可说是以孙家鼐、李端棻为代表的官员既参考旧有教育机构的发展历程，同时充分利用旧有教育机构的资源所得出的一种折衷，从理论上看是清代官员在引进西方学校教育制度时，巧妙地将其融入中国社会的成功案例。

不过，这个建议只是对于建立京师大学堂并推广中、小学校的初步蓝图，要实现这种规划，必须先设立起京师大学堂并授予其管理中、小学的权限，

---

29 李氏把新式学堂之所以没有人才的原因归结为五项，提到了学校数量、设备、西学课程缺乏等问题，刑部侍郎李端棻奏请推广学校摺，《北京大学史料》第一卷，北京：北京大学出版社 1993 年版，页 20。

30 例如曾出使日本的官员姚文栋就认为"先设大学堂于京师，亦可树之风声"。在姚文栋强调京师大学堂重要性不久后，外国传教士李佳白也说，"京师者，人身之心与首也"，"抚时论事，京师总学堂之设，又乌可须臾缓哉？"。京师学堂条议、拟请京师创设大学堂议，《北京大学史料》第一卷，北京：北京大学出版社 1993 年版，页 11、13-14。

31 孙家鼐议复开办京师大学堂摺，《北京大学史料》第一卷，北京：北京大学出版社 1993 年版，页 23-25。

以使之能够调动中、小学的师资和经费，进行直接管理。但这将涉及到官制的变动，因为一些原来在中央负责学务和在地方负责办学的官职将不再有设立的必要，推行过急便要遭到受现任官员的群起反对，因此计划还需更细密的考虑。

到了 1898 年戊戌变法时期，在京师设立大学堂的主张得到更多官员的注重，[32]但此时他们已开始注意到要先拟定一份系统性章程，而不能像举办国子监那样不系统，把教学或管理规范分散在《国子监志》、《国子监则例》或《学政全书》里。当时的监察御史李盛铎指出中国应该仿照详备的"德国、日本学校章程"，这样才会使学校里的学生们"人皆精思猛进"，[33]说明他已经看到拟定一套完整、体统、全面的学堂章程的必要性。

这个意见颇具建设性，光绪帝遂命令当时负责管理洋务的总理衙门全权负责此事。在皇帝的亲谕下，总理衙门拟定了一份《京师大学堂章程》，把推动全国设立学堂的方针做了具体规范。章程提到，中国"今各省之中学堂，草创设立，犹未能遍"，而"各府州县小学堂，更绝无仅有"，不可能一蹴而就地实现在全国普遍设立学校三级学堂的目标，在这种情势下更不可能马上培养出足够的新式人才。然而，鉴于人才需要的急迫性，章程提出了两点具有创新性的权宜之计：一是让"大学兼寓小学堂、中学堂之意，就中分列班次，循级而升"，也即以大学堂附设中小学堂的方式去培养人才。在这种方针下，总理衙门把大学堂分为六个级别，分别招收翰林院编修、各部院司员等官员，候补候选道府州县以上及大员子弟等有科名读书人，还有各省中学堂领有文凭的学生，按照这样的安排，大学堂也就不需要等到数年之后才从下级学堂毕业生中招考，可以立即展开人才培养工作。二是在师资方面，章程规定"于前三级学生之中，选其高才者作为师范生"，[34]大学堂的优秀学生将无须毕业拿到学位便可以直接教授中、小学学生，从而

---

32 光绪二十四年四月二十三日为举办京师大学堂上谕，《北京大学史料》第一卷，北京：北京大学出版社 1993 年版，页 43。

33 江南道监察御史李盛铎奏京师大学堂办法摺，《北京大学史料》第一卷，北京：北京大学出版社 1993 年版，页 44-45。

34 总理衙门奏拟京师大学堂章程·第三章学生入学例，《北京大学史料》第一卷，北京：北京大学出版社 1993 年版，页 81、83。总理衙门当然没有忽略要求全国广设小学堂以作为大学堂的学生来源，所以要求"各省督抚学政迅速将中学堂小学堂开办"。

为全国的中小学堂立即提供师资。

以上两点规定很有可行性，设立京师大学堂并附设中小学堂的管理办法，实际上参考了国子监招收府州县学中的优秀者（廪生），而后根据其成绩划分五贡的旧惯例。府州县学生与国子监生的程度是不错的，至少是生员之中的成绩优秀者，在大学堂里确实更可能比普通读书人在较短时间内积累知识、成为新式人才。而且，就像国子监生要比一般生员更有资格担任教职一样，大学堂里优秀学生担任中小学堂教习也是合适的，不光知识水平能胜任，还可以作为学习期间的实习锻炼，将来还可以成为三级学堂的师资。加上进士科名与大学堂的对应关系得到确立，从理论上增强了大学堂对读书人的吸引力，促使读书人能够安份在学堂中学习、积累科学知识。光绪帝觉得这份办法"尚属周备"，下令立即开办大学堂，由孙家鼐负责大学堂事务，但同时仍需要与京城御史共同商讨在京师推广中小学堂详细计划，[35]以便随时针对问题进行调整。

（2）《京师大学堂章程》的受挫

《京师大学堂章程》作为改革学校教育制度的初次尝试与新式学堂建立的试探性法令，在理论与意义上十分重要，然而，这份章程还是有些粗糙，存在不少缺陷，比如前述提到的三级科名对应三级学堂，造成拥有初、中级科名读书人对自己知识水平的定位存有疑问外，没有科名的读书人不能得到妥善安排又是一个关键问题：已经参加科举考试许久，但却没有获得科名的子弟来说，难道他们和其他农工商子弟一样进入小学堂？如此不妥善的安排，使得《京师大学堂章程》明显表现出施行上的弊端，势必要引起较为保守的官员与读书人心生不满，在整个社会引起不安与躁动。在危及社会稳定的顾虑下，更为保守的掌权者慈禧太后命光绪帝发布谕旨，让"各省学堂一律停罢，书院照旧办理"。[36]这道谕旨几乎停止了改革，让学校教育制度发展进程受阻。

在全面停止各省兴办学堂的谕旨中，京师大学堂却并没有被要求停办。一直以来，研究者认为京师大学堂之所以能够在1898年政变中幸存，主要是因为慈禧等保守派认为它"萌芽早，得不废"；[37]也就是保守派不把京师大学

---

35 上谕：京城设小学堂，《中国近代教育史资料汇编·戊戌时期教育》，页122。

36 章开沅编：《清通鉴》4，长沙：岳麓书社2000年版，页829。

37 汤一介编：《北大校长与中国文化》，北京：三联书店1998年版，页18。

堂视为戊戌变法的直接产物，而是源自于更早的官员所提议，所以也就不把京师大学堂作为攻击目标。设立京师大学堂的主张确实比戊戌变法更早被提出，但时间早与幸存之间有因果关系么？这样的因果关系可以用科学的方法证明么？或者应该说，京师大学堂在戊戌政变中被保留是有其他因素在起作用？

从保守派的出发点来看，京师大学堂招收有科名的读书人，并且对毕业生授予进士科名，在不会对已有科名读书人的出路造成太大影响前提下，与科举制度建立起了衔接关系。再从作用的角度来看，京师大学堂的保留仅仅是躯壳残存，其实根本无法发挥应有的培养新式人才的作用，因为三级学堂在全国范围内的改革中止，将造成大学堂的学生来源被切断。在缺乏稳定生源的情况下，京师大学堂将像洋务学堂一样难以招收到足够的合格生源；最后，在毕业人数稀少的情况下，大学堂也就不会对出身正途的读书人与官员造成太大的心理冲击。从这个角度来说，京师大学堂的保留并不会对既有的学校教育制度造成过多的冲击，也不会对读书人与官员的现况造成威胁，故而得以被保存。

2. 新政时期重新开办京师大学堂

1901 年新政开始后，改革派官员占据重要地位，掌握了决策权，因而京师大学堂得以被重新开办，许多官员再度提出大学堂附设中小学堂的主张。与戊戌变法时期不同的是，这个主张此时因为得到一些督抚的认同，具备了更积极、宽广的发展空间。例如当时的山东巡抚袁世凯在新政一开始就提出了一份大学堂章程，内开强调"小学、中学堂难以骤成"，而"大学堂又势难久待"，必须在大学堂中附设中小学堂，先行招收学生才是。与之前的《京师大学堂》章程有所不同，这份章程回避了科名与学堂的对应问题，将其留给政务处和礼部去解决。在这个前提下，袁氏让山东大学堂中的备斋（小学）、正斋（中学）、专斋（大学）招收"十五岁以上、二十三岁以下，通解经史，身家清白者"。[38] 山东大学堂面向全国拥有科名的读书人，让这个人数众多的群体有机会直接进入大学堂就读，降低了读书人们的抵触情绪，相较于把书院改革为中小学堂的做法更为高明。光绪帝也就认为袁世凯这个办法十分可

---

38 袁世凯在山东大学堂分设备斋，正斋与专斋三个等级，分别等同于小学堂，中学堂和大学堂。山东巡抚袁世凯：奏办山东大学堂摺，《中国近代教育史资料汇编·学校教育制度演变》，页 50，43-44。

行，遂命各省仿照这份章程的方针去推广三级学堂，同时还要求政务处会同礼部尽快商讨"如何选举鼓励之处"，[39]重新审慎地研究科名与学堂的对应关系。

在重新确定科名与学堂的对应之前，全国三级学堂并没有招收读书人或聘用师资的统一标准，学堂的持续发展之路充满了困难。当时被任命为管学大臣的张百熙注意到这个问题，便在1902年2月13日向光绪帝陈述：

> 从前所办大学堂，原系草创，本未详备。且其时各省学堂未立，大学堂虽设，不过略存体制，仍多未尽事宜。今值朝廷锐意变法，百度更新，大学堂理应法制详尽，规模宏远，不特为学术人心极大关系，亦即为五洲万国所共观瞻。[40]

不久后，政务处与礼部虽颁布了三级科名对应大学堂的办法，大学堂可以由此重新受到读书人和民众的认可及重视，取得发展，但由于中小学堂毕业生仍没有功名或任何其他具有激励作用的官方认可，使得中小学推广仍举步维艰。不但地方官员缺少开设中小学的动力，即使在已开设的中小学里，也鲜有读书人愿意花上三年甚至更多的时间在小学或中学里读书。中小学的数量不足及招生困难直接影响到大学堂的生源，正如管学大臣张百熙在《奏筹办京师大学堂情形疏》中所陈："今虽奉明谕，令各省府州县遍设学堂，至今奏报开办者，尚无几处，是目前并无应入大学肄业之学生。"对于这样的问题和困境，张百熙提出了一个解决方案，即"大学堂预备科卒业生，与各省省学堂卒业生，功课相同，应请由管学大臣考验如格，择尤带领引见，侯旨赏给举人，升入正科。"[41]这个方案的意思是让各省学堂的大学预备学生经管学大臣考察合格，准许毕业后，可以得到举人的科名。这个方案其实只是张百熙为了缓解中小学发展困境的权宜之计，他知道问题的症结在于三级科名均对应大学堂，于是开始思考如何拟定一份比《京师大学堂章程》更系统的规范，调整三级科名均对应大学堂的现行法令，以图一举解决各省督抚在推动各级学堂时所遇到的难题。

---

39 光绪二十七年十月十五日谕政务处将袁世凯所奏山东学堂事宜及试办章程通行各省仿照举办，《中国近代教育史资料汇编·学校教育制度演变》，页8。

40 张百熙奏筹办京师大学堂情形疏，《北京大学史料》第一卷，北京：北京大学出版社1993年版，页52。

41 张百熙奏筹办京师大学堂情形疏，《北京大学史料》第一卷，北京：北京大学出版社1993年版，页52。

在这个思考过程中，有官员强烈建议他参考邻国日本的办学经验去拟定办学的具体法规。时任湖广总督的张之洞知道张百熙正在拟定的学堂章程，关系着全国学堂推行进程的顺利与否，于是在 1902 年 3 月 9 日写信告知说自己在湖北的办学遇到学堂规制不够整齐，教科书也没有完善规范等诸多问题，为了解决这些问题，他已经派人赴日考察，目前正在等待他们的考察报告；他希望张百熙在草拟法令时留下一些转圜空间，以便日后还可以根据日本考察官员所总结日本学校经验，对章程的不足之处进行修正。[42]此外，奉张百熙之命到日本考察的吴汝纶也于 1902 年 8 月写信给张百熙，希望他会见当时正在访华的日本教育家嘉纳治五郎，咨询办学的意见。[43]担任留学生总监督的夏偕复也在《教育世界》发表了一篇文章，提到中国可借鉴日本的办学经验，免去摸索之苦：

> 夫我取法日本，教之日本取法泰西，弊害尤鲜，取径尤易。何者？我于日本，自古来政治之大体相同，宗教之并重儒佛相同，同洲同种，往来最久，风土尤相同，故其国现象之教育与我中国之性质无歧趋，则而行之，无害而有功。

张百熙本人汇总了这些建议，认为尽管"中外政教风气原本不同"，但"不能不兼取其长"，[44]日本学堂章程文本确实为中国模仿西方提供了最佳示范。张百熙发现，日本的预备科和速成科可以解决大学堂初设之时，生源和师资均不足的困局，于是立即以日本学堂章程为参照系，设立了高等学堂作为大学堂之预备科，其"功课略仿日本之意"；此外还在京师大学堂中附设了速成科，让其中的师范馆与仕学馆先行招收有科名的读书人与官员，尽可能地在较短时间内培养出全国学堂所需的师资。[45]

为了使新式学堂这一引进的外来制度走上正轨，融入中国社会，张百熙学习了西方和日本的经验，并且兼顾中国具体教育水平、状况和社会背景，在将新式学堂与科举分离的同时，保留了对读书人们有极大吸引力的科名，从而提高了新式学堂在社会里的认可度，同时，由于日本作为一个与中国具

42 致京张冶秋尚书，《近代中国教育史资料汇编·学校教育制度演变》，页 141-142。

43 与张尚书六月十二日，《吴汝纶全集》三·尺牍第四，黄山书社 2002 年版，页三五九-三六〇。

44 赵尔巽：《清史稿》志八十二·选举二·学校二，中华书局 1997 年版，页 845。

45 张百熙奏筹办京师大学堂情形疏，《北京大学史料》第一卷，北京：北京大学出版社 1993 年版页 52。

有相似文化背景的国家，其模仿西方学校教育制度的成功经验，有借鉴意义，于是模仿日本的速成科和预备科来解决新式学堂创办之初的学生与师资不足的问题。这些权宜之计是相对合理的。

3. 开放各级学堂先招收具有一定知识水平者

在学堂初设之际，如果硬性要求中学堂招收小学毕业生，大学堂招收中学毕业生，则中学堂至少要在五、六年后才能有合格生源，大学堂的合格生源供应所需时日更久；这样硬性要求势必会使中学堂和大学堂在几年内没有学生，浪费资源。因而，在推广三级学堂工作的同时，可充分利用科举制度的资源，安排有科名的读书人。这些人数量庞大，而且是读书人中学习儒家文化和经典的优秀者，让他们进入各级新式学堂，可加速创新人才的培养进程。把拥有最高科名的官员安排到大学堂，更可以培养这批精英在短时间内掌握语言或经济等西学知识，并立即把这些新知识运用到国家和学校的治理上。

最早提倡让学堂招收有科名读书人的是官员李端棻，他建议把府、州、县学堂向生员开放，"诸生以上欲学者听之"，省学"选诸生年二十五以下者入学"，至于京师大学堂则"选举贡生监年三十以下者入学，其京官愿学者听之"。[46]这份计划把已有科名读书人根据他们的科名而安排到各级学堂，至于官员本来已是具有最高科名者，所以可以随自己意愿选择报考最高层级的大学堂，政府不做强制要求。在后来陆续出台的章程中，督抚或主管学务的机构也都没有忽略官员这个群体，而且普遍倾向把他们安排进入京师大学堂。管学大臣张百熙也在 1902 年初上奏的奏摺中提出了让官员们和具有科名的读书人们大学堂或预备科的主张："凡京员五品以下八品以上，及外官候选，暨因事留京者，道员以下，教职以上，皆准应考，入仕学馆。举贡生监等皆准应考，入师范馆。"[47]把已有科名读书人与官员安排进各级学堂，也体现了改革的灵活性和对中国特殊国情和社会背景的考量。

4. 其他督抚与士绅的意见

在光绪帝颁布新政谕旨，张百熙主持振兴京师大学堂之际，一些官员与士绅在学堂的建立与经历挫折的过程中，也发现了办学中存在的一些问题，

---

46 刑部左侍郎李端棻走去推广学校摺，《北京大学史料》第一卷，北京大学出版社年版，页 20-21。

47 张百熙奏筹办京师大学堂情形疏，《北京大学史料》第一卷，北京大学出版社年版，页 53。

并针对问题提出了自己的意见。比如，当时的留学生总监督夏偕复指出，"教育之行，与其使少数之人民受完全之教育，不如使全部之人民受国民必须之教育"，进阶教育的推动不能没有初级教育作为基础，"此日本三十年来取法泰西经验而有得之言，亦即我古者党、庠、术、序之义，不可易也"。[48]言下之意，他希望更多官员能够关注小学堂的发展，在小学堂普及率提高上多花一些精力，以使更多农工商人接受基本的识字和道德教育，而这个观点与当时中央官员一致关注大学堂发展，并且寄希望于大学堂带动中小学堂的发展很不相同。

其他一些士绅如梁启超也持类似看法，他分析说，以京师大学堂带动中小学发展的办学方针，虽可能使"各省大学堂计划亦纷纷起"，但这完全是一种违背"教育次序"的做法，因而必定会遭受失败，因为"求学譬如登楼，不经初级而欲飞升绝顶，未有不中途挫跌者。"梁氏以留学日本的学生不从基础打起，一心求快，最终受到挫败为例，为重视大学堂而忽视中小学堂的官员敲响了警钟，他说："吾国之游学日本者，其始亦往往志高意急，骤入其高等学、专门学、大学等……然普通学不足，诸事不能解悟，卒不得不降心以就学于其与中学相当之功课"。心高气傲的读书人不愿按部就班地升学，最后的结果是程度不能达到高等学校要求，他们在出国后不是被迫从中学开始读起，就是半途辍学回国。梁氏最后总结说，"今中国不欲兴学则已，苟欲兴学，则必自以政府干涉之力强行小学校教育制度度始"；否则，即使再过十年也不会有具体成效。在提出先发展小学堂主张的同时，梁启超清楚地知道清政府在前期办学时不重视中小学堂的发展，而且办学资金本就十分紧张，所以全国小学堂数量不足，不可能实现"使全部之人民受国民必须之教育"的目标，更无法为大学堂提供足够的合格生源；对此，他建议"凡有千人以上之市镇村落，必设小学校一所"，办学所需经费由"本校、本镇、本区自筹"，具体经费来源包括共产收入、学校税、田亩税、房屋税、营业税、丁口税等，或征学校费等方式来筹措经费。为了让小学堂吸引儿童入学，又不对政府造成巨大负担，他主张对学生收取一定学费，"惟必须极廉，国家必须为定一额，不得逾额收取"。[49]以梁启超为代表的士绅所提出的办学措施，与督抚所主张的官

---

48 夏偕复：学校刍言，《中国近代教育史资料汇编·学校教育制度演变》，页 187-189。
49 梁启超：教育政策私议，《中国近代教育史资料汇编·学校教育制度演变》，页 169-173。

绅合作办学有所不同；梁启超等人的建议使得办学依靠经济手段，减轻了政府的资金压力。

总之，对日本学校教育制度有所认识的官绅知道官方经费不足，难以在短时间内在全国各地大量兴办小学，以大学堂附设中小学堂的方式可以作为一时之计，但决不是发展学堂的长久之道。他们考虑过以采取征税的方式来充实经费，以这笔经费作为兴办与推广小学堂的主要资源。尽管拟定改革法令的中央官员并没有采取征税措施，但这些主张使得地方督抚、士绅初步认识到小学堂是人才培养的重要基础，必须给予更多的重视。

三、调整现有行政机构的结构与功能

教育行政机构体系攸关学校教育制度能否发挥培养人才的作用，其重要性不言自明。清代本没有专门的教育行政机构，学务管理职能握在各级行政官员之手，这与西方教育行政机构形成一个完整体系的情况是很不相同的。只有先解释清楚清代的教育行政机构的组成与作用，包括什么政府部门或什么官员掌握学校的管理权，他们如何行使自己手中的权力，对教育的管理起到了哪些作用，才能对晚清新政时期在学校教育制度改革方面对西方的教育行政体系的借鉴，以及对原有教育行政的调整。

（一）教育行政机构的定义与作用

教育行政是教育制度中的重要一部分。对于教育行政的概念，许多学者给出了自己的解释。教育行政学研究的鼻祖罗廷光认为教育行政是国家对教育负起组织、计划、执行、监督、指导的责任，以最经济的手段、最有效的方法去谋实现国家教育宗旨及实施方针，借以完成国家教育的使命。简言之，教育行政是国家对于教育事业的管理，通过教育行政人员推进教育发挥功能的一系列行动。英国教育行政学家巴富尔（G·Balfour）指出了教育行政的目的是"使合理之学生于合理之情况下，从合理之教师、受合理之教育"。[50]也就是说，教育行政关系着教育制度是否发挥作用，以及教育资源是否得到充分合理的利用。为了更好地展开教育行政，西方国家很早就设有专门负责教育行政的机构，并根据行政区的划分而在中央、省和地方三级分别设置教育行政区域。

---

50 罗廷光：《教育行政》上册，福州：福建教育出版社 2008 年版，页 8-9。

西方教育行政机构形成一个中央、省、地方的三级体系，在这个体系中，教育行政机构有隶属关系，职能划分清楚明确，而且行政官员由国家任免，达到了统一领导的目的。从职能这个层面来看，这种体制更有效率，可确保法规的迅速施行。如此，各级教育行政机构就可形成一个完整体系，确保全国范围内的各级各类学校彼此衔接，学生可在各级学校间转学和升学。

在以往缺乏一个有效的教育行政机构体系时，就会存在问题，例如学者季羡林和他的亲戚就发生过一个案例，在他们转学时到一所新学校时，某位教员写了"骤"字以测试他们的程度，而后决定把他们分发到哪个年级，结果季羡林认识字而就读高一，他的亲戚则是不识此字而重读初中三年级。[51]这个案例说明若缺乏一个有效的教育行政体系，学校就只能各自为政，有时，一些做法会显得简单粗暴，可能存在老师存在主观判断的可能性，对学生的升学与转学带来了不便与不公平性，从而不利于创新人才的培养。

（二）清代行政机构的结构与教育行政权

自隋朝首创科举制度以选取文官后，学政、督抚、州县官等行政官员就被赋予监督科举考试、监督书院聘用师资与给予膏火等教育行政事务之责，这些行政官员在结构上不是专门的教育行政机构，但却发挥了相应的职能。这种安排一直延续到清代，并且清代在历代以行政机构兼管教育的基础上，形成了更为严密而清楚的规范，例如《学政全书》、《国子监则例》、《钦定科场条例》都是相当完整而严密的规范。在规范的基础上，行政官员的行政权力与职责也发展得十分细致。《清史稿》记载的中央与地方官教育行政职责是：

1. 总督掌厘治军民，综治文武，察举官吏，修饬封疆。

2. 知府掌领属县，宣布条教，兴利除害，决讼检奸。

3. 知县掌一县治理，决讼断辟，劝农赈贫，讨滑除奸，兴养立教。凡贡士、读法、养老、祀神，靡所不综。[52]

一直以来，各级行政官员都是身兼数职的，史学家瞿同祖认为清代官员经常兼为法官、税务官和行政官；[53]而上述法令关于地方官的"贡士"、"读法"之责更说明了地方官兼任教育行政官。以今日的话来说，清代官员集行政、司

51 季羡林：《牛棚杂忆》，北京：中共中央党校 2005 年版，页 139。

52 赵尔巽：《清史稿》第一册卷一百一十六·志九十一·职官三，北京：中华书局1997 年版，页 896、901、902。

53 瞿同祖：《清代地方政府》，北京：法律出版社 2003 年版，页 31。

法、警察与教育官职于一身。

清代的教育行政权力由各级行政官员分别执掌，呈现出一种松散的组织结构，中央与地方部分并没有直接的隶属关系，不像西方的三级教育行政体制结构；而且，由于学校教育制度附属于科举制度，所以清代教育行政机构分散为科举考试管理机构、书院管理机构、国子监管理机构三个部分。清代教育行政机构架构可图示如下。

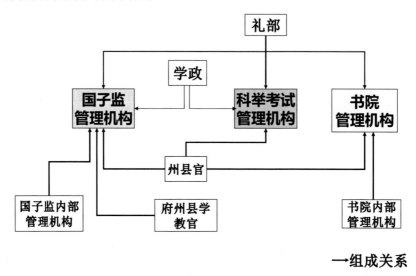

——组成关系

1. 科举考试管理机构的结构与功能

科举考试的行政管理工作，主要包括出题、监考、评卷等，同时还包括对考试公平性的保证。科举考试的主考官是主持并维持考试秩序、评卷及遴选优秀考生的最主要也是最直接的负责人；虽然他们也对考试的公平性负责，但考虑到营私舞弊现象发生的可能性，清代政府还专门令礼部负责对考官的监督与审核，以及对考生的复核，以确保考试的公平性。下面将分别从直接管理科举考试的考官和监督审核考官工作的礼部两个方面，对科举考试的管理机构与职能加以解释。

（1）考官

考试有县试、乡试和会试三个阶段。县试由本县县官负责主考，州县官通常会在农历一月决定具体的考试日期，以及县试将进行四场还是五场。县试的考卷通常有州县官的幕友批阅，少数州县官则亲自批阅甚至对这些考生进行面试。在阅卷的过程中，州县官必须对考试的公正性负全责，如果让不合格的读书人通过考试，或者允许自己的书吏、幕友收受贿赂，州县官将受到降级、革职等行政处罚。[54]

负责乡试的官员被称为考官，一般也称为学政,编制是一正二副。各省考官的选任程序是，"由礼部行文各衙门，咨取进士出身考过试差的京官，以及未考过试差的侍郎以下京堂官的衔名，行文吏部，咨取已考取试差、经过引见的各官衔名。"顺天乡试的考官则由进士出身的大学士、协办大学士、尚书以下，副都御史以上官员内选任。一般说来，礼部在七月中旬向各部咨取应开的衔名，然后在八月初三将缮写密本送上，最后由皇帝在礼部的名单中决定人选。不过，各地考官的任命还根据各地距离京师的远近而有不同的任命时间，较远的省份如云南、贵州，四月便开始任命，而距离较近的顺天则到七月才选派。从任命到考试的时间必须正好与从京师到该地区的行程相近，使之无法逗留。凭距离远近而先后任命考官的原因，一方面是让需要远赴偏远省份的官员有充裕的时间到位，另一方面是为了让到邻近省份监考的考官不要过早抵达当地，以避开当地的人际关系干扰，减少营私舞弊的机会。为了预防舞弊，清政府还规定"各省主考官，于命下日，克期起行，不携家，不辞客，不随从多人骚扰驿递，在途不闲游，不交接，抵所差之省，提调官即迎入公馆，不得接见。所寓公所，仍用考官封条，监试委官巡逻，依时启闭。"[55]

主持乡试的学政到达考试的省份后，便成为府州县学的最高行政官员，是州县官在学务方面的上级长官。按规定，学政不论其官阶高低，到了各省便与督抚平行，督抚、布政司、按察司都不能侵其职权。不过，学政如有重大决定，仍必须要与督抚共同会商。[56]

学政的主要职责有两项：第一是管理教官。学政管理教官的方式有二，首先是考核，也就是按"学行俱优"、"学问疏浅"、"老病不堪"、"钻营鄙污"四个标准对教官进行奖励或参奏；其次是对教官进行考试，检查教官的知识

---

54 《清代地方政府》，页 272-273。在这段行文中，瞿同祖提到生员是州县官学学生，生员参加州县考试后，州县官必须保持公正，不能让不合格的生员通过县考。瞿氏把参加县考的读书人称为"生员"的说法是错误的，因为参加州县考试之人还不是生员，他们如果没通过考试，则要被称为"童生"；生员是初级科名，指的是通过县考与之后的院考的读书人。

55 李国钧编：《中国教育制度通史》第五卷，济南：山东教育出版社 1999 年版，页 351-352。

56 李国钧编：《中国教育制度通史》第五卷，济南：山东教育出版社 1999 年版，页 129。

是否足够，然后将其成绩作为教官日后升降的依据。[57]第二是管理生员，主要是进行考试与监督。在考试方面，学政一到当地，会举行岁试与科试，然后按生员的成绩予以升降，并将黜革生员、录取童生的情况报告礼部，以备礼部随时查验是否有滥取、冒名顶替等舞弊情事；如发现违规情事，不仅考生要被治罪，学政也要被惩处。[58]在监督方面，学政负有对生员德行优劣进行处罚与荐举的职责，[59]以达到监督生员行为符合道德的效果。

会试考官的选任程序与乡试大致相同，也由皇帝钦点的学政担任，只是考官的资格要比乡试的考官更高些。会试前，照例由礼部开列由进士出身的大学士、尚书以下副都御史以上衔名，然后把清单上报，然后由皇帝钦命正、副考官二至四人。在清代，会试考官的资格不断提升，早期曾以贡生（拔贡）典试，康熙时期还曾用举人，雍正时期后便专用翰林和进士出身的官员。[60]清代统治者趋向使用级别较高官员作为会试监考官，表明了他们对会试的重视以及对主考官的高标准和高要求。

负责各级考试的各级考官的主要职责在于以最公平、公正的方式来审核读书人的程度，尽可能的保证获得科名者能够名副其实，有真才实学。除了最初级的县试的考官一般是当地县官担任外，乡试和会试的考官都是皇帝钦点的学政担任。除了负责阅卷并对试卷进行初步筛选之外，学政还必须任命同考官、提调官，并向州县官借调人员作为考试执事官员，同时要负责监督考察、巡查、搜检、考卷弥封等事务；[61]因而，学政所肩负的责任重大，对于审核读书人与教官起决定性的作用，并对于考试的结果和考生的选取有最后决定权。正因为学政的这些权力与选拔人才、文官密切相关，间接影响清政府在地方的统治基础，所以为了维持科举考试的公平性，学政必须操守廉洁，

57　《钦定学政全书》卷二十三·考覈教官，《近代中国史料丛刊》第三十辑，文海出版社（1982 年版），页 405-431。

58　《钦定学政全书》卷十九·发案发落，《近代中国史料丛刊》第三十辑，文海出版社（1982 年版），页 321-332。

59　如果学政不举报德行恶劣的生员，或者所举非人，将受到降级或革职等行政处分。《钦定学政全书》卷二十七·举报优劣，《近代中国史料丛刊》第三十辑，文海出版社（1982 年版），页 497-524。

60　李国钧编：《中国教育制度通史》第五卷，济南：山东教育出版社 1999 年版，页 352-353。

61　《钦定学政全书》卷二十一·提调事例，《近代中国史料丛刊》三十辑，文海出版社（1892 年版），页 355-370。

62 并在重重关防下不出现舞弊的情形，例如学政出发到各地时，不准他人迎送，在到任途中不能任意逗留，甚至在到任后也不能接见地方士绅。63

（2）礼部

礼部对于科举考试的监管职能主要体现在两个方面：一是对学政的监督与审查。礼部为了能够更好地管理与约束学政，通过两种方式审核学政是否确实执行学务，分别是：任满考核与平时磨勘试卷。前者是在学政任期届满后对其在任期间的工作进行总结，考核其功过。后者则是例行要求学政将岁科考试的前十名生员考卷送至礼部，由礼部审查考试题目以及读书人答案，礼部通过答题是否文采激扬、论述流畅、例证有力、并对儒家经典信手拈等标准，进而判断前十名的水平是否真正名副其实。如发现题目不合规定，或者读书人文理不通，甚至额外录取等违法情事，学政将受到从罚俸到革职不等的处罚。64

二是对考取科名的读书人的复核审查。礼部对读书人进行复试与磨勘，以确保科举考试的公平与公正性。复试是指皇帝对新进进士进行考试，以确认会试中没有冒名顶替等舞弊存在。在清代早期，复试没有固定的举行时间，直到嘉庆之后才成为定制。磨勘则是对各个考试环节的全面检查，例如考试题目，阅卷程序，考生答卷等，起作用也在于发现考试中是否有违法情事。如确有考生文字"鬼怪舛谬"、学政"额外滥取"等违法情况存在，考生与学政都将被议处。

学政的操守与科举考试是否顺利举行、录取读书人的公平与公正有着密切关系。礼部通过监督与考核学政，以及事后审阅读书人考卷的方式，保证科举考试的顺利举行，以及科名授予的公平与公正性，对科举考试事务进行管理。

由此可见，州县官、学政与礼部虽然都是科举考试的管理机构，但三者

---

62 为了使学政维持操守，皇帝给予学政养廉费用，其金额按照省份而不同，但大约不出 3200 到 4000 两范围。《钦定学政全书》卷八·学政事宜，《近代中国史料丛刊》三十辑，文海出版社（1892 年版），页 183-184。

63 《钦定学政全书》卷十·学政关防、卷十一·学政按临，《近代中国史料丛刊》三十辑，文海出版社（1892 年版），页 193-239。《钦定科场条例》卷二十·考官读书人关防也记载了相关规定。

64 《钦定学政全书》卷二十·解卷解册，《近代中国史料丛刊》第三十辑，文海出版社（1982 年版），页 333-354。

之间的职权关系相互交错，既有监督与被监督的关系，也有隶属关系。在管理科举考试事务上，学政与州县官更多的是合作或辅助关系。学政由皇帝在京官之中选任，在抵达各省之后便直接成为该省最高教育行政官员，负责举行童试中的院试与乡试，其主持过程与成果由礼部负责监督与审查；州县官则负责童试中的县试与府试，并辅助学政举行考试，但不直接归学政管辖，而是听命于该省督抚。

2. 书院管理机构的结构与功能

书院一般由官民合办，因此在财务与人事上必须同时受到出资人与官府的管理制约；而书院内部也有特定建制，分别负责教学与学生事务的管理。管理书院的机构因此分为负责书院内部事务的院长、监院、首事与负责管理与监督书院的州县官、乡绅两个部分来看。

（1）书院内部管理机构

书院的内部组织结构大致分为教学与行政两个部分：山长一般只负责教学，其他事务参与较少；首事、监院则分别负责决策与行政事务。至于职位的人数多寡，与书院的经费来源有关。有些书院碍于经费，结构简单，只设一名山长与一名监院；一些经费较充裕的书院，可能有多位山长、监院与首事。[65]

（2）州县官与学政

前述提到过，清代书院山长的聘任，有官府决定或推荐、乡绅公举聘请两种方式。按照规定，省会书院由学政负责聘用；而府州县书院则由出资者聘请，但人选需要由州县官审核通过。书院山长也可以由乡绅公举，但仍然需要州县官的同意，因此州县官在商讨与决定聘用人选的过程中拥有较大主导权。

学政与州县官必须对书院山长进行考核，尤其学政对省会书院山长的考核过程更为清政府所重视。根据规定，书院山长在任数年，可经由学政考核，呈请照例议叙，或送部引见示奖。学政、州县官与乡绅负责书院山长的聘请、考核等工作，也就构成了书院的管理机构，[66]其职能主要在于保持书院山长是由有资格的读书人出任。

---

65 李国钧编：《中国教育制度通史》第五卷，济南：山东教育出版社 1999 年版，页 233-241。

66 李才栋等：《中国教育管理制度史》，南昌：江西教育出版社 1996 年版，页 490-491。

3. 国子监管理机构的机构与功能

国子监早期隶属于礼部，因此其内部各官都由礼部任命和监管；雍正皇帝设立国子监管理大臣一职后，国子监便由皇帝直接进行管理，其地位大幅上升，而皇帝也更能控制这所全国唯一一所自己开设的教育机构。

（1）内部管理机构

国子监中的高级行政长官是祭酒与司业，祭酒主要负责国子监的重要决策，并把有关事务上报给管理大臣；司业负责辅佐祭酒，管理教学、遴选保送、课试甄选等事务。祭酒、司业之下设有四厅六堂：四厅是绳衍厅、博士厅、典簿厅、典籍厅，负责监印、书籍管理、稽察教学等行政事务；六堂分别是率性、修道、诚心、正义、崇志、广业堂，是主要的教学场所；前四堂每堂设助教、学录各一人，后两堂设助教、学正各一人，统一由博士厅负责稽察管理。[67]从这些官职来看，国子监的管理结构相当完备，职能分工之细密并不亚于现代大学的行政管理机构，比如祭酒和司业的职能就类似现代大学的校长和教务长，典簿厅则类似于大学图书馆。

国子监下设的六堂里，有助教、学正与学录等职位，他们被统称为教官，主要负责教学与考试。教官的日常职责在于对监生进行讲书，并且要求监生在听课完毕后，复讲或复背各个课程。监生除了到课外，必须参加博士厅所举行的月考与祭酒主持的季考，然后依成绩进行奖惩。如果考试有三次未到，便会被"戒饬"，无事故不到与终年不到者，可能被褫夺科名。[68]国子监学生如果成绩不好或不到课，教官受到上级长官的戒饬；[69]相对来说，学生若在考试中取得优秀成绩，可以让教官得到上级的奖励。[70]国子监教官除了讲课、考试，监督等职责外，还负有审核学生平日品行与道德的职责，"放荡礼法，别项滋事"的学生将被革去资格。[71]总地来说，国子监教官既要负责学生的教学，

---

67 《钦定国子监则例》卷三十四·六堂，《近代中国史料丛刊》三编四十九辑，文海出版社（1989 年版），页 787。

68 《钦定国子监则例》卷十六博士厅·经理，《近代中国史料丛刊》三编四十九辑，文海出版社（1989 年版），页 371-375。

69 《钦定国子监则例》卷十绳衍厅·教习，《近代中国史料丛刊》三编四十九辑，文海出版社（1989 年版），页 288。

70 《钦定国子监则例》卷十六博士厅·经理，《近代中国史料丛刊》三编四十九辑，文海出版社（1989 年版），页 383。

71 《钦定国子监则例》卷三十四·六堂·训课，《近代中国史料丛刊》三编四十九辑，文海出版社（1989 年版），页 796。

还要监督其道德品行。

（2）管理大臣

国子监在清代之前已有悠久历史，一直是礼部的下属机构。在清代初期，国子监一直在隶属与独立于礼部的反复状态之中而发展。直到雍正年间设立了管理大臣一职后，国子监才由这个特设的、直接向皇帝负责的官职来管理。作为一个直属于皇帝的机构，管理大臣位高权重，备受重视。也因此，管理大臣一般都由操守廉洁、熟悉儒家经典、任官经验丰富的官员，例如大学士、尚书或侍郎来兼任。如此，国子监就更能按照皇帝的意志去培养人才。[72]

经由对清代教育行政机构组成与职能的梳理，可以见到此时没有专门的教育行政机构，教育行政由相关行政部门兼管，就像礼部同时管理对外国事务与学务，类似现代的外交部兼教育部一样。

这就突出了一个问题：西方教育行政体制的优势如何体现？根据教育学家罗廷光的说法，现代教育行政有"集权化"和"专业化"的趋势，前者指中央拥有较大的行政权，运行帷幄；后者指督学、视导员等教育行政官员都是受过专业训练的人，足以处理好教育事务。[73]

清代教育行政机构在结构和功能上不具备集权与专业的特点。曾担任过贵州提学使、学部署右参议的柯劭忞指出，"同治初迄光绪辛丑以前，为无系统教育时期"，[74] "无系统"一词形象地表达了清代时期在教育行政及学务管理上的混乱。正是这种混乱使得私塾、书院等教育机构各种为政，无法形成紧密衔接关系，导致学校教育制度缺乏效率，使得清代学校教育制度就如舒新城所批评的，无法达到在组织、行政"等各方面要旨共同通行于一国之内"的标准。[75]当时有越来越多的官员认识到了这个问题，开始研究解决之道。

（三）原有行政机构的教育行政权调整

在进行科名对应学堂，以及改革和推广三级学堂工作的同时，清政府也逐步意识到当下没有专门的教育行政机构，不利于对全国教育改革（诸如录

---

72 李国钧编：《中国教育制度通史》第五卷，济南：山东教育出版社 1999 年版，页 45-47。

73 罗廷光：《教育行政》上册，福州：福建教育出版社 2008 年版，页 26-27。

74 赵尔巽：《清史稿》志八十二·选举二·学校二，上海：中华书局 1997 年版，页 843。

75 舒新城：《教育通论》，福州：福建教育出版社 2006 年版，页 31。

取学生、管理经费等）的统筹，而且在地方也缺乏具有权威性的学务管理机构或官员，效率不足。通过对比西方学校教育制度，一些官员和士绅都意识到中国必需设立中央教育行政机构。

1. 设立中央行政部门的倡议及其阻力

最早提出中国必须设立中央教育行政机构的，是来自于英国的传教士李提摩太（Timothy Richard）。他在来到中国的 20 年后，即 1890 年，发表了一篇文章，指出日本在设立学部管理全国教育行政后，有效地筹措了办学经费，调动了全国士绅办学的积极性，得以在短时间内便成立了许多学堂，"于新学孜孜讫讫，极为研究"。中国要培养出创新人才，必须即刻设立"新学部"以负责全国教育行政。[76]李提摩太关于教育行政机构的言论，有来自于西方教育行政机构以及日本模仿西方取得成果的两个根据。

教会大学在中国进行改革的实践经验也为清代学校行政机构改革提供了舆论助力。根据学者王树槐的研究，教会学校原本各自为政，没有统一的法令可循，但一些从事教育的传教士主张设置一个委员会，统筹各个学校的教科书译名、考试、教学方法、教育计划等事务。后来，在华的新教传教士大会起草章程，提名人选，组织起教育会，协调在华教会大学的教育行政事务。[77]根据学者露懿思的看法，清代"基督教教育会实为管辖基督教学校之主要机关"，教育会对各个教会大学相互联络、形成组织起到了一定作用。[78]尤其是教会大学，在这个时期里"已成为中国最先进的学校，开设种种现代课程，以满足这个刚刚才开始觉醒的国家的需要"。[79]李提摩太在 1895 年再度提出设立学部，聘用德、英传教士各一人来总理该部的主张，[80]也是受到了教会学

---

[76] 李提摩太的原话是：如欲中国翻然变计，欲广新学，宜特简派亲王游历五洲，便览各国风俗政事，俾知新学为当务之急，实力讲求。亦设立新学部，再多筹经费，广立书院，从此渐推渐广，人才辈出，为国家宣劳，为海疆保障，大用大效，小用小效，又何难驾出西人之上。《中国近代教育史教学参考资料》下册，北京：人民教育出版社 2000 年版，页 56。

[77] 王树槐：基督教教育会及其出版事业，《中国近代教育史教学参考资料》下册，北京：人民教育出版社 2000 年版，页 106-108。

[78] 露懿思：基督教教育在中国之情形，《中国近代教育史教学参考资料》下册，北京：人民教育出版社 2000 年版，页 61。

[79] 刘广京：中国早期的基督教大学，《中国近代教育史教学参考资料》下册，北京：人民教育出版社 2000 年版，页 122。

[80] 李提摩太：新政策，《中国近代教育史教学参考资料》下册，北京：人民教育出版社 2000 年版，页 57。

校设立教育会取得成果的鼓舞。

然而，设立学部显然涉及到众多官员的利益，在施行上有难度。以书院的管理为例，书院原本由学政、督抚负责管理，并统一由中央部门礼部来监督；设立所谓的"新学部"，就意味着现行官制要有所变动，例如，学政与督抚考核书院山长的权力可能要被收归中央，而礼部也可能无法再担负监督督抚与学政的职权，而必须把这个权力转移给新设的学部。设立学部不仅要对官员的权力有所削弱，造成中央部门权力的变动，而且，很多施行百年的相关法令如《礼部则例》或《科场条例》等也要修订。最后，设立学部一事一时难以得到更多官员的认同，推行起来困难重重。

2. 学习日本建立中央教育行政机构

1898 年 1 月份，身兼湖北武备和自强学堂总督的姚锡光在奉张之洞之命赴日本考察后，便见到日本全国学校"皆隶于文部省"，举凡教法、书籍、教习任用都统一由这个教育管理机构进行管理。[81]这份报告除了影响到总督张之洞外，也借由同行之人而对其他学堂总督，甚至是其他省份的督抚产生影响。许多官员都发现，姚氏总结的日本经验涉及了全国教科书、教师任用规定的统一，远要比李提摩太的主张更为深入，在中国新设专门的教育行政机构有可操作性。清政府从来就没有对私塾与书院的教科书进行严格控制，更谈不上统一教材；而塾师则由地方之人自行聘用，书院山长也是由各省督抚自行考核聘用。如果学习日本的做法，不但利于中央对学校的管理，还可以保证全国同等级学校的一致性，使全国学生可以接受相同的教育，把教育制度改革推广加深。

然而，与李提摩太时期有所不同，有日本这样一个成功案例，新设一个专门的教育行政机构来管理全国学堂的观点开始被部分官员所认同，开始思考关于改革教育行政机构的必要性。监察御史李盛铎就指出，京师大学堂事关重大，必须"专派大臣"，应"特派位尊望重之大臣，素为士论所归者，专心经理，并准其调取通达时务人员，以资臂助，庶易集事"。作为中央官员，他提出这样的主张说明有其他官员确实被日本这个范例所折服，想要以其为参照系进行改革；只不过，李氏认为教育行政机构之改革"兹事体大，其详细章程，务在斟酌尽善"。[82]从思想与观念的形成来看，教育行政机构改革已

---

81 姚锡光：《东瀛学校举概》，王宝平：《教育考察记》上，杭州：杭州大学出版社1999 年版，页六。

82 江南道监察御史李盛铎奏京师大学堂办法摺，《北京大学史料》第一卷，北京：北

有一些基础，改革的必要性已被官员们认识到，专任一位"位尊望重"的大臣去管理京师大学堂的做法符合设立祭酒与特派学政以分别管理国子监生和全国生员的惯例，改革幅度相对来说要比设立一个学部要小。而且，总理衙门之下设有"同文馆管理大臣"来管理同文馆事务，[83]已是先例。模仿日本而引进西方式的专门教育行政机构以专职管理学堂事务，在官员逐渐凝聚共识的情况下开始了进程。

1898 年，光绪帝命总理衙门负责落实这个主张，而衙门也迅速表明设立管学大臣的必要性："大学堂设于京师，以为各省表率。事当开创，一切制度均宜审慎精详，非有明体达用之大臣以管摄之，不足以宏此远谟"，暗示了这个新官职并不会对现有官制造成太大的影响。另外，章程还请求光绪帝特别派遣"大臣中之博通中外学术者一员，管理京师大学堂事务，即以节制各省所设之学堂，其在学堂办事各员，统由该大臣慎选奏派"。[84]也就是说，管学大臣除了要负责管理京师大学堂之外，还将任命地方学堂的主要管理者，从而间接行使对地方学堂的管理职能；至此，管学大臣作为一个新设官职，其权力与职能也得以陆续确定。

管学大臣作为皇帝直接任命的官员，专门负责管理大学堂并间接管理地方学堂，意味着中央教育行政机构的初步成型。虽然这些主张因为戊戌政变而停止，但光绪帝在 1902 年下令重新开办大学堂时，又重启这个主张，重新设立管学大臣以负责管理京师大学堂及全国学堂事务。[85]可见这个做法在光绪帝看来是一个有效并利于迅速实施和发挥作用的办法，既可以达到统一管理全国学堂的目的，又在最大限度上减少了对现有官制的冲击。

3. 管学大臣的职能分析

在教育界任职颇有时日的陈宝泉（1874-1937）认为，管学大臣的设立"实以今日之大学校长而兼教育总长"，[86]根据此说法，管学大臣一职已经与现代的教育行政机构颇为相似。但是，如果对《京师大学堂章程》内容做进一步

京大学出版社 1993 年版，页 45。

83 刘锦藻：《清代续文献通考》（第二册），杭州：浙江古籍出版社 2000 年版，页 8779。

84 京师大学堂统辖各省学堂，《中国近代教育史资料汇编·教育行政机构及教育团体》，上海：上海教育出版社 2007 年版，页 5。

85 清政府命张百熙为管学大臣，《中国近代教育史资料汇编·教育行政机构及教育团体》，上海：上海教育出版社 2007 年版，页 5。

86 陈宝泉：《中国近代学校教育制度变迁史》，北京文化学社 1927 年版，页一六。

分析，便可以见到管学大臣一职与现代中央教育行政机构存在一定差距。

首先，二者的差距主要表现在职权范围上。从对地方教育机构的管理上来看，管学大臣的对于全国学校的管理权利很小。《京师大学堂章程》规定"各省学堂皆当归大学堂统辖，一气呵成，一切章程功课，皆当遵依此次规定，务使脉络关注"。其中所谓的统辖，实际上是采用了国子监从府州县选拔学生的老办法，要求大学堂最高行政官员以层层考试的方式从下级学校中选拔学生，并非西方那种中央、省、地方教育行政机构在权力上隶属关系的形式。总理衙门在章程中强调设立管学大臣是"略如管国子监事务大臣之职"，87就是最佳证明。也就是说，"统辖"一词的含义并不是"统筹管理"，只是指明了学生在各省学堂到京师大学堂之中的升学路径。因而，管学大臣对各省学校没有监管指导的权利，也无权规定各省学校的教学内容；而现代的中央教育行政机构则可规定全国学校的教学和管理，职权范围明显更大。

其次，管学大臣的中央行政权力被多个机构和官员所分散。除了选拔学生入学之外，负责考核生员的学政与教官并不归管学大臣所隶属，学政依然由皇帝指派，教官也仍由督抚和学政共同考核；并且，同文馆、广方言馆等洋务学堂也不属于管学大臣的职权范围，仍归总理衙门管理，而总理衙门却又不隶属于管学大臣的管辖范围。也就是说，管学大臣作为中央教育行政机构的职能分散而不集中，只能对全国学堂进行有限而间接的管理。

通过以上两点分析可看出，管学大臣的行政权力远远比不上现代教育制度中的中央教育行政机构，完全没有达到陈宝泉所认为的等同于民国时期教育总长的高度集权。毕竟，民国时期的教育行政体制是由央、省、地方的教育行政机构——教育部、教育厅和劝学所所构成，而教育总长是整个体制里的最高长官。从《京师大学堂章程》的内容来看，这段改革并未涉及礼部、督抚、学政、州县官、府州县学教官等既有教育行政机构的大幅变动，没有那么深入，所以，管学大臣一职未能形成类似"教育总长"权力集中，只能说是晚清中央教育行政机构的起步。

晚清新政时期对于教育行政机构的改革是有意识地朝着现代化的方向在前进，是政府中的改革派官员们在看到了西方和日本对于学校管理的先进体制与丰富经验后所做的调整。只不过，这样的调整措施牵涉到众多人的利益，

---

87 总理衙门奏京师大学堂并拟学堂章程摺，《北京大学史料》第一卷，北京：北京大学出版社1993年版，页45。

其至要修正某些施行已有百年历史的章程，对社会稳定性有一定影响，因此必须依循旧例，缓慢展开。从引进与融合的角度来讲，这也反映了新体制在与旧体制的磨合过程中，必须做出某些程度的妥协与让步，否则就无法获得发展的根基。经过了这一时期的改革，专门的中央教育行政机构已经有了原型，教育行政有了专门的中央机构来负责，至于省级与府州县级教育的专门教育行政机构则尚未形成。

第二节　安置现有的士绅与官员

在科名、教育行政机构改革如火如荼的进行时，一些官员认为已有科名的读书人以及现任官员从科举考试出身，缺乏学堂学习经历和西学知识，政府必须为他们提供一条出路，让他们赖以谋生，继续为社会贡献力量。清政府在引入新式学校教育制度时，还考虑安置出身于旧有教育制度下的士绅与官员等人才，这样的考虑既可以减少这些拥有科名的阶层对改革的抵触情绪，有利于学校教育制度的推广。总体来说，官员对已有科名的读书人与官员采取了三种安置措施。

一、为年长读书人规划出路

督抚刘坤一与张之洞在 1901 年的一份奏摺里指出，科举考试科目与内容的改革将对读书人造成不同程度的影响，对于程度较好者来说，他们"能为好时文，考试策论故属优为，兼习诸学，亦非难事"；年二十五至五十之间的读书人受到的改革影响相对较小，因为他们除了"外国语言、精微算法外，何事不能通晓"，"易于改辙"。张之洞认为在这部分读书人之外的人，既不能科举中式、又不能吸收西学，主要是年长的读书人，如果他们无法顺利转型成创新人才，那么"国家取之，何益于用"？对于年长读书人的安置问题，政府必须积极考虑，为他们提供一条出路。

两位总督在奏摺里提供了解决方案：年长读书人虽无力学习西学，大概率不会被任用为官，但他们熟悉四书五经，有科名者"仍可为中学小学经书词章之师"，担任学堂师资、传授儒家经典是颇有余裕的。至于"衰老不第，学行尚有可取者"，没有资格在学堂任教，但也可由督抚、学政去审核对他们的德行，让五十岁以下者"分别举贡生员，用为知县佐贰杂职"，六十岁以上者则"酌给职衔"。[88]也就是说，年老读书人可以在新式学堂担任儒家经典师资，政府也可授予他们以虚衔、给予一官半职，如此，他们在改革过程中仍得以维持高于农工商人的现有社会地位，并在培养创新人才的过程中起到辅助作用，贡献一份力量。

二、鼓励年轻读书人到日本学习师范教育

还有官员注意到大学堂初设，生源有限，毕业生可以担任中、小学师资者更少，一时会存在大量的新式学堂师资缺口。对此，张之洞认为让年轻读书人出洋留学是很好的措施，因为留学能够迅速精准地学习到西学的精髓。张之洞很早就在《劝学篇》里写到，"出洋一年，胜于读西书五年"，还以日本一些精英为例，说他们留学英、法、德等国，学习政治工商、水陆兵法，回国后担任官职，促使日本"政事一变，雄视东方"；此外，俄罗斯、暹罗等国家派遣留学生而后任用这批人才，协助国家进行改革。在留学的人选中，"游学之益，幼童不如通人，庶僚不如亲贵"，[89]主张留学应该是青年，而不是早期带队留学的容闳所采用的挑选幼童方式。

1901年，张之洞把上述想法付诸实践，联合重臣刘坤一向皇帝说明了日本学校教育制度颇为完善，尤其师范科发展相对成熟，"为教师者类皆实有专长，其教人亦有专书定法"。各省如用官费派遣留学生赴日学习师范，其"法整肃而不苦，教知要而有序"，将可以培养出一些优秀教习，"以辅各省学堂之不足，最为善策"。由于官方资金有限，为了达到这个目标，他们鼓励民间人家自费留学日本学习师范，承诺"学成后得有凭照回华加以覆试，如学业与凭照相符，即按其等第作为进士、举贡"[90]。鼓励措施对读书人构成了强大的激励，很多家境殷实的人家都愿意自费把自家子弟送往日本读书。

派遣读书人到日本留学学习师范科的主张，从理论上缓解了国内新式学堂初设、资源不足而无法将全部读书人全部接纳入新式学堂的问题，并且通过日本教育资源而为本国培养了一定数量的师资。这不失为一种安置年轻读书人的有效手段。

---

88 五月两江总督刘坤一湖广总督张之洞第一次会奏变法事宜，《光绪政要》卷二十七，页 1612-1613、1165。

89 《劝学篇》下篇·游学第二，北京：华夏出版社 2002 年版，页 87-91。

90 变通政治人才为先遵旨筹议摺，《张之洞教育文存》，页 334。

三、鼓励现任官员出国游学

除了安置年事已高而又未能考取较高科名、从而获得谋生手段的读书人，以及学有余力、能够迅速掌握新式科学的年轻读书人，清政府还考虑到对于科举考试出身的官员安置。

张之洞是推动改革的代表与先锋人物，很早就见识到西方先进的科学技术，并认为学习西方科学是中华民族摆脱被列强凌辱、重新振兴的关键所在，因而，他在国内鼓励并推广办学的同时，也极力鼓励官员和读书人们出国游学，以更直接、更快地认识和学习西方的科学技艺，并在学成归国后为师或为官，帮助推广西方科学。尤其是对于那些出身科举、只懂得八股文、从没有在学堂学习过西学知识的官员，他们因为年龄、知识基础等因素限制，不太可能再有时间、精力和能力进入学堂系统地学习西方科学知识。张之洞认为，应该让这些官员出国游历，让他们感受外国学堂的人才培养功能，并有助于他们更好地进行新式学堂的改革工作。

1901 年之后，这个主张进一步具体化。刘坤一与张之洞两位督抚指出，自学堂改革开始，"有已出仕不愿入学堂者，欲求急救之方，惟有广派游历之一法，观其国势，考其政事、学术，察其与我国关涉之大端"。也就是说，现任官员即使不进入学堂，也必须出国游历，学习如何对内治理人民、懂得如何与外国进行交涉等事务。但是，清代官员数量庞大，官费有限，不可能在短期内让大量官员出国游历，所以应该先派遣具有较深厚学术根底的官员，所以他们两人建议光绪帝先派"王公"、"大臣"、"宗室后进"或"大员子弟"到国外游学后，回国"一体考察给奖"，提高各地方官的出国意愿。此外，为了督促这些官员尽快出国游学，他们还建议要求没有游学经历的官员在升迁上进行限制。[91]通过两位督抚的深思熟虑，派遣官员游历的主张体现到了政策层面。

借由鼓励官员出国游学，清政府打算让现任官员出国增广见闻，拓宽他们的视野，为儒家经典所传授他们的关于内政与外交的治理方式提供补充。在新式人才还在培养的同时，他们也接触西学，拓展眼界，成为创新人才。从对官员的安置措施，可以见到清代官员在推进学校教育制度改革时的缜密考虑，引进西方学校教育制度的做法不是全盘西化，而是结合自身国情，对

---

91 遵旨筹议变法谨拟采用西方十一条摺，《张之洞教育文存》，北京：人民教育出版社 2007 年版，页 336-338。

各个不同阶层、年龄、具有不同知识积累的读书人与官员做出考虑，尽可能使他们被改革措施所覆盖，以不同的方式和不同程度的接触西学，而不会因为改革一刀切而受到损害或被隔绝在外。

第三节　改革措施的影响

在学校教育制度的初步改革过程中，中央官员握有主要决策权，掌握改革的大方向，督抚则有提出建议之权，并在政策施行过程中随时根据实际进展和遭遇问题而进行调整。对于各地的士绅与农工商人来说，他们更多地是遵循已出台的改革政策，而较少对改革提出意见的空间。也因此，不少改革措施经常流于主观，低估或忽略在实际施行上的可能问题，影响改革政策在地方落实的成效。在1901到1902年间，清政府根据国情而确立了现代学校教育制度的框架，命令全国设立三级学堂，这些改革措施涉及原有学校制度的修正或改变，对整个社会产生了各种影响，而现代学校教育制度也因此被顺利引进中国。

一、更多人认识和接受新式学堂

在确立了改革方针后，在中央设立了专门负责管理全国教育行政的管学大臣，在省、府、州县三级行政区域分别设立大、中、小三级学堂，清代所有的教育机构从此一律被划分为三级，各地督抚都要按照这个方针去办理学堂。但与以往各省督抚办理洋务学堂不同的是，晚清新政时期的改革将三级科名与三级学堂建立了对应关系，不但把各级学堂通过科名衔接起来，而且让所有士农工商阶层都可以借由熟悉的科名来认识学堂；新式学堂也就不再像洋务学堂那样，游离于学校教育制度边缘的附属装饰。哲学家冯友兰描述了当时普通民众由于科名的对应而认识和认可新式学堂：

> 说到资格，当时人的心中，还是以科举的资格为标准。无论什么资格，他都要把它折合为科举的资格，心里才落实。……按当时清代所定的学校制度，在县城里设小学，在省城里设高等学堂，在北京设京师大学堂。学校分为这三级，恰好原来科举功名也有三级：县一级的功名是秀才，省一级的功名是举人，中央一级的功名是进士。…把这两个三级折合起来，县里小学毕业就相当于秀才，省里高等学堂毕业就等于举人，在京师大学堂毕业就等于进士。

冯友兰的父母本来想要他在家念书，后来也是见到学生从学堂毕业可以取得科名，愿意将他送入县立小学堂，因为他母亲认为小孩仅仅是在家念书，"将来连一个秀才的功名也没有，那就很不好。"[92]可见当时多数人由于功名与学堂的对应而接受了新式学堂，愿意把孩子送入学校。这和以往洋务学堂因为和科名没有关系，被多数人视为旁门左道，不愿孩子入学的窘境相比，有巨大的反差。

三级学堂的建立并在民众中间得到认同，也就等于确立了现代学校教育制度的框架，为日后改革的深化和现代学校教育制度进一步扎根打下基础。"无论是学校系统，学校教育内容，乃至学校的管理方式，西方的教育制度以日本教育制度为媒介，被全面引进，中国教育终于开始溶入世界教育发展的大潮之中。"[93]中国的学校教育现代化虽以西方和日本学校教育制度为蓝本而展开，但却没有完全抄袭它们，而是根据中国国情而在引进时做出了一定调整，而这些调整促使新式学堂被中国社会所接受，促使中国教育开始迈出现代化的重要一步。

二、士阶层的社会础基础有所动摇

士阶层在以儒家传统为背景的中国社会中，是一种特殊阶层；他们不是统治阶级，但却承担一定的社会管理责任，历来都有高于农工商阶的社会地位。但是随着晚清新政时期的学校教育制度改革推进，儒家经典的重要性有所削弱，教育机构也有转变，善于记忆儒家经典的读书人都要转型为创新人才，结果是读书人的社会地位有所下降，士阶层开始衰落。

（一）士阶层在传统社会中的地位

在中国社会里，士作为四民之首，其地位和一般作为平民的农工商人并不一样。传教士何天爵（Chester Holcombe）对士阶层的特点做了如此的描述：

> 中国的士大夫乡绅阶层素以维护传统的道德说教、古老的习风遗俗和天朝体制为己任。他们每人都认为自己是孔夫子再造，是圣人的化身，都是智慧的源泉、完美的楷模。[94]

---

92 冯友兰：《冯友兰学术自传》，北京：人民出版社 2007 年版，页 23-24。

93 钱曼倩：《中国近代学校教育制度比较研究》，广州：广东教育出版社 1994 年版，页 124。

94 何天爵：《真正的中国佬》，中华书局 2006 年版，页 185。

从中可明显看出读书人具有道德教化的社会作用，构成了一个特殊阶层。士阶层是通过了科举考试的精英，拥有科名，被所有人尊崇，也得到皇帝的重视。历史学家张仲礼把这个群体称为士绅，因为他们"必须具有某种官职、功名、学品或学衔，这种身份会给他们带来不同的特权和程度不同的威望"。张氏还进一步把拥有官职的士绅划为上层，其他士绅则属于下层。[95]总之，士阶层就是高于一般老百姓的一个群体所形成的阶级。不过，张仲礼所谓的高级士绅，因为拥有官职，身兼教育、行政、司法等职位，受到尊敬是可以理解的；但是生员又如何得到农工商人的尊重呢？这就需要对生员的出路进行分析。

根据科举考试相关规定，学生报考科举必须是本地籍贯，而且要有当地具有科名的读书人作保，[96]最后，生员就是从本省各个府州县里读书人里面选拔而来的。这些读书人出身于本地，在获得生员科名而成为塾师后，不会有大范围的流动，而仍然扎根于他们的家乡。齐如山说，一般村子不容易请到外村的塾师，更多地是聘请本地人，而这些本地人除了是塾师外，还要帮村里人打理部分日常事务，一些事务大致如下：

1. 他须管自己家中过日子。

2. 他得照管庄稼，每天总要到田园中去看看，到耕种锄耘的时候，更是离不开。

3. 作为识字之人，他在村中有婚丧事时，要帮忙记账。

4. 村中有小的竞争口舌等情事，少不了要他去说和。

5. 麦熟秋收，必须放学。

6. 过年最少放假一个月。[97]

塾师不仅仅是一种教职，而是与当地人生活的方方面面联系在一起。

村子里的人在生活上与士阶层的关系紧密，如果某户人家要聘请塾师教

95 张仲礼：《中国绅士》，上海：社会科学院出版社 1992 年版，页 4-5。

96 根据规定，各省童生只能报考本县考试，必须同其他同考五人互结，或取得本县廪生的保结，保证考生是本籍贯之人。商衍鎏：《清代科举考试述录》，天津：百花文艺出版社 2003 年版，页五。同样的，生员也只能参加本省乡试，不能跨省报考，没有例外，他们报考前必须取得教官与州县官的保结。如果有冒籍的违规情形发生，考生与负责出具保结者都将受到处罚。素尔纳：《钦定学政全书》卷三十·厘清籍贯，《近代中国史料丛刊》第三十辑，台北：文海出版社（1982 年版），页 549-588。

97 齐如山：《齐如山回忆录》，沈阳：辽宁教育出版社 2005 年版，页 9。

导自己的子弟，都会遵循一套礼仪与程序，以示自己的尊重。一份材料显示孩子（1897 年）入塾时的流程如下：

> 父亲遣余往梁维庵先生所设之家塾读书。入学前半月，父亲择一吉日，在家中书厅举行开学礼。庭中设香案，案上置"大成至圣先师孔子神位，位前焚香点烛。赞礼员请关卿云老师就位，行三跪九叩礼，父亲随之，余在后。礼成，父亲请关老师坐交椅，受余叩头，老师说"不敢当"，乃在椅侧，作揖回礼。[98]

如此简单而慎重的仪式表明老师与学生之间不仅仅是师生关系，还有一种拟亲属化的父子关系。这种情形在乡村尤其带有普遍性，说明塾师的角色极具文化特色。塾师是本地人，与许多人保持较好的关系，与聘请他的人家更会亲近些，还会被视为他学生的家庭视为对孩子有教育权的长辈。

（二）学校教育制度改革对士阶层的影响

在确立了改革方针后，全国读书人都因为改革的法令而受到影响，这些影响体现在以下四个方面：

1. 教师与本地村民的关系淡化

前面提到，在中国传统社会中，老师与学生之间除了单纯的师生关系，还带有一种类似父子关系的亲属化关系；但现代学校教育制度中，教师与本地村民的关系开始疏远，理由在于，首先，新式学堂教师来源有所变化。根据规定，学堂师资不是京师大学堂毕业生，就是日本师范科毕业生；很多教师本身已不再出身于当地，也从未与当地人家有过互动，突然到这些地方任教，要取得当地人家的信任与敬重，与他们的子弟建立一种拟亲属关系，需要一定时间，而且难度加大。其次，课程安排有明确规范，学堂课程与学习期限都有一定的安排，学生必须按照既定安排来学堂上课，没有太多调整空间，不像私塾的教学进度可以随着春耕秋收而弹性变化，配合学生家庭的生活节奏。

包天笑到山东青州的中学堂担任监督的经验是很好的案例。他说自己到了学堂担任监督与教职后，对自身工作感觉到"惭愧"，因为他只是一名生员，而他的学生里却有举人。他认为，"在我们江浙两省中，一个举人，往往目空一

---

98 李绍昌：《半生杂记》，《近代中国史料丛刊续编第六十八辑》，文海出版社 1979 年版，页 5。

切，而自命有绅士资格了"，自己担任他们的老师实在有些为难。在这个新地方，初到外地的包天笑才正要开始与自己的学生建立关系，而他和他的学生都有科名，却没有亲近感，主要就是因为他来自外地。学生见到他，通常会向他"屈膝请安"，以表尊重，但是他因为与学生有距离感，所以认为"屈膝请安，不免带有奴性"，若是"不回礼似乎有点倨傲"，所以把请安礼节一律改成"垂手立正"。实际上，他的小小调整已经使得师生关系起了变化，会让学生们用对待普通人而不是如对待父亲一般的熟人的态度去对待老师，亲近感难以建立。另外，学生们在上课期间遇到春耕秋收，许多学生因此都想请假回家帮忙，包天笑为了给他们提供方便，便与主持学堂事务的士绅商量，把年假暑假改为春季和秋季两个假期，但主持学校事务的士绅说该学堂算是官方设立，放暑假与年假是硬性规定，不能任意更改。[99] 学堂规章条例的硬性规定，或多或少会让学生觉得老师不近人情，阻碍了师生之间原来应有的亲近感。

上述案例基本表明，由于学堂教师来自外地，课程进度缺乏调整空间，导致许多人认为老师不再是传道、授业、解惑的熟人，而是来本地完成工作的陌生人。虽然新式学堂逐渐扎根于中国社会，但教师与当地村民的关系却趋于淡化。

2. 读书经费补助减少

读书人们进入学堂学习，需要经费。在改革之际，官员认为在三级科名对应大学堂的情况下，大学堂吸引的应该是有志向学的读书人，而这些有志之士在入学时不应该考虑膏火，一心向学，因此削减对读书人的经费补助。

1901年，率先提出山东学堂章程的袁世凯说，学堂发给学生廪膳银两不但使得读书人"无以坚向学之诚，反足启喻利之渐"。当然，考虑到部分读书人确实有"寒畯之士"，应该给他们"津贴"，完成学习，但袁世凯没有说明如何提供。[100] 在贵州，巡抚邓华熙认同袁世凯不给予膏火的做法，所以仅对"寒士"提供饭食，但如果学生"有精进考学堂课季课取列前茅者，仍优加奖赏"。[101] 这个做法是仅对成绩优秀者提供奖励，较为折中，而不会把读书人经费一

---

99 包天笑：《钏影楼回忆录》，《近代中国史料丛刊》续编第五辑，页二八六、二九一-二九三。

100 山东巡抚袁世凯：奏办山东大学堂摺，《中国近代教育史资料汇编·学校教育制度演变》，页50。

101 贵州巡抚邓华熙试办大学堂暂行章程，《中国近代教育史资料汇编·学校教育制度演变》，页95。

刀切。

从逻辑上来说，有志向学与想要得到膏火之间并不存在因果关系。亚里士多德曾说过，研究学问的一个必要条件就是"闲暇"，其重点是研究学问必须基于一定的可支配时间基础，而这就要求这个人具有更好的经济能力。没有经济基础的人汲汲营营于生存，当然没有闲暇。

对清代读书人来说，他们也需要一定的经济支持。富裕家庭的子弟如果想要读书，聘请塾师、脱离体力劳动是没有问题的。一般人家的子弟要读书，必需趁着农闲之时；但即便他们没有脱离家里的劳动，塾师的束脩也是一笔额外开支。遇到科举考试举行的时间，读书人到省城或京师的各种费用更是一笔不小的支出，何况这些读书人在历时数月的旅程中完全无法参与农事劳动。通常来说，一个家族一旦决定要让某位子弟读书，必需想尽办法去筹集一笔费用。历史学家蒋廷黻便是很好的例子，他小时候因为在私塾里的成绩不错，所以获得了其伯父的经济支持，得以不断追随更好的塾师或转到更好的私塾里去。[102]学者胡适也是因为被乡里人认为"很聪明、是能够念书的"，所以掌握家里财政权力的二哥让他去上海念书。[103]清代读书人的经济压力在这些子弟获得初级科名后会有所缓解，因为此时他们可担任塾师、幕友等工作，获得收入，还可以考取优秀成绩的方式获得奖赏。所以，清代书院给予读书人膏火，为读书人提供了更多的机会。

在学校教育制度改革之后，所有学生都需要缴交学费，只不过是金额上的差异。小学作为义务教育，只需要缴纳低廉学费，而中学、大学不是义务教育，要缴纳高额的学杂费。而且官方逐步减少乃至于取消对读书人的补贴，造成读书人的读书成本增加。总体来说，学校教育制度改革之后，读书人的读书成本增加，读书机会少了。

3. 读书人的谋生之路趋于狭窄

在新政时期公布了把书院改为三级学堂的谕旨后，担任塾师的读书人开始有了谋生问题，因为新政谕旨里除了规定在全国设立新式学堂和把书院改为三级学堂外，并没有清楚地提及私塾将如何改革。似乎，私塾等于直接被废除了。全国各地有数量众多的塾师，必须妥善安排他们的出路，而按照学

---

102 《蒋廷黻回忆录》，长沙：岳麓书社 2003 年版，页 21-23。
103 藏东：《大师家训·22 位文化大师自述童年启蒙》，北京：中国妇女出版社 2009 年版，页 005。

堂章程新规，他们可以成为新式学堂学生，也可改业成为新式中小学堂师资。

　　然而，这个规定的落实并不容易。根据规定，全国学堂的师资都由大学堂附设师范学堂来培养，也就是说，原本作为塾师的读书人如果想要继续从事教职，必须进入中学堂以上所附设的师范学堂，或京师大学堂师范馆。然而，全国各地的大、中、小学堂才刚刚开始发展，缺乏经费，进展缓慢。塾师想要进入中学堂或大学堂师范馆，根本没有学校可以选择。加之塾师人数众多，入学竞争激烈，难以立即考入。即使考入了京师大学堂师范馆或中学堂，也需要花上几年时间与一笔经费。塾师要按照规定的出路去走，不但会失去现有的谋生手段和经济来源，而且还要自己筹备额外一笔读书经费；最后，他们毕业也不一定有机会在小学堂中谋得一份教职。

　　一些地方士绅碍于政府命令而设立学堂，但却私下仍然延聘塾师来教育自己的子弟，在小学堂风起云涌地出现时，还有不少大户人家延请塾师。[104] 所以，塾师想要维持现状，比较好的选择是继续为地方士绅所聘用，但这又违反了章程要把私塾改为小学堂的规定，必须冒着受到州县官叱责与纠正的风险。结果，塾师作为士阶层的一个主要组成部分，在学校教育制度改革中，失去了赖以生存的谋生资格与手段，又无法顺利转业，出路变窄。

4. 士阶层的社会地位下降

　　士阶层在传统社会中，地位高于农工商人，其重要性的根源，一部分来自他们从科举制度而来，又承担着对审核读书人考试资格的工作，一部分来自他们与本地村民的紧密关系。但是在学校教育制度改革后，科名对应新式学堂，科举考试的重要性有所降低，影响了士阶层的社会地位。当时一位秀才刘大鹏记载道，自1901年对外战争失败后，政府迫于外国人压力而要求停止山西省的科举考试，"不准乡试，考试大典，官不能自主，一任洋夷之言为行止，士气不亦沮丧哉"。科举考试举行了两百年，从来都是按时举行，遇到国家喜庆甚至还要加科考试；但是之后科举考试时办时停，读书人便认为政府屈服于外国，不再重视科举，自己受重视的程度下降。政府行为连带使得民间对士阶层的尊重降低。根据刘大鹏的记载，在1898年的山西，在一听到科举考试有可能废除的风声后，许多人家便不再那么尊重读书人，"近来教书之人往往被人轻视，甚且被东家欺侮，而犹坐馆而不去"。刘氏身为读书人中

---

104 包天笑：《钏影楼回忆录》，《近代中国史料丛刊》续编第五辑，台北：文海出版社（1974年版），页250-254。

的一份子，对这个事实感到很无奈，但却又无力改变，感叹说"世道如此，无人挽之，则迁流不知伊于胡底也"。[105]读书人的社会地位降低，再加上读书人与地方人家生活联系的断裂，使得"读书一事，人皆视同弁髦矣"。[106]不少读书人只能自求多福，弃儒从商，转换身份。

从现代化的角度来说，士阶层衰落符合现代化社会的全民平等的大趋势，对于社会进步是有利的，其表现之一是对现代学校教育与科学技术的抵抗力量已经不再强大。新式学堂因此得以形成体系并全面引进中国社会，而不必像洋务学堂那样零星分布，被隔绝在私塾和书院之外。但是，士阶层在清代扮演着维持社会秩序的重要责任，其功能必须转移到其他政府机构，例如现代行政与司法机构手中。少了这一转移环节，士阶层的衰落就会引起社会问题，例如政府少了在广大农村中的统治辅助力量。

---

105 刘大鹏：《退想斋日记》，光绪二十二年十一月二十四日［1896 年 12 月 28 日］，太原：山西人民出版社 1990 年版，页 65-66。

106 刘大鹏：《退想斋日记》，光绪二十七年五月十七日［1901 年 7 月 2 日］，太原：山西人民出版社 1990 年版，页 99。

第三章　现代学校教育制度的发展：
1902-1905 年

改革方针确立后，在省一级的督抚是实际负责推动改革之人，各省督抚彼此之间不断交流改革过程中的问题与经验，并且与中央官员频繁交流，不断完善改革措施。同时，热心于地方事务的士绅也对改革的推动产生一定影响，他们以自己的知识、经验与对家乡的热情辅助改革，落实改革措施。中央官员、地方官员和地方士绅三个群体在这个阶段的改革措施，主要围绕刚成立的各级学校框架的进一步扎根。当中的许多改革措施开创了学校教育制度的先河，但也暴露出一些问题，对这些改革进展与问题进行分析，可深入了解学校教育制度如何一步步融入中国社会。

第一节　出台学校教育制度政策

自光绪帝颁布新政谕旨之后，一直把"及学生毕业，如何选举鼓励"视为重要议题。如第一章所述，在改革初期，负责相关事务的政务处和礼部就为此特别拟定章程，规定三级科名只授予大学堂毕业生，而中、小学堂毕业生则没有科名或学衔，只有一份凭照。可是，学堂不授予毕业证明，光有这张凭照，并不能保证学生毕业后的出路，读书人也就不会积极想要进入学堂，学校教育制度的推广也就遭遇困难。

自张百熙被任命为管学大臣后，他开始吸收地方举办新式学堂的经验，尝试总结出更有效的方法以激励学生，在 1902 年 8 月，也就是他上任的半年后，颁布了《钦定学堂章程》，开展新的改革措施，其中一个显眼的改革点就是确立了三级科名与三级学堂的对应关系。1904 年，督抚张之洞在总结了下属赴日本考察心得以及以湖北为试点的改革经验后，拟定了《奏定学堂章程》取代《钦定学堂章程》，但也保留了三级科名对应三级学堂的思路，这样的奖励基本确定，一直沿用到清代结束。由张之洞所确定的三级科名与三级学堂对应关系如下图所示。

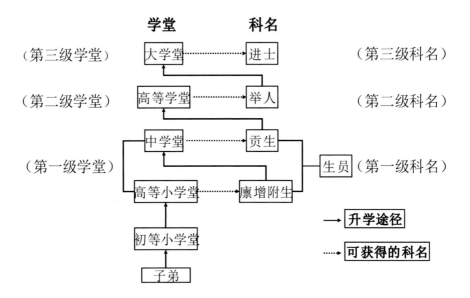

一、拟定学校教育制度相关法令

张百熙在新政开始时，就主张把三级科名对应三级学堂，但他的意见在当时没有被采纳；在 1902 年被任命为管学大臣后，他更积极着手把这个主张作为推动全国学堂发展的手段，付诸实践。在参考了"各国学堂之制"后，[1] 张百熙在 1902 年 8 月 15 日上呈了一份《钦定学堂章程》，里面包含了大学、中学、小学堂的完整规范，即将在全国范围内推广。这份章程是前所未有的，因为清代的私塾与书院从没有过全国统一的规范，而是让各个教育机构在规约、课程上有一定的拟定与执行空间。

（一）确立三级科名与三级学堂的对应关系

在第二章中提到过，1901 年新政刚刚开始时，政务处与礼部颁布了三级

1　奏办京师大学堂疏，谭承耕校：《张百熙集》，长沙：岳麓书社 2008 年版，页 20。

科名均由大学堂颁发的办法，大学堂由此受到更多人的重视，并取得新进展，但由于中小学堂毕业生没有功名，中小学的推广仍举步维艰。张百熙的《钦定学堂章程》就是尝试解决这个问题，特地说明了三级科名与三级学堂的对应关系，为了让规定得到落实，他对孙家鼐和政务处、礼部的中央官员做了大量讨论，从而确定三级科名与三级学堂的对应关系是：小学堂卒业生由中学堂给予附生文凭；中学堂卒业生由高等学堂给予贡生文凭；高等学堂卒业生由本学堂总理教习考过后，送京师大学堂复考如格，由管学大臣带领引见，侯旨赏给举人；大学堂分科卒业生，由大学堂教习考过后，再由管学大臣复考，然后由皇帝赏给进士科名。[2]简单地说，对应关系就是小、中学堂授予生员，高等学堂授予举人，大学堂授予进士。

张百熙的改革措施不同于西方对大学层次以上的教育才授予学位的做法，但他乐观地认为让三级学堂分别授予三级科名，可让学堂吸引更多读书人入学，并且可以让一些原本打算参加科举考试而不愿进入新式学堂的读书人也有动力如下，如此，学校数量势必会增加，达到鼎盛的状态。[3]在新式学堂毕业生基数大增的基础上，从中选拔的新式人才势必是精英，足以解决各种内忧外患。张百熙当然也知道这样的措施可能让学堂吸引一些贪图奖励的读书人，辜负了改革的初衷，所以在《钦定学堂章程》中做了预防措施：高等、中、小学堂招收学生时必须要求报考者持有"出身文凭"，也就是次一级学堂毕业的证明，而且必须经过严格的招生入学考试，入学后还得随时参加平常考核。如此，学生就会按照相关规定安心学习，在层层考核下，学生能力也有了保证，他坚信"一年之内，各省必将高等学堂暨府、厅、州、县中、小学堂一律办齐"。[4]

把三级科名对应三级学堂从而吸引更多学生入学的主张，实际上在新政时期早期就已经有士绅与官员提出过，而当时之所以没有采用这个主张，主要是基于两点考虑，一是降低了中低层级科名所代表的知识水平，会遭到现有生员与举人的反对；另外就是可能导致学堂吸引大量为功名利禄而来的心

---

2 《钦定京师大学堂章程》第四章学生出身，《中国近代教育史资料汇编·学校教育制度演变》，页 254。

3 进呈学堂章程摺，《张百熙集》，长沙：岳麓书社 2008 年版，页 27。

4 《钦定小学堂章程》、《钦定中学堂章程》、《钦定高等学堂章程》、《钦定京师大学堂章程》第四章全学纲领，《中国近代教育史资料汇编·学校教育制度演变》页 268、276、286、244。

术不正之人，他们一定不会安分学习，也不太可能成为创新人才，洋务学堂的老问题会再度发生。当时的官员对于这两个问题没有合理的解决方案，而张百熙在《钦定学堂章程》中敢于再度提出这个主张，主要原因之一是他把科举考试的形式嫁接到了新式学堂中，让学堂可经常考核学生，就如同教官可随时考核生员一样，这就让学生的学习树立了一个外部力量，督促读书人认真学习。至于已有科名读书人的反对意见，张百熙也做了考虑，其做法是对这批人以合理的方式进行安置，这一系列举措在下一节有更详细的阐述。所以《钦定学堂章程》的关于三级科名对应三级学堂的被更多官员所认同，开始施行，并持续到清代结束。

（二）减少科举制度对新式学堂制约

新式学堂建立后，开始吸引了学生入学，但由于政策的不足和漏洞，不少人利用学校以利于自己参加科举或是获取科名。许多官员意识到，科举制度对于新式学堂的发展是有制约作用的，若想要发展新式学堂，必须减少科举制度对新式学堂的制约作用，让二者各司其职，新式学堂负责培养创新人才、科举制度则是选拔人才。

1. 科举制度对新式学堂的制约作用

张之洞在地方办学颇有经验，且多次派遣人赴日考察，他应该是较早看到科举制度对新式学堂有制约作用的人。他认为，科举制度对《钦定学堂章程》中的新式学堂的制约体现在以下三点：

第一，学生在学时间的落实。《钦定学堂章程》虽然对学生在学校学习的时间做了严格规定，但没有具体措施可让规定落地。一直以来，私塾与书院并没有关于上课时间的强制要求，读书人可以合理规划读书时间，但是，《钦定学堂章程》明确规定学生必须随时在堂学习，出勤若达不到基本要求，学生就可能被退学。[5]如此严格要求虽然有其合理性，是为了保证创新能力的培养，但是这样的要求对于一些学生来说很难做到，包天笑说道，当时有不少贫家子弟"务农为生，要在农隙时，方才读书，谁能舍弃农业而出门读书呢？"[6]对于家庭经济条件不高的子弟来说，他们是家里的重要劳力之一，要学习尚

---

5 参考各学堂章程中的"各种规则"或"堂规"，《钦定小学堂、中学堂、高等学堂章程》，《张百熙集》，页91、101、133。

6 包天笑：《钏影楼回忆录》，太原：山西人民出版社1990年版，页二八六。

要找工作闲暇之余，要时时刻刻待在学堂更是严苛。对这些人家来说，让自己子弟像以往那样依自己的时间来读书然后去参加科举考试显然是更经济而有效的。这样的心理，就为学堂里的学生去参加科举考试留下后路，使得科举制度对新式学堂产生影响。

第二是学生参加科举考试的规定。《钦定学堂章程》在学生报考科举考试方面没有明确规定。这当中的问题是，新式学堂学生有可能在学习期间，缺课去参加科举考试，从而耽误学习进程；一旦考取科名，就更不会回到学堂继续学习，创新人才的培养也就半途而废。

这样的例子有不少。蒋梦麟在 6 岁时（1892 年）进入私塾学习时，心向科举，到 15 岁考入浙江高等学堂后，还一边学习一边准备"郡试"，而后在取得生员科名后，回到学堂继续学业，"接受新式教育"。[7] 这种情况连京师大学堂也不时发生。1903 年 8 月，浙江学政为该省籍两位师范馆学生请求京师大学堂给予一个月假期，一位是回乡参加乡试生病未愈，另一位是为了准备参加 1904 年的贡试。[8] 他们参加完科举考试都不回新式学堂了。约在同时，江西籍的三位师范馆学生也为了参加乡试而请假，后来，其中一位中式者不及回堂，江西学政甚至替他向大学堂请求续假一个月。[9] 这里无法确知"来不及"这个理由的真实性，但可以确知的是这些学生没有回到新式学堂学习。这些事例指出：对读书人来说，科举考试与学堂都是取得科名的途径，在学堂学习不妨碍他们参加科举考试，但从创新人才培养的角度来说，培养进程是中断的。

第三点，让京师大学堂单独招收学生。《钦定学堂章程》考虑到新式学堂初始设立，中小学不普及，京师大学堂作为最高学府，一时没有生源，为了不闲置，故要求各省选送学生进入大学堂的预备科与速成科，[10] 同时让这两科先开办和招收学生。不论是选送还是自行招收学生，其客观标准还是科名，以 1902 年奉天省为预备课和速成科选送的读书人名单为例，被选送的五名学

7　蒋梦麟：《西潮》，天津：天津教育出版社 2008 年版，页 20，45，51-52。

8　浙江学政为周钜炜、李思浩请假事咨大学堂，《北京大学史料》第一卷，北京：北京大学出版社 1993 年版，页 379。

9　江西学政为学生请求续假事咨大学堂，《北京大学史料》第一卷，北京：北京大学出版社 1993 年版，页 379。

10　根据《北京大学史料》第一卷页 361 所载的学政文牍，京师大学堂要求各省必须咨送学生来京师大学堂肄业，配额是"大省七名、中省五名、小省三名"。

生全都有附生或贡生等科名。[11]这就使得科举制度影响了京师大学堂，因为对读书人来说，进入京师大学堂的预备科和速成科是一个很好的选择，而这个选择需要科名，至于科名是从科举考试还是从学堂取得则不是重点。结果，张百熙这个规定原来是要让京师大学堂的宝贵教育资源不闲置，但却吸引了一批读书人不按部就班学习，而是一边准备科举考试，在获得科名后直接报考京师大学堂，相当于现代的跳级概念。

结果，读书人不论在哪一级的新式学堂就读，仍然热衷于科举考试热心，全国学堂的学生来源与数量不能保持稳定，就难以永续发展；读书人不在学堂中按部就班学习一定年限，就无法积累足够知识，难以达到预期程度。张之洞基本注意到这个问题，在一份奏摺里提到"不先多开小学，而骤入中学，徒务虚名。不通中学而强入大学，则根柢不清，讲授无序，师劳徒昧，苦而无得，欲速反迟"，[12]暗示了《钦定学堂章程》中的各级新式学堂还是受到科举制度束缚，难以达到培养创新人才的目标。

2. 减少科举制度对新式学堂的制约

以张之洞为代表的官员们意识到，必须尽快让学校脱离科举制度的制约，各自发挥功能。他联合督抚袁世凯，在1903年提出了两个解决方法，第一个是递减科举考试的录取名额，而后把录取名额转移到学堂，如此，可使得科举之路逐渐减少，而新式学堂授予科名的名额增多，尚未有科名的读书人就会趋于进入学堂。第二是在递减科举考试名额的同时，尽快对已经获得科名的读书人（包括举人、贡生、生员），根据其年龄安排进入新式学堂，具体措施有：三十至五十岁者"可入仕学、师范速成两途"；五十至六十、以及三十岁以上不能入速成科者应给予出路，可"再科大挑，或拣发一次，或岁贡倍增其额，或多挑誊录"，给予一官半职；六十岁以上者给予职衔，亦可任其作为学堂师资。

这两个办法在理论上是减少科举制度的功能，从而降低其对新式学堂的制约作用，张百熙见到张之洞的意见后，也赞许张之洞在学务方面的先见之明以及解决学堂章程弊端的能力，并认为他有能力拟定一份更为完善

---

11 奉天学政为选送师范生事咨大学堂文，《北京大学史料》第一卷，北京：北京大学出版社1993年版，页362。

12 湖广总督张之洞：筹定学堂规模次第兴办摺，《中国近代教育史资料汇编·学校教育制度演变》，页111。

的章程。[13]张之洞和袁世凯两人后来把缩减科举录取名额的意见具体写入了《奏定学堂章程》，让所有已有科名读书人、官员、没有科名的儿童分别依据年龄而不是科名进入三级学堂：三十岁以下者全部进入三级学堂学习；三十至五十岁者"可入仕学、师范速成两途"；五十至六十、以及三十岁以上不能入速成科者应给予出路，例如"再科大挑，或拣发一次，或岁贡倍增其额，或多挑誊录"，也就是给予一官半职；六十岁以上者则给予职衔，亦可任其作为学堂师资。张之洞向光绪帝建议严格施行这些办法，"务期科举逐渐而尽废，学校栉比而林立"，[14]表现出把新式学堂与科举制度分离，使学生安心在新式学堂学习的改革决心与信心。

以年龄作为新式学堂的入学标准，标志着学校教育制度融入中国社会的一次有利尝试，从根本上减轻了科举制度对新式学堂的制约，有利于新式学堂发挥创新人才培养功能。这还说明了官员意识到科举制度是选拔人才机制，而新式学堂是培养人才机制，两者应相辅相成，以往的以考试带动学习，政府只管选拔不管考试的旧教育观，是一大进步。这也为学校教育制度的进一步融合做了铺垫。

（三）促进新旧制度的衔接

《奏定学堂章程》让全国人才根据年龄而不是科名而进入各级新式学堂，学习西学后，学堂开始步入发展的轨道；但旧教育制度所遗留下的、并且未在先前的一系列改革措施中得到解决的两个问题还需要进一步给予关注与修正。

1. 妥善安排已有科名的读书人

首先是全国从科举考试而获得科名的读书人与官员如何定位。从 1898 年戊戌变法到《钦定学堂章程》颁布的这段时期，读书人与官员一直被视为有资格直接进入京师大学堂的一群人，而官员甚至有权利选择是否进入大学堂学习；在 1902 年的《钦定学堂章程》中，张百熙仍为已有科名的读书人做了特别安排，"原系进士者，不必再入高等学堂"；"原系举人者，不必再入中学

---

13 张百熙等：奏请添派重臣会商学务摺，《中国近代教育史资料汇编·学校教育制度演变》，页 296-297。

14 袁世凯、张之洞：奏请递减科举摺，《中国近代教育史资料汇编·学校教育制度演变》，页 533。

堂肄业"，"原系贡生者，不必再入小学堂肄业"，[15]并让入学的生员和举人科名在毕业后可以获得更高一级的贡生或进士科名；不过，京师大学堂的仕学馆和进士馆可以继续直接招收已有科名的读书人。

《钦定学堂章程》规定的办法在张之洞看来存在一个缺点：从科举制度出身的读书人与官员学习的是儒家经典，与新式学堂教授的西学格格不入，把这些人安排进新式学堂，势必会由于他们的西学知识基础欠缺，影响学堂的教学进程。因而，张之洞认为不应该根据读书人和官员的科名而安排他们进入三级学堂。他在 1902 年 3 月 9 日写给袁世凯和刘坤一的信中主张，在京城设立一个"仕学院"，让"四品以下京堂翰林、科道部属及在外京官，入其中观览讲习"，并与外国教习讨论法律、财政、兵事等问题。[16]在张氏眼中，官员并不需要进入京师大学堂学习，而是到一个特地为官员设立的咨询机构，系统性地学习西学知识。[17]张之洞在湖北试行了这个观点，"延聘东西各国专门通儒为讲友"，"令本省各官讲求中西各门政治之学，不限数额"，[18]让湖北的官员都到咨询机构里学习。

张之洞在 1904 年的《奏定学堂章程》中以更详尽的条文将此想法付诸实践，规定是新科进士由于从科举制度而来，缺乏西学知识积累，必须在仕学馆里学习法律，外交，理财，农工商学等科目，为期三年，而后上任相关职务。当然，张氏还考虑到规定施行的弹性化，他允许年龄在三十五岁以上、西学知识基础不足的进士，可直接分派到各省担任知县，让他们在当地省份仕学馆或课吏馆里学习。[19]现任官员也要学习西学，张之洞先是强调在以后要开办"分科大学"，让招收官员的仕学馆依照进士馆章程办理，随即又在 1904

---

15 《钦定京师大学堂章程》第四章学生出身，《中国近代教育史资料汇编·学校教育制度演变》，页 255。

16 致京袁致台、江宁刘制台，《张之洞教育文存》，北京：人民教育出版社 2007 年版，页 377-378。

17 张之洞在一封信中提到，湖北仕学院附属于"教吏馆"；从教吏馆并非面向所有读书人招生的情形来看，仕学馆并不属于湖北学堂体系，而更接近一种咨询机构。札委丁韪良充济美学堂总教习兼仕学院讲友，《张之洞教育文存》，北京：人民教育出版社 2007 年版，页 403。

18 筹定学堂规模次第兴办摺，《张之洞教育文存》，北京：人民教育出版社 2007 年版，页 410。

19 《奏定进士馆章程》立学总章第一、入学规则第三,《中国近代教育史资料汇编·学校教育制度演变》，页 443、445。

年 5 月以进士、仕学两馆课程重复为由，将两馆合并为一，[20]把所有新、旧进士都安排进来。从进士馆在层次等同于中学堂的制度设计来看，张之洞认为现任官员只要稍微懂得西学即可，不需要像其他学生一样从基础开始一步步学习到高阶层次。

2. 赋予新式学堂以科名授予权

上述已经提到，《奏定学堂章程》为了使学堂能够脱离科举的制约而独立发展，用年龄代替科名作为入学资格的审核标准。但此时，学堂中的学生们毕业后仍然被授予科名，科名还没有完全从学堂中分离出来，这个办法还是在无形中把学堂与科举制度挂钩；在科举作为唯一选官途径的情况下，如何让学校和科举各自肩负起培养人才和选官的功用，既能够相互配合又互不牵制，变得十分关键。张之洞认为科名是联系二者的纽带，只要把科名进行适当定位，就可解决问题。

把科名定位的方法就是赋予新式学堂以科名授予权。张之洞在《奏定学堂章程》中提到，升入中学与高等学堂的学生，"即受朝廷名器"，具有文官资格，所以学堂"断不能尽容考送之人"，学生也"不得仅凭学堂之录取，遽予以出身"。[21]借由这段话，张之洞向全国表明了学堂也授予科名，会像科举考试那样严格考核读书人；学校不附属于科举制度，有自己的科名授予权利，[22]但是学校的科名与科举制度一样严谨，有公信力。

为了确保新式学堂的科名授予权行使，《奏定学堂章程》规定学堂教师、州县官、督抚、学政协同合作，严格审核读书人的毕业与升学资格：在毕业方面，高等小学堂、中学堂分别由州县官、知府考试后给予毕业证书，高等、大学堂分别由主考会同督抚与学政、总裁会同学务大臣考试后予以相应科名；[23]在升学方面，高等小学堂毕业生考入中学堂后必须再经过学政复试；中学堂

20　进士馆沿革略，王学珍编：《北京大学史料》第一卷，北京：北京大学出版社 1993 年版，页 158。

21　《奏定各学堂考试章程》，《中国近代教育史资料汇编·学校教育制度演变》，页 515。

22　张之洞在 1901 年时就已经提出了这种主张，希望把科举考试规定进行改革，"令与学堂并行不悖，以期两无偏废"，促使两者分别发挥选材与育才作用。会奏变法自强第一疏，《中国近代教育史资料汇编·学校教育制度演变》，页 19。

23　主考与总裁都是由皇帝选派的考官。《奏定各学堂考试章程》，《中国近代教育史资料汇编·学校教育制度演变》，页 520。

学生考入高等学堂后由督抚会同学政进行复试。[24]至于在学堂学习却没有能够通过上述两道考试的学生，则可以获得"修业期满凭照"、"修业年满凭照"或"执照"，不授予科名。虽然学堂的入学仅仅依据年龄为标准，并且初等小学堂面向全国学龄儿童开放，但经由毕业与升学审核这两道程序，仍然能够以宽进严出的方式，根据学生成绩分别给予毕业证书与科名，保证了进入高一级学堂的生源水平，同时也保证了潜在官员的能力水平。

这样，学堂所授予的科名仅仅是作为学生在学期间的知识积累的肯定，独立于科举的选官体系；并且学校对于科名的授予也具备了严格、严谨与权威性，不会让科名泛滥，扰乱科举考试的选拔文官作用。与以往私塾与书院完全依附于科举制度，政府只重视选拔而轻培养，《奏定学堂章程》表明政府让新式学堂和科举制度分工合作，各自发挥育才与选材功能的态度。此时的科名，还象征了受过的教育年限，在内涵上有些类似学位制度，一些研究因此指出，晚清新政时期的科名改革使科举考试向现代学位制度迈出了第一步。[25]这个举措有利于学校教育制度在中国的进一步生根发展。

二、加大新式学堂的改革力度

在筹办京师大学堂之际，张百熙就认为日本模仿西方改革颇有成果，"派员考察一层，为必不可少之举"，向光绪帝报告说自己打算选派适当人选赴日考察。[26]在地方，不少督抚更早就开始派遣人员赴日考察，企图借鉴其成功经验，例如湖广总督张之洞、浙江巡抚廖寿丰、四川总督奎俊，在他们之中，以张之洞派遣考察的人数与次数较频繁，且与幕僚、外国教育家、其他督抚都有较多的讨论，办学成果最为显著。借由多位官员对外国学校教育制度的认识逐渐深入，清政府随即把私塾与书院一律改为三级学堂，开始了教育机构的改革进程。

24 《奏定各学堂考试章程》，《中国近代教育史资料汇编·学校教育制度演变》，页515-516。学政对刚升入中学与高等学堂的学生进行复试，淘汰一些成绩不够优秀的学生。升入大学者虽然也要经过学政考核，但因为已经在学堂学习了许久，故"所取之人数"，"不限以定额"，资格审核相对较为宽松。

25 周谷平：近代中国学位制度的历史演变，《高等教育研究》，2002年第23卷第四期，页98、许德雅：近代中国科举制度向学位制度演进的历史轨迹，《高教研究》2007年第四期，页5。

26 张百熙奏筹办京师大学堂情形疏，《北京大学史料》第一卷，北京：北京大学出版社1993年版，页53。

清代教育机构改革历经了一个复杂过程，但这个过程可以概况为把两级教育机构改为小中大三级新式学堂。早在戊戌变法时期，官员大多关注书院的改革，对私塾的改革没有给予足够关注；再加上当时科名只对应大学堂，改革对许多童生、生员和举人产生不小的负面影响。这两个因素导致除了设立京师大学堂之外的改革在戊戌政变后全被废止。1901 年光绪帝再度命全国书院改为三级学堂，并且在 1902 年后确立了三级科名对应三级学堂的方针；在这之后，改革对读书人与官员的影响也被考虑进去，教育机构改革工作也得以顺利展开。这些考量和举措使得新式学堂在中国得到了蓬勃的发展，而不再简单停留于学习西方教育制度的外在框架。在这段时间，三级学堂既有从原来教育机构改革而来的部分，也有新设的部分，其改革幅度要比前段时期更为广泛而系统，如下图所示。

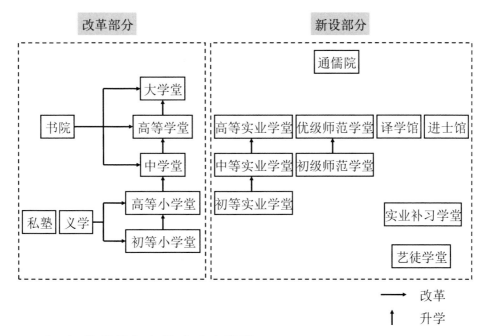

（一）将私塾与义学改为小学堂

不少官员与士绅早就认识到小学堂的重要性，例如在戊戌变法之际，担任直隶州知州的姚锡光在考察日本经验的基础上指出，"中国无小学、中学之培植，而言练陆军、习专门，是无山林渊薮而求渔猎也"。[27] 那么，小学堂究

---

27 姚锡光：《东瀛学校举概》，《教育考察记》上册，杭州：杭州大学出版社 1999 年版，页一-二十二。

竟要从私塾还是从书院改革而来呢？一般官员主张后者，因为，清政府一向就不对义学与私塾进行直接干预，只是通过科举考试对其进行调控；而且，在官员眼中，私塾在程度上只能类比为西方人的家庭教育阶段，称不上有小学堂的程度。例如张之洞就认为私塾应当是对入小学前的儿童进行家庭式启蒙教育的场所，他说，"十岁以下幼童，举动需人保持，断非学堂所能管理，只可听民间自设家塾及义塾教之，外国所谓家庭教育是也"。[28]显然，他不认为既招收四五岁小儿、又同时招收从业青年的私塾是正规的社会教育机构，对私塾的地位比较轻视。办学颇有经验的督抚尚且如此，也就可以理解为什么多数官员都只注意书院的改革而忽略了私塾。新政时期开始，光绪帝只是命令私塾和义学"亦应兼习中西"，[29]没有明确指出这些初级教育机构在改革后的学堂层级中的明确位置。在这样的社会大环境下，虽然有以康有为为代表的极少数官员，主张将私塾与义学改为小学堂，[30]但他们的呼吁不能引起更多人的支持，在戊戌政变后也就自然而然地停止了。

到了1902年，张百熙建议把私塾改革为蒙养学堂（也就是日本国内的初级小学堂），让全国"各省、府、厅、州、县原有义塾"，"一律核实改办为公立蒙学堂"；"家塾招集邻近儿童附课就读，及塾师设馆招集幼徒在馆肄业者"，也改办为"自立蒙学堂"。这样做的理由是，他认为蒙学堂的作用在于"培养儿童使有浅近之知识，并调护其身体"，而小学堂的作用则在于"授以道德知识及一切有益身体之事"；所以，私塾更类似蒙学堂而不是小学堂。在把私塾改为蒙学堂的办学方针下，张百熙要求全国官绅"竭力督劝"蒙学堂，"俾使儿童咸有成就之始基"，以劝导方式推动各地儿童入学；其次，要求蒙学堂最多只能向儿童每人每月收取三角的学费，[31]在不对家庭造成太大负担的同时，还可以让这种新设的教育机构能够有经费持续发展。总督张之洞认可张百熙的这一改革私塾的举措，认为与其把私塾看成是西方的家庭教育，不如把它

---

28 筹定学堂规模次第兴办摺，《中国近代教育史资料汇编·学校教育制度演变》，页102。

29 章开沅编：《清通鉴》4，长沙：岳麓书社2000年版，页809。

30 当时身为工部主事康有为建议改"乡邑淫祠为小学堂"，而不少义学就是在庙宇和祠堂中设学的。参考：请饬各省改书院淫祠为学堂摺，《中国近代教育史资料汇编·戊戌时期》，页112。

31 《钦定蒙学堂章程》，《中国近代教育史资料汇编·学校教育制度演变》，页290-294。

们全部改成蒙学堂，"略如义塾之例，以多为贵"；使这些教育机构发挥更大的养护儿童身体的作用，"以抚育孩提而驯之于姆教"。[32]

不过，日本考察结果却让官员意识到，仅把私塾看成是蒙学堂并不够全面，因为西方小学的作用比他们所想象的更加宽泛、更加深刻。1903 年，日本教育家嘉纳治五郎向奉张之洞之命赴日考察的缪荃孙提示说，"养成全国人民之精神德业"乃是教育的根本，而小学尤其在这方面起到重要作用。[33]显然在这个日本教育家眼中，小学不是教导浅近知识并调养身体的场所，而是一个培养儿童道德与国民精神的重要教育机构。当时也在日本考察的吴汝纶认为日本"车马夫役，旅舍佣婢，人人能读书阅报"的情况，与小学普及有直接联系。[34]吴汝纶进而推论，从私塾教导从业农工商青年的事实来看，其作用与日本的小学堂颇为相似，二者都发挥着教育国人基本读写能力和道德感的重要作用。在考察者得出了这样的认识结论后，国内很多官员也都表示了认同，于是开始有官员提出私塾应该全部改为小学堂。

对于私塾应该改为蒙学堂还是小学堂的问题，张之洞打算参考日本的经验，把私塾改为培养全国国民读书识字的小学堂，因为他认为日本国力强盛的关键在于"邑无不学之户，家无不学之人"，小学堂普遍，创新人才基数庞大。他设想，把全中国儿童都纳入小学堂，那么更高层级的学堂也将有稳定优秀的生源，也可迅速提升国力。此外，日本教育家辻新次也不断向张之洞的幕僚强调，"贵国今日之情势，非急兴国民教育，尤不足以抗列国"，[35]正好

---

32 筹定学堂规模次第兴办摺，《张之洞教育文存》，北京：人民教育出版社 2007 年版，页 405、411。

33 《日游彙编》序一，《教育考察记》下册，杭州：杭州大学出版社 1999 年版，页四八四。

34 与张尚书九月十一日，《吴汝纶日记》三，页四三五。

35 帝国教育会会长辻新次氏谈片，《东游丛录》函札笔谈页八十五，《教育考察记》上，页三八〇。当时另一位日本学者日户胜郎也指出，"清国教育下手之第一著，莫急於先起师范学校，以造各省小学校之教员，养成教员者，是教育上最先最大之急务也。北京大学者，於名义虽曰大学，其实际教课，应采吾国中学校以上，高等学校以下之程度，其养成各地师范学校教员之专门科，则别立之。观各国教育历史，无论何国，其初皆自上级与下级相应而发达，渐为中间联络。於一方图小学校之普及，於一方起大学，从上下两端，渐及中学校教育制度度，是其常也。"日户主张中国先办师范学校，但师范学生主要是担任小学教员，所以其主张归根也是先办理小学。日户胜郎来书，吴汝纶：《东游丛录》函札笔谈页一-二，《教育考察记》上，页三五九。

与张之洞的基本主张不谋而合。在这样的前提下，小学堂从原本遍布全国的私塾改革而来，显然要比从书院改革而来，能发展得更快、更普及。

之后，张之洞被任命与张百熙共同拟定新学堂章程时，便开始着手实践这个主张，调整张百熙的改革政策，在《奏定学堂章程》中明确把私塾改革为初等和高等小学堂。在章程中，他首先明确了小学堂的宗旨，说"初等小学堂为教成全国人民之所，本应随地广设"，高等小学堂以"扩充国民之知识，强壮国民之气体为宗旨"，在整个学校教育制度中具有绝对的重要性。因此，各省、府、厅、州、县应立即把以往义学、私塾的经费或没有明确用途的公费拿来办理初等和高等小学堂；但由于官方经费有限，不足以达成目标，所以士绅积极出钱出力设立小学堂者可以得到奖励。

这些法令规定说明张之洞把西方强制施行基础教育的观念引进，把私塾改为小学堂，为人才培养打下基础。当然，张之洞也考虑到中国刚开始兴学，不可能立即像西方国家强迫教育那样施行强迫、普及与免费原则，所以采取了渐进方式改革方式，包括：以地方官绅劝勉各家长将其子弟送入学校，代替强迫入学法令；鼓励地方士绅捐款，辅助官方推动小学堂；以官立小学堂"永不令学生补贴学费"的方式，保障农工商家庭的基础教育机会。[36]

官员从最早把私塾看成是家庭教育和启蒙教育，到此时期把私塾改成小学堂，并发动民间士绅力量积极参与，呈现出清末新政时期官员们对于学校教育制度的理解有所深化，并灵活调整改革措施。为了避免自己对改革的判断产生错误，还经常考虑和借鉴一些西方国家或日本的经验，而后将之与中国国情相结合。

（二）发展其他类型的新式学堂

赴日考察的官员在考察过程中，见到了日本除普通学堂外，还有各种实业学堂。士绅盛宣怀最早指出日本有师范、农工商学校；郑观应也发现日本自维新后，除三级学校外，"又有师范学校……商业主计学校、职工学校、高等工学校、美术学校、农林学校、商船学校、电信学校，综其细目，几于屈指

---

36 章程提到，由公款设立者称为初等、高等公小学；由私人出资设立，私塾招集30名以上儿童上课，或塾师招集儿童授业者，可称为初等私小学；由一人出资独力设一高等小学堂者，名为高等私小学，《奏定初等小学堂章程》、《奏定高等小学堂章程》，《中国近代教育史资料汇编·学校教育制度演变》，页300-301、315-316。

难尽"；[37]罗振玉、吴汝纶等到日本考察学校教育制度的官员也注意到普通学堂以外的各级各类学校，并在考察报告中极力推崇。[38]以日本学校教育制度作为参照系，张百熙、张之洞等负责改革工作的官员除了建立新式的三级学堂外，还设立了以往从没有过的教育机构，例如培养师资的师范学堂，培养农工商子弟的实业学堂，培养新科进士的进士馆和提供官员进修的仕学馆等。这些专门学堂作为普通学堂的有机补充，为培养各种具有专门技能的人才发挥了重大作用，同时也在一定程度上改变了中国只重儒术而轻技能和实业教育的传统，使得中国的教育体制更为完整和科学。下面，将就改革派官员们为推动这些专门学堂的发展所做的努力做以系统介绍。

1. 初级与优级师范学堂

许多官员都知道西方学堂分为小中大三级，其中小学数量最为庞大，而且有专门的教育机构来负责培养教师，以保证各级学堂、尤其是小学堂的充足师资。郑观应在《盛世危言》中就指出西方"欲为师者，则有师道院"。[39]当下的中国要仿照而普遍设立三级学堂，势必需要大量教习。不久后的 1897年 3 月 5 日，《申报》也刊登了一篇文章，盛赞盛宣怀设立中国第一所师范学堂具有重要意义，"京卿知中国之不振，则因乎无人才；所以无人才，则因乎不能兴学；所以不能兴学，则因乎师之不得其教。故特设师范学堂……"。[40]

不过，在清代传统学校教育制度中，没有培养教师的特定教育机构。读书人只要通过参加科举考试，取得生员资格后，自动成为塾师；取得举人科名者则任书院山长，或者开馆，可对生员与童生授课。培养师资的教育机构是一项新事物，而且其意义非常重要。

如前述的《申报》所说，盛宣怀是最早设立专门师资培养机构的人。他在 1898 年设立南洋公学时，就在学校里附设了师范学堂，专门培养教师，并让师范学堂学生就地以本校小学堂学生为对象进行见习和实习。他认为用这种培养师资方式颇有成效，"师范诸生且学且诲，颇得知行并进之益"，

---

37 《盛世危言》卷二·礼政·学校上，北京：华夏出版社 2002 年版，页 97。

38 罗振玉提到日本有师范，武备、矿产、工业等学校，《日本教育大旨》页二-八。
吴汝纶也指出日本有医学、音乐、农工商实业学校，《东游丛录》页十-二十六，
《教育考察记》上册，页二三四-二三七、页二四七-二五一。

39 盛宣怀：《盛世危言》卷二·礼政·学校上，北京：华夏出版社 2002 年版，页 92。

40 论盛京卿创设师范学堂之善，《中国近代教育史资料汇编·实业教育 师范教育》，
页 629-631。

不仅师范生能够把所学知识在实践中运用，巩固加深对知识的掌握，中、小学也可获得优秀师资，"上中两院之教习，皆出于师范院，则驾轻就熟"。[41] 南洋公学自行培养师资的案例，为其他督抚成立专门教授教育学的师范学堂提供了一个典范，负责学务的官员与士绅开始也思考设立专门的教育机构来培养三级学堂的师资，以应付三级学堂在日后迅速扩大发展时，对师资的大量需求。

1902 年 2 月 13 日，身为管学大臣的张百熙向光绪帝陈述，在京师大学堂立开办速成科（包含师范与仕学两馆），让其中的师范馆先招收有生员、举人科名的读书人，培养他们成为教师。入馆的生员和举人在毕业后可以被授予举人和进士科名，而后去担任小、中学堂教习，[42]学堂的师资也就有了着落。半年后，（1902 年 8 月 5 日）张百熙对师资培养作了更系统的思考，将师范馆的招生资格，课程，学科阶级等相关法令更具体地写到《钦定学堂章程》中，[43]要求各个高等学堂和中学堂都附设师范科，以培养低一级新式学堂的教师。[44]这一举融合了中国科举制度的做法，延续了较高科名者可以担任较低科名者师资的惯例，让各级学堂更有效地承担起培养低一级学堂师资的职责。

在张百熙推出上述举措的同时，张之洞也在思考培养中小学师资的方式，而他基于自己的丰富办学经验，按照自己的思路去进行。他早在 1898 年派遣姚锡光考察日本教育后，便得知日本为了保障小学发展而设立了高等与寻常师范学堂，前者培养后者的师资，后者培养全国中小学堂的师资。加上南洋公学的示范作用，张之洞立刻结合这些做法，在湖北省城设立了专门的师范学堂，开设教育学、学校管理法等课程，培养专业的中小学堂教师。根据规定，湖北师范生还必须在师范学堂附属的小学堂进行教学实习，锻炼教学能力。张之洞的办学取得了不错的成效，吸引了其他省份督抚的注意，纷纷前来观摩。时任直隶总督的袁世凯就在 1902 年的《中学堂暂行章程》中对张之

---

41 盛宣怀：奏为筹集商捐开办南洋公学摺，《中国近代教育史资料汇编·戊戌时期教育》，页 269。

42 张百熙奏筹办京师大学堂情形疏，《北京大学史料》第一卷，页 53。

43 《钦定京师大学堂章程》第九-十一节，《中国近代教育史资料汇编·学校教育制度演变》，页 251-252。

44 《钦定高等学堂章程》、《钦定中学堂章程》《中国近代教育史资料汇编·学校教育制度演变》，页 265、272。

洞创建的省城师范学院大加赞赏，肯定了师范学堂对于湖北新式学堂的推动作用。[45]

张百熙在见到张之洞的成果后，开始认同这种师资培养方式，他向光绪帝奏陈《钦定学堂章程》本就是一种原则，存在修改空间，现今湖北学堂办法既然有成效，当然可把张之洞的办法加以推广。[46]1904 年，张百熙与张之洞两人奉命重新拟定师范办法时，《钦定学堂章程》就明确提到"师范馆章程"只设置京师大学堂，施行范围仅限京师，很难承担起培养全国教习的繁重任务，[47]他们对师范学堂的改革措施可以三个方面进行说明：

第一，设立一个两级师范学堂系统。系统包含优级师范学堂和初级师范学堂，其中，优级师范学堂作为初级师范与中学堂的师资，招收初级师范学堂或中学堂毕业生；初级师范学堂培养小学师资，可招收高等小学堂毕业生。两级师范学堂中的学生需要特别学习教育学。与 1902 年《钦定学堂章程》的规定相比，两级师范学堂的衔接关系更加明确，可更有力地保证高级师范毕业生的专业能力。

第二，保证师范学堂的生源。章程对师范学堂毕业生提供较优渥的奖励，以吸引更高素质的读书人入学，例如优级师范学堂毕业生可被授予举人科名，并"以国子监博士尽先选用，并加五品衔"；初级师范学堂毕业生在授予生员科名外，也可"以国子监助教尽先选用"。[48]这些措施让师范学堂毕业生不但获得科名，而且可立即进入国子监担任教职，从理论上可让师范学堂吸引资质较好的读书人报考，确保生源。至于科名有可能让新式学堂吸引心术不正的读书人的问题，暂时先搁置，毕竟，只要有了稳定生源，才能保证学生素质。如果没有生源，则是连基本培养都谈不上。

第三，把已有科名读书人纳入师范学堂体系。由于各种新式学校培养合格人才都需要一定周期，所以在成立最初几年势必无法提供充足的毕业生；而师范学堂的生源又都是高等小学堂和中学堂的毕业生，因而必将面临生源

---

45 筹定学堂规模次第兴办摺，《中国近代教育史资料汇编·学校教育制度演变》，页102。

46 遵旨议奏湖广总督张（之洞）等奏次第兴办学堂摺，《张百熙集》，长沙：岳麓书社 2008 年版，页 29。

47 重订学堂章程摺，《中国近代教育史资料汇编·学校教育制度演变》，页 297-300。

48 《奏定各学堂奖励章程》，《中国近代教育史资料汇编·学校教育制度演变》，页526。

匮乏的窘境。为了缓解这一局面，新章程规定在五年之内，师范学堂先可以招收具有科名的优秀读书人，而不仅仅是普通学生。例如州县初级师范学堂则必须选本州县内的贡、廪、增、附、监生，省城初级师范学堂招收本省内各州县内的贡、廪、增、附、监生；至于高一级的优级师范学堂，可精选本省的举、贡、生员之中学根柢深厚者。[49] 这些读书人熟读儒家经典，并已借由通过科举考试证明了自己的道德与知识水平，他们进入初级师范学堂历练，而后担任初等、高等小学堂教习，可保证小学堂的发展；而他们中被"精选"的人，可到优级师范学堂学习而后去担任初级师范学堂的教习与管理人员，[50] 又保证了初级师范学堂的师资。

上述办法无疑要比张百熙在京师大学堂附设师范馆，高等、中学堂附设师范科的师资培养方式来得更系统、完善，因为两级的师资专门培养机构形成了一个能够和普通学堂紧密衔接的系统，而且学堂又以科名来吸引读书人报考，保障了学生来源的稳定性。另外，已有科名读书人可以进入这种学堂以谋求新的出路，而且他们本身的良好素质也有了用武之地。如此，各级学堂便能够在足够而优秀的师资基础上快速发展，创新人才也就指日可待。张之洞因此认为设立两级师范学堂的做法可以满足全国中小学堂对师资在数量与质量上的需求，并打算在将来让京师大学堂师范馆也改制为优级师范学堂，并按照《奏定优级师范学堂》的规定来执行所有行政事务。[51]

在引进师范学堂这一新制度时，清代官员从西方和日本的先进经验中学习并摸索前进，在推广的过程中结合了自身国情，比如读书人们对新式师范学堂的认可度低，报名积极性不高，生源难以得到保证的问题，一批官员针对这些情况，在进行改革时做了调整，最大限度地保证师范学堂发挥作用。

2. 实业学堂

在新政时期不久后，清政府颁布法令要求各地设立工业、工业与商业三种类型的实业学堂，[52] 并明确将这些学堂划分为初等、中等与高等三级；这种

---

49 《奏定优级师范学堂章程》考录入学章第三,《中国近代教育史资料汇编·学校教育制度演变》,页 429。

50 《奏定学务纲要》,《中国近代教育史资料汇编·学校教育制度演变》, 页 496。

51 根据张百熙拟定的规定，京师大学堂附设速成科，内含仕学馆，招收京官五品以下，八品以上，以及外官候选，暨因事留京者，道员以下，教职以上，皆准应考。重订学堂章程摺,《中国近代教育史资料汇编·学校教育制度演变》,页 297-300。

52 实业这个概念原本并不统一，有实学、农工商学、专门学等名称。甲午战后，中

教育农工商人的实业学堂相当于现在的职业学校，而且这些学堂也初步形成了一种职业教育体系。从学堂的类型来说，实业学堂是前所未有的，在以往，有些从业青年为了习得与自己本业攸关的知识或技能而进入私塾，但他们的目的不在于参加科举考试，而且也不打算、或者说不可能成为文官。在见到西方和日本学校教育制度之后，一些官员与士绅恍然意识到占全国人口最大比率的农工商人也可以进入农、工、商、矿业等实业学堂，学习基本知识以及与谋生手段相关的职业技能，增强他们的生产力和效率，从而在整体上提高和强大国力。相对于私塾，实业学堂显得更为系统而有效，并且对于农工商人也更具现实意义，所以他们也开始提出设立这种实业学堂的主张，以便对庞大的农工商人进行有针对性的专业教育，帮助他们优化谋生手段。

容闳在很早之前就曾经提到设立实业学堂的重要性。他在 1860 年时见到作为太平天国领导者之一的洪仁玕，就建议设立各种实业学校，[53] 只是他没有机会去具体说明实业学堂是什么教育机构，因为在当时多数人眼中，实业就是技艺，技艺就是低下的。而且当时要解决西方侵略的问题，首要之务是培养军事技术人才，而实业学堂明显做不到这一点。

戊戌变法时期，越来越多官员与士绅认识到西方的强盛不仅仅是表面上所看到的军事力量强大或武器先进，更深层次的原因在于基础知识，西方的农工商人皆有所学，能够读书识字，更重要的是对自己所从事的领域有基本了解，掌握基本技术，所以做出了更多创新。中国的落后也不仅仅在于军事，而是在整个民族的教育落后、农工商人的知识水平低下。要提升国力，必须让农工商人也能够学习基本知识。清代官员中的一些有识之士，不断这一点，比如士绅郑观应在《盛世危言》中就明确提出："国家欲振兴商务，必先通格致，精制造；欲本国有通格致、精制造之人，必先设立机器、技艺、格致书院，以育人才。"[54]康有为也著文论述道："……故其（西方）操农工商业者，

国开始以日本作为进行改革的蓝本，采取"实业"一词作为农工商学问的统称，实业学堂这种职业教育学校也开始正式出现在官方法令文本里。

53 容闳：《容闳自传》，北京：团结出版社 2005 年版，页 74。

54 郑观应曾注意到实业的重要性，他认为，"商务者，国家之元气也"，中国要强盛，势必要发展商业；而商业要发展，便需要设立机器、技艺、格致书院来培养这方面的人才。他继而论述说，西方富强的基础，"根于工艺，而工艺之学，不能不赖于读书，否则终身习之，而莫能尽其巧"。在他眼中，农工商人皆学是提升国力的根本。参考《盛世危言》卷五．户政．商务一-商务五，卷八．工政．技艺，页 304-320、508、516。

皆知植物之理，通制造之法，解万国万货之源，用能富甲大地，横绝四海，今翻译其书，立学讲求，以开民智。"[55]梁启超在当时所设计的学校教育制度中已经提出了简易实业学校和实科中学校的概念，并且还倡导中等以上教育应分为文、实二途。[56]但是，农工商人不论如何学习也不可能成为文官或军事技术人才，所以让他们进入学堂学习实业与国力的提升之间的因果关系，还没有被更多数的文官所认识，设立实业学堂的计划也因此搁浅，未能全面得以实行。

之后，日本的维新成功又促使官员思考农工商人接受教育与国力提升之间的关系，[57]时任湖广总督的张之洞也在这时推出了"会通中西，权衡新旧"的《劝学篇》，并在其中对建立系统的农工商学做了系统的阐述，同时批评了中国的文人儒士鄙薄农工商学的传统观念。[58]《劝学篇》使得越来越多官员与士绅认识到让农工商人进入学堂、系统性地学习基本知识与技能的必要，为实业学堂的设立创造了初步基础。

接下来的问题是，要设立实业学堂这种前所未有的教育机构，必须尽快确立它在整个学校教育制度中的位置，在当时的改革派官员眼中，这个位置就体现在它与科名的对应关系上，因为只有与科名相对应，才能体现官方对学校的重视，进而吸引农工商人家庭的子弟入学。然而，确立这种对应关系实际上要牵涉到不少问题，因为科名一直以来都是授予读书的士人而不是授予农工商人的，如果实业学堂授予农工商人科名，将是对传统的科名和读书人特殊社会地位的一大挑战，甚至引起士阶层的反对，因为这无疑等于把"异途"提升到"正途"的地位；但是不给予科名，又无法体现实业学校作为新教育制度中重要一环的地位，可能无法吸引学生入学，洋务学堂就是前车之鉴。这些困难使得实业学堂停留在概念的阶段，没有能够化为实际行动。

---

55 《康有为政论集》上册，页189-190。1901年，他又提出了设立农业、工业、商业学校的主张，参考《大同书》，页227-244。

56 教育政策私议，《饮冰室合集·文集第四册》，上海：中华书局1936年版，页三五。

57 例如姚锡光记录了日本设立的农工商专门学校。东瀛学校举概，《教育考察记》，页一九。张大镛更详细地罗列了日本高等商业、工业学校和职业徒弟学校的立校宗旨和入学条件等章程，让更多官员见到日本培养农工商人谋生知识和技能的情况。日本各校记略，《教育考察记》，杭州：杭州大学出版社1999年版，页四二-四五。

58 《劝学篇》下·外篇·农工商学第九，华夏出版社2002年版，页123-128。

实业学堂真正得以在全国开始设立是张百熙在 1902 年颁布《钦定学堂章程》后。这份章程不但提出了要创建实业学堂的主张，还把各类实业学堂分为三个层级，明白地阐述了这类学堂在整个学校教育制度里的位置，[59]也就可以确立三级实业学堂各对应哪一级科名。由于章程在实业学堂与科名之间建立起了对应关系，学生来源得以明确，学生出路也更为清楚，所以学堂得到了更多认可，并在政府的推动下开始招收学生，发挥提高农工商阶层知识和技术素养的作用。从理论上来说，作为中国人口多数的农工商人因为实业学堂而有了学习机会，所以说，《钦定学堂章程》将实业学堂明确置于国家法律条文中，弥补了中国传统教育制度一直缺失的职业教育环节，并推动清代学校教育制度迈出了关键的一步。

美中不足的是，从现实来看，《钦定学堂章程》在促进实业学堂发展方面还存在四个明显的缺点。第一，在张百熙的章程中，实业学堂像师范学堂一样，只是附设在各级普通学堂里面，对它们的重视不足，学者吴玉伦就批评"《钦定学堂章程》虽列出师范、职业教育两个旁系，但都附设于高等小学堂、中学堂及高等学堂，独立的实业教育体系还未进入学校教育制度设计者的视野。"[60]其次，虽然三级学堂与科名建立起了对应关系，保证了较稳定的学生来源，但这种对应关系也是一把双刃剑，因为一些贪图膏火、志不在学习的学生也会被吸引而来，从而使得实业学堂学生素质良莠不齐。第三，实业学堂进行的是职业教育课程，需要的是具有技术、实践经验的师资，而实际上，实业学堂的老师毕业于普通学堂，未接受过专门的技术培训，实践经验也无从谈起，显然不能胜任。第四，实业学堂不仅仅传授农工商知识，而且还要让学生有实际操作的经验，因此必须附设农牧场地、工厂、机械等设备；这些场地设备需要大量经费，如果仅依赖教育经费紧蹙的国家，显然难有长足发展。上述四个缺点使得实业学堂的教育活动难以达到理想目标，促使农工商人学习专业知识、提升技能，提升国力的目标也就难以达成。

办学经验丰富的张之洞在拟定《钦定学堂章程》时，考虑到了之前实业

---

59 第一级简易实业学堂的程度与高等小学堂相等；第二级中等实业学堂的程度约与中学堂相等；第三级高等专门实业学堂程度与高等学堂相等。《钦定学堂章程·高等学堂章程》、《钦定学堂章程·中学堂章程》、《钦定学堂章程·小学堂章程》，《中国近代教育史资料汇编·学校教育制度演变》，页 265、277、287。

60 吴玉伦：《清末实业教育制度研究》，华中师范大学 2006 年教育学院博士学位论文，页 37。

学堂的种种问题，最后提出的解决方案是让实业学堂自成体系，与普通学堂并列。在学生素质方面，张之洞拟定了严格的考试章程，通过优胜劣汰的手段以保证学生的整体水平，他规定，学生每个月由教师考核一次，还必须参加由学堂监学等人所举行的学期、年终、毕业三项考试，[61]那么无心向学、成绩不合格的学生就会被淘汰。对于教师资质问题，张之洞在《奏定实业学堂章程》里以三个手段来保障：第一是设立"实业教员讲习所"来培养专门教师，其次是开放留学回国的实业学堂学生担任教职、填补教师缺额，第三是在学堂内附设"教员讲习所"对教师进行在职培训，提升其职业技能和技术水平。关于经费不足问题，张之洞在章程里向说明官绅实业教育的重要性，并对捐款给学堂或捐助学生学费的士绅给予奖励，"各省官员绅富，有能慨捐巨款、报充实业学堂经费者，或筹集常年的款、自行创设实业学堂者……应量其捐资之多寡，分别奏请从优奖励，以为好义急公者劝"。[62]

张百熙和张之洞实业学堂引入学校教育制度，进一步完善了中国传统的只重儒家思想文化的学校体系，理论上可扭转重儒家经典轻视技艺的风气，提高全体公民的知识素养。从现代学校教育制度的发展上来看，设立实业学堂并将之划分为三个层级，让三级科名对应三级实业学堂，并鼓励官绅出钱出力推动实业教育，是具有开创性的一步改革。尤其是将科名与实业学堂建立对应关系一举，迫使人们接受了职业学堂被纳入正规教育体系的事实，在一定程度上扭转了职业学堂是传授奇技淫巧场所的落后想法，是利用中国传统将这一现代教育机构引入中国，并使其落地生根的创举。

3. 仕学馆与进士馆

在兴办新式学堂大量培养西学人才的同时，让在任的官员们也进入新式学堂补习西学知识，一直是许多中央官员所关注的问题。从李端棻、孙家鼐的奏摺到 1898 年的《京师大学堂章程》，都有专门安排官员进入大学堂学习的相关规定。不过，这些安排官员的主张，缺乏对官员入学的细节安排，没有考虑到官员的特殊身份，而是简单地让官员和其他学生一起学习；但是在儒家经典主宰的中国社会，从科举考试这条"正途"出身的官员们历来是具

---

61 《奏定各学堂管理通则》，《中国近代教育史资料汇编·学校教育制度演变》，页483。

62 《奏定实业学堂通则》，《中国近代教育史资料汇编·学校教育制度演变》，页478-480。

有高于一般民众的社会地位和特权的阶层，让官员们重新回到学堂与普通人一起念书，是从没有过的现象，可能招来多数官员的反对。但是，让官员们补习西学知识势在必行，否则他们也将难以管理或任用新式学堂的毕业生。妥善安排在职官员们的再教育成为学校教育制度改革过程中的一个重点问题。许多官员对此表达了自己的看法。

以孙家鼐为代表的一派官员的看法是，现行官员已经通过最高层级的科举考试，取得了最高级的科名，完全有资格进入京师大学堂；不过，大学堂里应该另外设立仕学馆来专门教育这些官员，而不是把他们与其他一般学生放在一起。[63]只不过，孙家鼐的主张因为戊戌政变而停止。张百熙被任命为管学大臣后，于 1902 年 2 月 13 日再度提出了孙家鼐的这个主张，向光绪帝建议大京师大学堂中设立仕学馆，让"京员五品以下八品以上，外官候选，暨因事留京者，道员以下，教职以上，皆准应考，入仕学馆"。张百熙认为，这些本已通晓中学的进士和官员们可以在仕学馆中学习西学，并且凭借他们扎实的知识根基，可以迅速成为"仕优则学"、"经济博通"的新式人才。[64]

同年 8 月，张百熙在对设立仕学馆做了更为详细的考虑后，把这个主张写入了《钦定学堂章程》中，把仕学馆附属于京师大学堂之中，设有博物、物理、外国语言等课程，"凡原系进士者…概归仕学馆学习"。这样，借以法令的威严，所有从科举出身的进士都要进入仕学馆补充西学知识，从而弥补他们知识单一的缺憾。同时，为了鼓舞这些已经拥有象征最高知识水平的科名的官员们积极地学习，章程对考核通过并顺利毕业的官员给予"应升之阶，或给虚衔加级，或咨送京外各局所当差"的毕业奖励。[65]这份章程对于安排官员入学上，不但把官员入学的一些细节做了周密安排，例如对官员提供奖励、把他们特别集中在大学堂的附设机构里学习，不但降低官员们对重新进入学堂学习的反感，还可以调动官员学习西学的积极性，有助于西学的推进。

在《奏定学堂章程》的基础上，光绪帝 1902 年底颁布谕旨，要求通过科

---

63 孙家鼐奏筹办大学堂情形摺，《北京大学史料》第一卷，页 47。

64 张百熙奏筹办京师大学堂史料，《北京大学史料》第一卷，页 53。

65 《钦定京师大学堂章程》第四章学生出身，《中国近代教育史资料汇编·学校教育制度演变》，页 254-255。

举考试的新进士一律"入京师大学堂分门肄业",只有取得毕业凭证者才有资格进入翰林院。[66]这样一来,所有现任官员以及新近由科举考试获得进士科名者都必须进入大学堂附设仕学馆,学习西学,保证了官员群体在知识面上的与时俱进。

张百熙在《钦定学堂章程》中对安排官员入学的周密考虑及规定,赢得了办学张之洞的赞同,并得以在后来的《奏定学堂章程》中得以沿用。实际上,张之洞自己在办学过程中,曾尝试了与张百熙不同的做法:他设立的湖北仕学院不附属于任何学堂,也不对入学官员提供任何奖励,更没有与其他新式学堂建立起联系,湖北仕学院更像是一个独立的官员进修机构。[67]与张百熙的做法对比后,张之洞认为自己的做法不利于培养官员入读的积极性,因而在后来的《奏定学堂章程》中采用了张百熙的做法。

不过,张之洞在拟定新学堂章程时,认为现任官员的西学知识达不到大学堂的层次,因而在新的学堂章程中重新定位进士馆与仕学馆在整个学校教育制度中的位置。张之洞在一份奏摺里指出,从科举制度出身与从学堂而来的进士在西学知识上的差别:前者只凭一次考试成绩取得科名,存在侥幸的可能,其程度难以得知;后者经年累月在堂学习,且必须要通过平时的各种考核,程度是获得认可的。张之洞进而确立了进士与仕学两馆在学校教育制度中的位置,招收新进进士的进士馆"程度与普通中学略同",招收现任官员的仕学馆"程度比普通中学略深,比高等学堂不足"。[68]把进士馆与仕学馆代表的知识水平从大学堂调整为中学堂与高等学堂程度,将可以让官员与新科进士这些具有一些传统儒家知识积累的人,在学堂里学习符合他们西学程度的课程;尤其是新进士在学堂学习数年后,"赴本衙门分修职守,于各门学术已具有普通知识,遇事不致茫然"。[69]

进士馆与仕学馆的设立,保证了今后的全部文官,不论是从大学堂毕业

---

66 光绪二十八年十一月初二日为进士馆学员授职事谕,《北京大学史料》第一卷,页153。

67 在 1902 年 4 月的另外一封信中,张之洞提到自己在湖北开始设立仕学院,聘用懂得农务、工艺、财政、兵事的中西教习,让四五品以下的官员前去听讲,试验这种咨询机构是否有益于官员的学习。在这个规划之中,仕学院是一个与其他学堂没有衔接关系的咨询机构。致江宁刘制台、京袁制台,《张之洞教育文存》,北京:人民教育出版社 2007 年版,页381。

68 《奏定各学堂奖励章程》,《中国近代教育史资料汇编·学校教育制度演变》,页528。

69 《奏定进士馆章程》,《中国近代教育史资料汇编·学校教育制度演变》,页442。

或者从科举考试出身，都具有相当程度的西学知识，在执政者的层面坚实了新式学堂和西学的根基。进士馆和仕学馆是在引进西方学校教育制度时的特殊制度设计，有利于帮助学校教育制度更好地融入中国社会里。

4. 译学馆

新式学堂开设西学课程，少不了相应的教科书，在1902年之前，清代的新式学堂中大多采用翻译自日本的教科书。不过，一些官员在学堂发展、学生所学日趋深入的过程中，开始意识到这种方式只是在间接地学习西学，效率欠缺。以张之洞为例，他在湖北的自强学堂开设了方言、格致、算学、商务四门课程，但学生的程度一直无法达到他的预期；他认为这个问题的根源应该追溯到国内缺乏精通西文人才，无法大量从西方翻译教科书，所以学生只能根据少量翻译书籍去学习西学，并且这少量的书籍中也有很大一部分译自日本教材；经过二次翻译，内容难免会有偏差。于是他从培养语言人才的方向着手解决这个问题，在自强学堂里开设西文课程，培养专精于西方语言的学生，以便储备翻译人才。他进而向光绪帝上书，强调培养翻译人才、直接大量地把西方书籍翻译为教科书的重要性，说"新理新学非贯通洋文者无从得其底蕴，必士大夫多半谙晓洋文，而后各种政学有所措手"。[70]

当时，主张变法的梁启超与张之洞的看法颇为相近，认为培养专门的翻译人才和设立专门的翻译机构，对于广泛引进西方书籍、推广西学大有裨益。在1898年的一个奏摺里，梁氏积极主张设立京师译书局，全权负责编纂中西学的教科书工作，作为全国学堂教科书的统一版本。[71]在中央负责学务的孙家鼐也十分支持梁启超办理译书局的做法，还曾经代梁启超上奏请求开办译书局并给予毕业生科名。孙氏在奏折中指出，"译书一事，为育才之关键"，但当下"中西兼通之人实不多观，故前者间有译出之书，大都一人口授一人笔述，辗转删润，讹误滋多"，对人才的培养十分不利；所以，孙家鼐建议在上海设立编译学堂，大量培养翻译人才，并且"许其将来学成出身，与各省之高等学堂一例无几"。[72]上述各官员关于培养专门翻译人才的建议虽然受到戊

---

70 自强学堂改课五国方言摺，《张之洞教育文存》，北京：人民教育出版社 2007 年版，页 249。

71 梁启超奏译书局事务摺，《北京大学史料》第一卷，北京：北京大学出版社 1993 年版，页 191-193。

72 孙家鼐代梁启超奏译书局事摺，《北京大学史料》第一卷，北京：北京大学出版社 1993 年版，页 190-191。

戌政变的影响而被迫中止，但此后开设译书局一直是清政府推动学堂改革的重要事务之一。

1902 年，负责全国学堂事务的张百熙继续上述主张，拟定了《京师大学堂译书局章程》，强调外文书籍的编译工作"有补于民智"，关系人才培养工作甚巨。他还拟定了一套完备的译书规范，对中小学教科书的翻译做了明确的要求，让教科书的编译工作有了明确的法令基础。[73]1903 年，他在京师大学堂中设立了译学馆，专门从速成科与进士馆学生中招收略通西文者，对他们进行外国文的培养，并附之以普通学、法律和交涉专门学。张百熙在"译学馆章程"里不但规定了招生标准（学生应来自速成科和进士科）和学习科目，还详细规定了考核学生之法，以及聘请教师的标准和教师职责。[74]从相关条文来看，张百熙不但重视翻译人才的培养，而且也知道负责翻译西学书籍的学生不但要精通西文，同时还必须掌握各种自然学科基本知识和专业术语，必须有更长的学习年限，所以张百熙规定译学馆的学生学习年限为五年，比普通大学堂学生的学习年限多一年。

相较之下，各地同文馆对入学者的要求是年龄段、身家清白，或略懂时文，[75]比较随意，缺乏标准以客观评价读书人的已有知识水平，生源资质没有保障，也难以有效地培养出合格的翻译人才。从培养人才的效率来说，张百熙培养人才的主张要比洋务运动时期语言学堂更稳妥。《教育杂志》在当时刊登了一篇文章，对于张百熙的翻译人才培养主张给予了高度评价：译学馆"不惟育译才而在育学问完备之译才，不惟习外国语言文字，而在习外国语言文字以求外国之学术"。[76]

后来，张之洞研读了考察报告，借鉴日本和俄罗斯等国家的翻译教科书做法后，对"译学馆章程"作了微调，把译学馆的招生对象从大学堂学生修正为中学堂毕业生，[77]从而正式确定了译学馆在改革后的学校教育制度中的

---

73 京师大学堂译书局章程，《北京大学史料》第一卷，北京：北京大学出版社 1993 年版，页 194、196。

74 拟定大学堂译学馆章程，《北京大学史料》第一卷，北京：北京大学出版社 1993 年版，页 160-162。

75 李国钧：《中国教育制度通史》第六卷，济南：山东教育出版社 1999 年版，页 110-111。

76 京师译学馆建置记，《北京大学史料》第一卷，北京：北京大学出版社 1993 年版，页 175。

77 《奏定译学馆章程》，《中国近代教育史资料汇编·学校教育制度演变》，页 438。

层级。这一调整对于提升译学馆培养的翻译人才的水平将有所促进，主要是有以下两个原因：第一，从中学堂招收毕业生要比从大学堂调取学生的录取方式更系统、更科学。选取中学堂毕业生中有志于从事翻译工作者进入译学馆学习，并且使他们在毕业后也能获得与大学堂学生同样的功名，可以调动学生潜心向学，深入地积累外国文和各专业知识的积极性，以更好的完成学业。第二，译学馆的在学时间较长，速成科和进士科学生多是已有科名甚至官位者，很难安心完成五年学业；经过了调整，速成科或进士科学生们的原有学业规划，将不至于被打乱。至此，译学馆的章程比较完善，可开始培养翻译人才。京师同文馆等语言学堂此时便显得冗余，于是光绪帝便将其并入到京师大学堂。[78]

5. 通儒院

在新设立的一系列教育机构里，通儒院作为一种位于大学堂之上的研究机构，位于整个学校教育制度中的顶端。蔡元培认为在晚清学校教育制度中，通儒院为大学毕业生研究之所，[79]因而其地位应该相当于现代学校教育制度中的研究生院。通儒院招收大学堂分科毕业生，然后经由大学教员会议呈请总监督审核；如果不是大学分科毕业者想要进入，必须经过同样程序，由总监督对入学者的研究学术能力来决定是否准其入学。[80]通儒院的招生标准如此之高，就是因为其设立目的在于向进士们提供一个研究高深学问的场所，使"中国学术日有进步，能发明新理以著成书、能制造新器以利民用"。因而，无论从通儒院在学校制度中的地位来看，还是从其设立的初衷来分析，通儒院都是参考西方国家的研究生院而设立的，因此它和西方的研究生院一样不开设课程，而是让学生在经、政法、文学、医、格致等领域里自行钻研，而后提出专著或制造器物以为研究成果。[81]

通儒院设立之前，中国的传统学校教育体制中虽也有类似专门供高等人才研究学问的机构，即集中全国优秀进士的翰林院，但它的学生不从国子监或书院这些教育机构中毕业的读书人里选取，而是直接从科举的进士中选拔，

---

78 同文馆归并大学堂论，《北京大学史料》第一卷，页 203。

79 蔡元培：我在教育界的经验，《蔡元培选集》，香港文学研究社，页 51。

80 《奏定大学堂章程》·通儒院章第六，《中国近代教育史资料汇编·学校教育制度演变》，页 394。

81 《奏定大学堂章程》·立学总义章第一，《中国近代教育史资料汇编·学校教育制度演变》，页 348。

[82]与教育机构没有任何的衔接关系,反而受到科举制度的制约,很难促成读书人在其中进行真正有新意的创造活动。相比之下,翰林院是学习西方而专门设立的西学研究机构,并且学生都来源于新式学堂中大学堂的优秀毕业生,拥有扎实的西学功底,并且思想没有受到传统儒家经典的束缚,因而有利于实现"发明新理、制造新器"的预期目标。

6. 实业补习学堂与艺徒学堂

私塾在清代社会承担着社会教育功能,从事农工商的儿童和青年可利用余暇在私塾接受基本的道德和基础教育。随着学校教育制度的引进,私塾被改革成为初等小学堂,他们受教育的机会受到影响。张之洞在拟定改革政策时,也尝试保障这些儿童与青年能够继续接受基本教育。

在《奏定学堂章程》里,张之洞设立实业补习学堂,招收从事农工商业的儿童与青年,教导他们工作上的必须知识与技能,并"补习小学普通教育",[83]不止于失学。另外,张之洞还意识到这个群体没有足够经费接受教育,所以还设立了免费的艺徒学堂,招收无法进入初等小学堂但略知书算、年龄在十二岁以上的儿童,让他们免费学习修身与粗浅的工业知识,成为"良善之工匠"。[84]

可以看出,张之洞通过日本考察报告认识到普及教育的重要性,因而在改革时特意设立了实业补习学堂与艺徒学堂,对从事农工商的儿童和青年进行基础教育,以尽可能多地让他们接受基本的道德教育和工作技能培训;尤其是艺徒学堂,考虑到了儿童和青年的家境而免收学费,无疑承担了部分义务教育功能。这样的学校教育制度设计是相对完整的,让某些孩子或青年不止于因为学校教育制度改革而失学、掉队。

三、建立教育行政体系

随着清政府在改革中设立了大量的新式学校,并且在中国前所未有地创

---

82 翰林院从进士当中选拔优秀者入学,然后在三年之后对这些进士举行审核考试,成绩优秀者授予庶吉士头衔,留馆学习,而成绩较差者则分配其他官职。可以说,庶吉士是成绩顶尖的进士,但在知识水平上和进士同一层级。这与国子监招收生员,并以成绩将学生划分为五贡,但五贡都和生员属于同一层级是一样的意思。《清史稿》卷一百十五·志九十·职官二,中华书局1997年版,页890。

83 《奏定实业补习普通学堂章程》,《中国近代教育史资料汇编·学校教育制度演变》,页451-452。

84 《奏定艺徒学堂章程》、《奏定实业学堂通则》,《中国近代教育史资料汇编·学校教育制度演变》,页455、479。

建了实业学堂、师范学堂等专业教育机构，急需有专门的职能部门在全国范围内对这些新设的学校进行统一规划和管理，并监督其日常运作。然而在清代的传统教育体制中，历来都是各个学堂、书院或私塾自行决定教材内容、招生条件、课程安排、学生考核和管理，从来没有统一的规定可循；礼部、督抚和学政等部门和官员在学务方面的职能，主要是体现在负责在科举考试中审核读书人并授予授予科名。清代官员们从西方国家和日本的经验中了解到，要想使得学校健康、有序地发展，则在中央和地方设立专门的管理机构，对其进行规范和统一管理非常重要。

（一）设立教育行政体系的必要性

对在地方负责办理学堂的官员来说，设立、推广学堂并不是件简单的事，因为这些官员从科举出身，自己本身从来没有学习过西方科学，对于西式学校也没有详尽的了解。一位青州府知县曾经提到自己办理学堂的困难：

> 我们是科举出身的人，当京官磨蹭了好几年，放了外任，对于现在办学堂的事，完全外行。至今政府要厉行新政，通令外省各府要办中学堂，各县要办小学堂。这里本来有个云门书院，我把它改办了一个中学堂。起初以为也照从前的书院制度，选取几个高材生，在此肄业就是了。那知现在的新法必须要英文、算学、理化等等，要成为一个新式学堂规模，那就要请一位专家来办理了。[85]

从这段叙述来看，当时在地方负责办学的官员们对于新式学堂知之甚少，以为把书院改称为新式学堂便可大功告成，实际上对于后续的开设西学课程、招聘教师、审核学生等完全不知所措。新式学堂不是简单地把私塾、书院进行改制就算完成，各种改革措施的落实必须要更一个有效率的教育行政机构系统。然而，原本作为科举考试、书院等管理机构的学政和州县官，不但很难在现有职权的基础上承担起教育行政管理的责任，而且他们本身也根本不晓得如何承担这个重责大任；他们对此尚无对策，还需要进一步的摸索。

1. 学堂推广遭遇困难

在各级各类新式学校设立伊始，督抚、学政、学堂监督、堂长和教员借由临时考试、复试等方式来审核学生。在中国传统的教育制度中，科举一直

---

85 《钏影楼回忆录》，《近代中国史料丛刊》续编第五辑，台北：文海出版社（1974年版），页 285。

是考核读书人的主要手段，在新式学堂独立于科举的前提下，官员们难以立即整理出一套新的、科学的考核办法；因而，新式学堂初设时，诸多考核的最终目标，是要让学生平日在学的言行举止符合规范，而考核的标准大多是学生的品行。[86]借由监学等传统的教育管理力量来约束读书人的言行举止，其立意并没有不对。然而，要落实这个想法，实际上非常困难，主要是因为三个原因：

第一是品德的考核不易量化。在以往，读书人必须通过科举考试才能获得科名，可以说是经过严格筛选的优秀者，府州县学教官、学政管理读书人的工作相对容易。改革之后，三级学堂的学生数量要比私塾与书院增加不少，而且品德如此抽象的概念也还没有化为分数的科学办法，管理工作的难度较之前加大，成为学堂监督、监学和教员的一个繁重任务。

其次是师生关系的淡化。在改革之前，师生的关系类似一种类似父子的拟亲属关系，如梁启超所说的"人其父生而师教之"，学生对老师"事之如一，其重之也如此"。[87]在改革之后，老师不再能够与学生建立起亲密的关系，加上读书人地位不断下降、学堂对学生收取费用等改革措施，加速了师生关系的淡化趋势，使之向一种类似教学买卖关系的方向转变。这样的转变，让拥有科名的监督或监学在学生心中不再具有父兄般的尊严和权威，很难让学生彻底服从监督与考核。南洋公学在1902年时就发生学生认为教习与管理员压迫他们的言论自由，不许他们高谈革命，对这些教习十分不满，最后被退学的案例。[88]在苏州，在一所地方人士集资兴办的学堂里，学生认为某教师"傲慢与偏见"，对其大为不满，最后有几近一半者退学。[89]这在以往的书院里是不可能发生的事。

不只是地方存在这样的问题，即便是作为全国最高学府的京师大学堂也存在类似情况。时任京师大学堂监督的张亨嘉（1847-1911）在聘用曹汝霖（1877-1966）担任教习后，听说学堂里有位进士不尊重曹氏，便设席宴请教

---

86 学堂必须考核学生在学期间的六个方面的表现：言语、容止、行礼、作事、交际、出游，《奏定学务纲要》，《中国近代教育史资料汇编·学校教育制度演变》，页498。
87 这是梁启超在《论师范》一文里引用了《书》以及《礼记》的观点。《中国近代学校教育制度史料》第一辑下册，上海：华东师范大学出版社1986年版，页980。
88 《蔡元培年谱》，引自《中国近代学校教育制度史料》第二辑上册，页684-686。
89 《钏影楼回忆录》，《近代中国史料丛刊》续编第五辑，台北：文海出版社（1974年版），页二五八。

习与学生，想要借此机会解决问题。在席间，张亨嘉提到，"中国尊师之道，与外国不同，中国从小入塾，即知天地君亲师"，而"外国教师是职业，学生对之为求学"，作为一位学生，尤其是进士，应"对老师求学之外，还有尊亲之意"，绝不可忘记尊师重道的传统。[90]连全国最高学府都有学生不尊重老师的问题，需要高级官员亲自出面解决，可以推想中小学的学生在道德和知识修养上程度还不及京师大学堂的学生会更会轻视老师，类似现象在地方的中小学更为普遍、严重，远非地方官所能一一解决。监督读书人这项工作不论是在幅度还是强度上，都远远超出了官员们的管理能力范围。

第三是考官并非专门人员。督抚、学政等官员大多从科举考试出身，没有在学堂积累西学知识的经历，很难对这些学生进行客观的审核；许多学堂的教员在资质上不足甚至不合格，更不可能落实管理读书人的工作。中央的高级官员身边有幕僚，这些人待过学堂，有的是留学生，所以还不至于毫无能力审核学堂读书人。但地方学堂教员就没有这样的能力与资源，导致管理工作问题丛生。报纸记载南京"江宁府中学堂中文教习往住于登讲堂时为诸生所窘，自后遂以曲媚学生为惟一之主义，洋文教习亦不甚佳，算学教习只能演三角算法，故均惮于上堂。学生工课废弛，经月不到堂。监督教习亦不过问，工课簿上随意编注分数"，[91]由此可见，由于教员因为自身的资质不足而敷衍了事，甚至在学生面前也难有威严，故而导致学生们倦怠学业的情形普遍存在。

官员们对学校和学生们的管理，在施行上有种种困难，因而对专门的教育行政的需求越发迫切。学者贺跃夫认为晚清"新式教育以普及为目标，其辐射面比传统教育广泛得多，远非原有的州县教谕之类的学官所能操纵"，[92]精辟地总结了清末新式学堂初建，教育行政机构缺位而无法提供助力的窘境。

因为新式学堂，尤其是其中的实业学堂、师范学堂等本来就是引进而来的新事物，国内的官员们对于它们了解甚少，也很难有效地参与到课程、师资的选择中；加上推行义务教育、强迫儿童进入小学等举措也是前所未有的，因而，要在本国社会施行并推广本来就会遇到重重阻力，需要在相当长的时

90　《曹汝霖一生之回忆》，北京：中国大百科全书出版社 2009 年版，页 38。

91　公历 1904-9-16 学界纪闻　学界最近之调查三则（南京），《中国近代史料丛编·警钟日报》第四册，页 1921。

92　贺跃夫：《晚清士绅与近代社会变迁》，广州：广东人民出版社 1994 年版，页 100。

间里进行大量努力，方可能逐步实现。并且，新式学堂独立于科举而存在，不依赖于科名来衡量、考核学生，科名也不再是学生的入学标准，要求要有自己独立而全面、客观的审核标准；在教育行政机构缺失的条件下，制定并且执行这样的审核标准的任务，就落在了兼管学校的官员身上。如此繁重的任务，给这些科举考试出身，只熟读四书五经，不熟悉现代学校管理的官员们造成了莫大的负担。教育行政机构缺失所造成的种种问题和困境，也使新式学堂的发展之路荆棘遍布，难以顺利前行。

2. 士绅引进教育行政机构的成功经验

在全国学堂都面临无人监管的问题之际，少数具有国际视野的士绅，通过自己或周边人的游学经验，从其他国家的改革经验中得到启发，发现了专门的教育行政机构对于学校发展的关键性促进作用，于是在自己势力影响的范围内进行了设立小型教育管理机构的尝试。他们的尝试和探索为民间适应新式教育制度起到了促进作用，并且为官方拟定后续相关的规范做了铺垫，有助于教育行政机构这一引自西方的新鲜事物尽快融入中国社会。曾担任贵州学政的严修（1860-1929）就是一个例子。他模仿日本而在直隶设立劝学所，比州县官更早付诸行动去推动学务，进行宣讲教育宗旨，按户劝学等工作，[93]辅助了地方官员的学务管理职能，为地方官分担了责任。

与以往相比，士绅以实际行动去成立劝学所，以之作为一种教育行政机构的辅助，在劝导人们入学方面还是有些许效用的，同时也带动更多官员与士绅开始重视府、州、县地方教育行政机构，认识到了士绅参与学务的重要性。此后，劝学所在全国有了系统的发展，而且带动了更多的地方士绅行动起来，组成了各地方教育会，并以组织的理论共同推广教育，尤其是小学堂的推广工作。只是，劝学所因为是模仿而来，只能说是积累了一些实践现代学校教育制度的经验，加上只有少数士绅的参与，还没有官方的力量正式介入，因而所起的作用还很有限；并且，劝学所的结构和职责还不够成熟与完善，发挥的教育行政效能也很有限。

（二）建立教育行政体系框架

教育行政机构管理全国学校，是学校教育制度能否发挥作用的关键。早

---

93 刘福森、王淑娟：劝学所沿革述论，《重庆社会科学》2006 年第 12 期，页 87-89、96。

在戊戌变法之前，便有传教士主张模仿西方国家设立专门的教育行政机构，把礼部、督抚和学政的学务管理职权集中起来，但因为涉及大范围的官制改革而没有被采纳。后来，少数官员建议仿照以学政管理全国书院与生员的例子，以管学大臣一职来管理大学堂，再由大学堂筛选全国学堂学生的方式来制约全国学堂。这个意见不会造成官制的太大变动，所以得到了多数官员的认可，教育行政机构的改革也就踏出了第一步。但随着《钦定学堂章程》与《奏定学堂章程》陆续颁布，教育行政机构专门化的要求越来越突出，加之办学方针由大学堂带动中小学堂转移为重视小学堂的推广和发展，无法再由管理京师大学堂的管学大臣一人管辖全国的学校，这就要求中央与地方形成层级分明的教育行政机构体制；所以，教育行政机构的深化改革势在必行。

1. 设立中央教育行政机构

张百熙在制定《钦定学堂章程》时，为了不对现行官制造成太大冲击，没有设立独立的、具有绝对权威性的教育行政机构，只是规定大学堂仕学馆的考生由衙门咨送，大学堂审核，高等与中学堂的毕业考试由教习会同地方官办理，[94]实际上就是局部调整了教官、州县官、学政与督抚的职权，让科举考试、国子监、书院管理机构去兼职承担教育行政机构的学堂管理职能。同时，设立了一名管学大臣，通过管理京师大学堂来实现对全国学校的间接管理。

张之洞通过 1898 年至 1901 年间派遣官员考察学习日本的办学经验，知道了日本专门设立了文部省，作为全国的教育行政机构，[95]他随即以之为参照系，在湖北设立了学务处，全权管理全省各级学堂。[96]1902 年 10 月底，张之洞在自己办学取得显著成效并且得到其他地方督抚的肯定后，向光绪帝上奏，

---

94 《钦定考选入学章程》，《中国近代教育史资料汇编·学校教育制度演变》，上海：上海教育出版社 2007 年版，页 262、265。

95 姚锡光在考察后便报告日本"诸学校自陆军各学校专隶陆军省外，其余各学校无论官立公立私立皆隶于文部省"，《东瀛学校举概·学校总说》，吕长顺：《教育考察记》上册，杭州大学出版社 1999 年版，页一五。罗振玉也不断地在《教育世界》杂志中介绍日本文部省的组织、章程及其沿革，《教育世界》译刊的日本教育规章制度目录，《中国近代教育史资料汇编·学校教育制度演变》，上海：上海教育出版社 2007 年版，页 236。

96 资料显示，张之洞最晚已经在 1902 年 5 月 14 日在湖北设立了学务处，参考照委王同愈充湖北学务处总办兼充两湖大学堂监督，《张之洞教育文存》，北京：人民教育出版社 2007 年版，页 383。

报告自己设立教育行政机构的理由与成果。他说，日本办学考察成果显示，"学堂林立，学务殷繁，必须设一总汇之所，以资理董"，自己因此设立了"学务处"，专门负责管理湖北全省各级学堂的相关事务。[97]他虽然没明确提到要模仿日本设立文部省，但却通过日本的成功经验和自己在湖北的实践经验暗示，设立一个负责管理全国学务的教育行政机构完全有其必要性。

1904 年，张之洞再次上奏，明确指出教育行政管理安排中的问题和不足，他在奏摺里批评学务大臣对全国学校的间接管理缺乏效率，并且很难有针对性，因为管学大臣只直接负责大学堂事务，对各地中小学在办学中出现的问题很难掌握，根本无力管理全国学务。而且，"京城大学堂不过学堂之一，其所办是否全行合法，师生是否一律均有成效，亦宜别有专司考核之大员，方无窒碍"。[98]这个批判还暗示管学大臣一职的层级不够高到足以管理全国学堂，而且其职权行使还欠缺监督机制，而设立一个更高层级的教育行政机构便可以解决这些问题。并且，随着办学方针的改变，小学的发展已经被提到了议程的最核心地位，不再仅仅是大学堂发展的辅助工具，所以也不应该由大学堂的管理者来间接管理。

那么，到底如何才能够仿照西方、设立一个全国性的教育行政机构，又不会对现行官制造成太大冲击呢？张百熙与张之洞两人后来在《奏定学堂章程》中，设立了行政层级更高的总理学务大臣，统辖全国学务，行使中央教育行政机构的职权，其下设有六处：专门处，掌管专门学科学务；普通处，掌管普通学科学务；实业处，管理事业学科学务；审定处，审定教科书并刊布有关学务之书籍报章；游学处，管理出洋游学生一切事物；会计处，管理各学堂经费。虽然仅仅划分六处还不足以对全国学校的管理面面俱到，但这种安排已经初具现代教育体制的中央行政机构的雏形。除管辖六部外，总理学务大臣的职责还有考察学规，教科书审订，教员聘用和考核毕业生等教育行政，且可以随时派员至各省"考察所设学堂规制及课程教法是否合度"。[99]比起管学大臣仅作为大学堂中的最高行政官员、只负责从全国学校的毕业生中

97 湖广总督张之洞筹定学堂规模次第兴办摺，《中国近代教育史资料汇编·学校教育制度演变》，上海：上海教育出版社 2007 年版，页 107-108。

98 请专设学务大臣片，《张之洞教育文存》，北京：人民教育出版社 2007 年版，页 452。

99 《学务纲要》规定京师专设总理学务大臣，《中国近代教育史资料汇编·教育行政机构及教育团体》，上海：上海教育出版社 2007 年版，页 6。

筛选京师大学堂的生源，总理学务大臣的层级更高，职权范围更广，而且是一个专门管理学务的行政机构，能够对全国各地的办学策略和行动行使直接、有效的管理。这个做法只需要对礼部监管的审核毕业生和教师的职权进行小幅调整，转移给总理学务大臣，不必大幅改动现行官职，所以较能够顺利施行。官员赵尔巽在清史稿中对两份学堂章程设立中央教育行政机构的做法做了对比，他认为《钦定学堂章程》"实以大学校长兼全国教育部长之职权"，而后面的《奏定学堂章程》"奏允改管学大臣为学务大臣，并加派孙家鼐为学务大臣，命大理寺少卿张亨嘉充大学堂总监督。……规定学校系统，足补钦定章程所未备"。[100]清政府打破了中央一向没有专门教育行政机构的惯例，按照西方对学校体系管理的方式，设立了一个中央教育行政机构；但在设立过程中，又考虑到尽可能对现有教育管理部门既有权力影响最小化的前提下，将这些行政部门负责的教育管理职能，统一转移给总理学务大臣及其下设机构。总理学务大臣的设立，既标志着中央教育行政机构的正式产生，也是融合传统官制从而将教育管理推向现代化的举措。

2. 设立省级教育行政机构

张之洞主张在中央设立总理学务大臣之时，也未忘记在地方设立相应的教育行政机构以为配套，他在《奏定学堂章程》中要求"各省、府、厅、州、县遍设学堂，亦须有一总汇之处以资管辖，宜于省城各设学务处一所，由督抚选派通晓教育之员总理全省学务，并派讲求教育之正绅参议学务"。[101]这份章程明确规定由督抚来设立各省的学务处，任命通晓教育之人士来专门管理该省的教育，相对于之前由督抚直接管理学务，省级教育的管理也更加有了针对性和专业性，省级教育行政机构的设立与运作也就有了基础。

与在中央设立教育行政机构遇到的问题类似，设立省级教育行政机构会削弱一些省、州、县官员的职权，例如学政、州县官、府州县学教官管理生员的职权全部要集中到省学务处手中，所以过程要比设立中央教育行政机构复杂得多。为了尽可能地减少对学政、州县官和教官职权造成的冲击，《奏定学

---

100 《清史稿》·志八十二·选举二，中华书局 1997 年版，页 844，846。

101 六处及其职权分别是：专门处，管理专门学科学务；普通处，管理普通学科学务；实业处，管理实业学科学务；审定处，审定各学堂教科书等事务；游学处，管理出洋学生一切事务；会计处，管理各学堂经费，《奏定学务纲要》，《中国近代教育史资料汇编·学校教育制度演变》，上海：上海教育出版社 2007 年版，页 514。

堂章程》让各省学务处与督抚、学政共同负责各省学堂事务，其表现有三：首先，学务处由"督抚选派通晓教育之员总理全省学务"，即省级教育行政机构官员由省最高行政官员来任命；其次，三级学堂的毕业考试必须由"所在地方官长，会同本学堂监督、教员等亲莅之"，州县官保有审核学生毕业之权；最后，通过升学考试的学生必须再通过学政复试，才能确定是否被授予科名，学政对学生的审核权也得到了保留。[102]这些措施让督抚、学政、州县官保留了一部分管理学堂与学生的权力，缓解官员因权力缩减而产生的抗拒，而且也利用了这些对官员在审核学生方面具有的丰富经验，让他们可以立即胜任教育行政事务，不能不说是清政府兼顾改革效率与改革幅度的一举两得做法；是清政府在引进西方的教育行政机构过程中，为了使之尽快与本国国情融合而做的有自己独特特色的创举性安排。

（三）调整现有行政机构的教育行政权力

如前面所说，学习西方的教育行政体制，设立新的专门的教育行政机构，对原有的兼有教育行政管理的机构及官位会产生影响，因而，原有的部分机构和官位的职权也必需随之进行调整。这些调整工作涉及的对象比较广泛，但涉及变化较大的莫过于管学大臣以及府州县学教官。

1. 废除管学大臣并设京师大学堂总监督

随着总理学务大臣的设立，原本作为京师大学堂最高行政官员的管学大臣的职权也必须加以调整、改革。根据张之洞的主张，京师大学堂由一名新设立的"总监督"来管理，这位监督由皇帝"简派三四品京堂充选，俾专管大学堂事务，不令兼别项要差，仍受总理学务大臣节制考核"。[103]对于把教育行政与教育机构分离的做法，光绪帝是非常认同的，[104]从此，京师大学堂总监督作为学堂的最高行政官员，不再拥有节制全国学堂的全部权力，并且对于其所负责的京师大学堂的日常管理实务，还必须汇报给总理学务大臣、并遵其安排。在这种新的制度安排下，京师大学堂也就成为一所纯粹培养人才的

---

102 《奏定学务纲要》、《奏定学堂考试章程》，《中国近代教育史资料汇编·学校教育制度演变》，页 515-516、《中国近代教育史资料汇编·教育行政机构及教育团体》，页 6。

103 请专设学务大臣片，《张之洞教育文存》，北京：人民教育出版社 2007 年版，页 452。

104 光绪二十九年十二月二十一日命张亨嘉为京师大学堂总监督，《北京大学堂史料》第一卷，北京：北京大学出版社 1993 年版，页 61。

学堂，只是独立的教育机构，而大学堂总监督也就回归于大学校长的角色，不再兼教育行政机构的职责。

2. 缩减府州县学教官与学政的权力

总理学务大臣下属六处，负责管理全国学堂学务；在地方，各省也组建了自己的教育行政机构，两者构成了一个具有上下级关系的系统。既然省级的教育行政机构被赋予了一定的管理职能，那么原本管理地方教育行政的府州县学教官与学政，其权力也相应要被缩小，这主要体现在审核读书人这个部分。

《奏定学堂章程》规定，学堂必须举行五种考试，由于这些考试与学生最为密切，所以地方教育行政机构必须谨慎履行职能，而这工作就如同以往府州县学教官随时监督读书人在言行上完全符合道德规范一样重要。为了尽可能客观地审核出学生的切实程度，最能体现学生平时是否到课与听讲的临时、学期、年终三种考试分别由教师，或者学堂监督与堂长会同教员来举行。这最重要的三种考试虽然涉及学生的平日学习，但实际上并没有府州县学教官参与其中。

至于攸关学生就业与升学的毕业与升学考试更是事关重大，所以"应视学堂程度，由所在地方长官，会同本学堂监督、教员亲莅之"，其所谓的所在地方长官实际上就是各省督抚。[105]督抚有了以往所没有的审核高等学堂毕业生之权，教育行政权力有所加大，相对地，学政原本考核府州县学生升降、选送国子监学生等职权却必须与督抚共享，教育行政权力大幅缩减。

简而言之，在 1902 到 1904 年期间，在引入新式学堂的基础之上，越来越多的官员和士绅们在办学过程中发现，由于西方学校的统一性和系统性，所以需要有专门的人员和机构对其进行管理，否则很难令全国的学校根据一致的标准运作，进而达到统一水平。官员们因此开始讨论并探索引入现代教育行政机构，以使全国的学堂办理有章可循；而引入的相关措施，也使得向现代学校教育制度的改革幅度比前一时期更深、更广，形成了类似西方的中央与地方两级教育行政机构体系，地方教育行政机构从属于中央，同时两级机构又分工合作、相互配合。与此同时，为了不对既有官制造成过于强烈的冲击，引起官员们的不满与一般人的无所适从，阻碍教育改革的深化，所以

---

105 《奏定各学堂考试章程》，《中国近代教育史资料汇编·学校教育制度演变》，页516。

还保留了府州县学教官、学政等教育行政机构原有的部分权力，形成了一种融合清代本身与西方的教育行政机构体制。

第二节　调整新式学堂办学方针

在引进现代学校教育制度的最初阶段，清代官员们认为大学堂是直接培养高级人才的场所，因而着重发展大学堂，应该能够最快、最有效的培养出大批新式人才，在短期内推动国家走向强盛。于是从中央到地方，官员们的注意力也就更多的放在大学堂上，期待以大学堂的完备来带动中小学堂的发展，遂在大学堂中附设了中小学堂。但是，随着越来越多的日本考察报告的出炉，官员们发现这是一种本末倒置的做法；教育制度的结构应该是金字塔形的，小学是最底层的重要基座，中学是中间的坚固支撑，而大学则是金字塔尖；只有小学和中学大量发展，并培养足够的合格毕业生作为大学堂生源，大学才能够有发展的根基。换句话说，日本的考察成果促使官员们认识到以往的办学方针存在严重偏差，需要重新调整办学方针，把小学和中学的发展作为当务之急，给予重点关注。

一、早期的新式学堂办学方针及其问题

1. 中央官员的优先发展大学堂主张

日本从明治维新以来的迅速发展，对清代满朝文武起到了强烈的震撼作用，很多当时位高权重的官员认为日本学习西方的科学、开办西式学校、向民众教授西学是其走向强盛的关键，于是纷纷派员赴日考察，以期学习日本的强盛经验；日本的学校教育制度也是当时官员们考察的重要内容之一。在张百熙主持全国学堂事务后，便有不少官员建议他参考日本的办学经验。例如张之洞闻讯张百熙要制定新的学堂章程后，便在 1902 年 3 月 9 日专门写了一封信给张百熙，信中提到，他在湖北的办学存在学堂规制不够整齐，教科书没有完善规范等问题，为了要解决这些问题，他已经派人赴日考察，目前正在等待考察报告；所以，张之洞希望张百熙能够在拟定新章程时留下一些转圜空间，以便在参考或比对赴日考察人员的报告后，对章程的不足之处进行修正。[106]当时，吴汝纶奉张百熙之命也在考察日本，他也在 1902 年 8 月写

---

106 致京张冶秋尚书，《中国近代教育史资料汇编·学校教育制度演变》，页 141-142。

信给张百熙，建议他经常会见当时正在访华的日本教育家嘉纳治五郎，参考嘉纳氏对中国兴学的意见。[107]

张百熙接受了这两位重臣的建议，也认为借鉴日本经验有利于学务的开展，说虽然"中外政教风气原本不同"，但"不能不兼取其长"。[108]不过，他并没有特别强调小学堂的重要性，而是仍然注重大学堂的发展，所以他设立高等学堂作为大学堂的预备科，"功课略仿日本之意"。[109]他相信，通过模仿日本章程这条途径，中国"十年之后所造就者定多可用之材"，国家"富强之基，必立于此"。[110]在不久后的同年 8 月，张百熙在《钦定学堂章程》中对于优先发展京师大学堂做了更详细的规范：不但在大学堂里附设了预备科与速成科，另外，为了吸引优秀读书人与官员报考预备科与速成科，还规定预备科毕业生可获得举人科名，师范馆毕业生可在自身科名的基础上晋升一级，仕学馆毕业生可择优保奖。[111]这些章程的目的，都是为了保证京师大学堂的生源，使其不必因为暂时没有高等学堂毕业生而闲置，同时还可以培养各级学堂的师资。

2. 优先发展大学堂的问题

但这份章程颁布后不久，一些士绅与官员陆续指出先兴办大学堂的做法存在问题。曾待过日本的梁启超在 1902 年 5 月撰写了一篇文章，说京师大学堂的设立虽促使各省兴起了设立大学堂的风气，但却完全无助于小学堂的推广，如此下去，读书人将更倾向选择躐等进入大学而忽略打基础的中小学阶段学习，那么他们的知识掌握程度也就很能达到预期标准。以这种方式来培养人才，无异于"强扶牂之孙而使与龙伯大人竞走"。梁启超指出，西方学校教育制度强调循序渐进，"教育之次第，其不可躐等进也明矣"，以此为借鉴，中国培养人才的办法只有一个，就是先积极推广小学堂，"非五年后不可开大

---

107 与张尚书六月十二日，施培毅等：《吴汝纶全集》三·尺牍第四，页三五九-三六○。

108 《清史稿》志八十二·选举二·学校二，中华书局 1997 年版，页 845。

109 张百熙奏筹办京师大学堂情形疏，《北京大学史料》第一卷，北京：北京大学出版社 1993 年版，页 52。

110 管学大臣张百熙：奏筹办大学堂大概情形摺，《中国近代教育史资料汇编·学校教育制度演变》，页 68。

111 《钦定京师大学堂章程》，《中国近代教育史资料汇编·学校教育制度演变》，页 254-256。

学"。[112]梁氏阐述了作为基础教育的小学的重要性，并强调办学要注重顺序，对张百熙等学务官员对于西方学校教育制度的理解起到了拨云见日的作用，使他们对西方学校教育制度的认识更加深入。

后来，梁启超所主张的按照由低到高的次序办学的方针得到了考察日本的官员的呼应和肯定，这些官员在考察报告中也极力主张学习日本的办学方式，积极推动小学堂的发展，在人民中普及最基本的教育。例如较早被张之洞派去考察的罗振玉，便盛赞日本推广小学而普及教育的办学方式很有成效，不断呼吁"中国今日尤当以普及教育为主义"。[113]奉张百熙之命赴日的大学堂总教习吴汝纶，在对日本做了一番考察与思考后，也认为日本快速发展的根源就在于全国普遍的小学堂。[114]他立刻把这个考察成果报告给张百熙，说西方"小学校不惟养成大中学基本，乃是普国人而尽教之"，而"今日本日本车马夫役、旅舍佣婢，人人能读书阅报，是其证也"，[115]所以办学应该以小学为优先；相对地，京师大学堂先设立预备科的立意虽好，但"欲令后起之士与外国人才竞美，则必由中小学校循序而进，乃无欲速则不达之患"。[116]

这些意见表明，三级学堂的办学优先顺序被越来越多的官员所认识；同时，这些官员们认为，京师大学堂预备科先招收有科名的读书人的做法只能是暂时性的，如果持续地开放读书人直接报考，反而不利于人才的有序培养。

官员与士绅的担心是有根据的，京师大学堂预备科的招生问题已经初步显现，由各省选送大学堂的人数远远低于预期与科举考试报名者络绎不绝的巨大反差中，便可见端倪。根据《钦定京师大学堂章程》的规定，预备科生名额 200 名、速成科中的师范生 150 名，由各省咨送并由大学堂选拔。[117]也就是说，各省每年必须选送给京师大学堂 350 位优秀人才；但实际情况是，各

---

112 教育政策私议·教育次序议第一，《饮冰室合集》文集第四册，上海：中华书局 1936 年版，页三二-三六。

113 罗氏不断强调日本办学之所以取得成效，是因为日本规定了儿童学龄，并强迫所有学龄儿童接受义务教育的做法。《日本教育大旨》页一-二，《教育考察记》上，页二三三-二三四。

114 吴氏在 1902 年 7 月所写的一封信中提到，日本要求人人读书识字，程度不必高，而教育普遍，即能强国。与姚叔节七月二十六，《桐城吴先生文诗集》尺牍四，《近代中国史料丛刊》第三十七辑，台北：文海出版社，页 2214-2215。

115 与张尚书九月十一日，《桐城吴先生文诗集》尺牍四，《近代中国史料丛刊》第三十七辑，页 2249-2257。

116 与张尚书，《吴汝纶全集》三，页四三五。

117 《钦定京师大学堂章程》，《北京大学史料》第一卷，页 94。

省在 1902 年总共只选送了 58 人，[118]1903 年仅选送 29 人，[119]与规定选送名额相距甚远。更有甚者，例如陕西、甘肃和新疆等省份连一位合格学生都选不出来。[120]相对于各省选送大学堂的寥寥学生，科举考试的报名却十分火热。1902 年的乡试录取了大约千人，[121]1903 年的会试则录取了贡士 306 人。[122]

京师大学堂生源不足与科举报考的络绎人流之间的反差让一些官员做出了这样的推论：科举考试只凭一次考试，若侥幸成功，便可获得科名，而学堂则要求学生经年累月地在校学习，才能毕业获得科名；所以，读书人们在侥幸心理下，不愿意进入学堂慢慢积累知识，而宁愿在科举中一朝成名，更有读书人即使入学也会中途辍学去参加科举考试。在这样的情况下，学堂发展必然受到制约。于是，张之洞、袁世凯等官员联名奏陈，科举考试吸引了大量读书人报考，以致妨碍了全国学堂发展，必须尽快缩减科举考试的录取名额，逐步消除学生报考科举的侥幸心理。[123]

日本考察报告和张之洞等官员的奏摺使得张百熙初步意识到，《奏定学堂章程》中拟定的办学方针存在严重偏颇；同时，张百熙也亲眼目睹了京师大学堂仕学馆和师范馆没有足够合格生源的困境，最终意识到这种临时性的招生办法和以大学堂带动中小学堂发展的方针绝非长久之道。张百熙至此终于确信章程的办学思路和方针存在严重问题，不是只靠修改条文就可以解决的，必须扭转办学方针，按照日本的经验从小学堂着手，向全民推广教育，才是教育兴盛国家强盛之计。张百熙遂于 1903 年向光绪帝上奏说，"日本立学之初，即先设大学校，后知其弊，于明治五年乃设预备学堂，注重中小学，以普通学及英文教授渐次推广，始臻今日之盛，故其国小学堂之制度最为详备。……国之强弱由于民之智愚，日本之兴，盖在于此。"[124]同年 5 月，张百熙再次上书，请求光绪帝派遣办学经验丰富的张之洞与其共同商办学务，拟定新的学堂章程，以期修正之前章程的偏颇，从而推动各级学堂的发展，因

118《北京大学纪事》上册，页 7-9。

119 江苏送 8 名，湖北送 5 名，福建送 7 名，湖南选送 5 名，河南选送 4 人，《北京大学纪事》上册，页 9-12。

120 甘肃学政为无合格学生送入大学堂事咨复文，《北京大学史料》第一卷，页 363。

121 商衍鎏：《清代科举考试述录》，页 122。

122 刘海峰：《中国科举史》，上海：东方出版中心 2006 年版，页 424。

123 袁世凯、张之洞：奏请递减科举摺，《中国近代教育史资料汇编·学校教育制度演变》，页 530。

124 遵旨议奏湖广总督张之洞等奏次第兴办学堂折，《张百熙集》，页 33。

为张之洞"为当今第一通晓学务之人，湖北所办学堂，颇有成效，此中利弊，阅历最深"。[125]

二、确立优先发展小学的办学方针

1. 对义务教育的接触与认识

从现代的观点来看，所谓的义务教育，是指政府有义务运用公共资源保障所有适龄儿童接受的教育，使其达到强制、普及与免费三个基本原则。强制原则是家长、学校与社会都有义务让适龄儿童接受一定年限的教育，若有违反规定的情况，就必须承担相关的法律责任。普及原则是在全国范围内的义务教育内容，如教科书、教学、经费、入学对象等都有统一的标准；这些标准全部反应在法律文件中，保障学龄儿童不分民族、性别，都有依法接受与他人平等的义务教育的权利。免费原则指的是入学学生不必交纳学杂费，而这其实也是与普及原则能否落实是密切相关的。因此，世界上的国家大多重视义务教育应有一定的免费年限，例如《世界人权宣言》第二十六条第一款就提到"在初级和基本阶段应如此，初级教育属义务教育性质"。[126]当然，免费义务教育需要国家建立经费保障机制才能达成，因此，即使认识到义务教育要免除学杂费，但也要财政达到一定水平才有可行性。

不少官员早已借由考察日本而认识到必须推动小学教育，使其最终成为一种义务教育，而他们对义务教育的认识实际上有一个积累过程。最早介绍西方义务教育的是出使官员。在光绪十六年出使欧洲四国的大使薛福成，很早提及西方施行小学义务教育的情况，他提到，西方无论男女，在八岁以上都必须进入小学，接受义务教育，否则其父母将受到处罚。他推论，西方国家强迫全国人民接受教育是造就其强盛国力的主要原因。[127]薛福成的记载实际已经指出义务教育的强制与普及原则，也获得了许多官员与士绅的认同，例如梁启超、张之洞和康有为。[128]不过，由于当时清政府尚未决定三级学堂

---

125 请派重臣会商学务摺，《张百熙集》，长沙：岳麓书社 2008 年版，页 34-35。

126 《世界人权宣言》，取自新华网：http://news.xinhuanet.com/ziliao/2003-01/20/content_698168.htm。

127 薛福成：《出使四国日记》卷六，北京：社会科学文献出版社 2007 年版，页 241。

128 《饮冰室合集》文集第一册·论科举，页二八。梁启超建议在全国各县设立小学，聚天下之才，教而后用之。此外，还应该"强民使就义务教育也，以造就国民为目的"，"子弟及岁不遣就学，则罚其父母"。《饮冰室合集》文集第四册·教育次序第一，页三六、三八、三九。张之洞主张"各省各府各道各州各县皆宜有学"，

到底应该如何从私塾与书院改革，所以还无法采纳这些建议。随着越来越多官员与士绅考察日本学校教育制度，并对义务教育的概念不断进行阐述总结，义务教育也逐渐被更多官员接受了。下面将从强制、普及和免费者三个基本原则来审视清代官员们对于义务教育的认识水平和开展状况：

可以认为作为初级教育机构的私塾勉强符合普及原则，因为它没有限定儿童的入学资格。当然，这与现今义务教育的普及原则还有一段距离，因为义学与私塾主要由地方官绅出资，设备较简陋，没有专门的教舍，教师束修微薄，仅能糊口，而且没有一个提供长久性的保障机制。但在强制与免费原则方面，私塾是较为欠缺的，因为当时全国根本没有强迫入私塾的规定，是否读书由各个人家自行决定；而且进入私塾的子弟必须交纳学习费用，政府不提供任何资金补助，也不承担私塾的建设、维修或保障。在这样的历史情况下，要在中国推行义务教育，尤其是想要达到强制、普及与免费三个原则，势必要经过一个客服阻碍、逐步推广的漫长过程。这个推广工作，涉及了数量庞大的农工商人家，其推动过程势必充满了复杂与困难。

（1）强制原则：在了解了义务教育的理念后，有士绅开始积极提倡施行强制原则。罗振玉在 1902 年撰写了一篇文章，建议政府将六岁至十二岁定为学龄，然后强迫学龄儿童接受小学教育。[129]不过，负责全国学务的高级官员并没有接受强迫原则，因为他们认为这一原则的施行难以立即得以实现，并且由于各国国情不尽相同，订立具体的强迫入学学龄还有待商榷；所以，张百熙在《钦定学堂章程》里只是提到"俟各处学堂一律办齐后，无论何色人等皆应受此七年教育"，[130]暗示自己在日后才打算进一步考虑是否落实强迫原则。

（2）普及原则：虽然强制原则没能在《钦定学堂章程》中得到明确，但章程规定，儿童学龄为六岁到十岁，"无论何色人等皆应受此七年教育"，这似乎意味着普及义务教育的普及。所以说，小学堂向义务教育的普及原则方

"州县为小学堂"。《劝学篇》下篇·外篇·设学第三，页92。康有为阐述了一个理想国，在这个国家中的儿童六岁进入小学接受四年教育，小学数量随人口多寡而决定。《大同书》，页206、208。

129《学校教育制度私议》，《教育考察记》上册，杭州：杭州大学出版社1999年版，页二三六。

130《钦定小学堂章程》，《中国近代教育史资料汇编·学校教育制度演变》，上海：上海教育出版社2007年版，页279。

面迈出了一步。不过,这份章程对于约定小学的普及性时,还存在两个缺点,第一是没有对学龄儿童不入学的后果作明确惩罚规范,法令的落实难以得到保证;第二是张百熙为了保证儿童的程度,规定入学者必须符合"志趣端正","资性聪明","家世清白"等条件才能够入学,而且在入学后如果学期试验两次不合格便会受到以退学处分,[131]与义务教育中的普及原则是相悖的。

(3)免费原则:这一原则一直到张百熙管理学务的时期,都没能在清代的学校教育制度中得以实施。不过,客观地说,即使是在现代,义务教育免费也不是那么容易达成,所以一直是当今多数国家仍在努力的目标。对当时的清政府来说,免费义务教育要推行需要大量资金,不是国家财力所能负担得起的。清政府由于内忧外患夹击,资金紧张,所以在官费办学的同时,一直大力鼓励士绅办学并提供奖励,期待以地方士绅的力量来推广学堂的数量。因而,士绅的办学意见受到了政府的重视,罗振玉、梁启超等士绅主张小学堂应该收费,才能有进一步的发展,[132]这样的主张为官员们所认同并接受。《钦定学堂章程》规定,蒙学堂学生每人每个月不超过银元三角,寻常小学堂学生每人每月不超过银元五角,[133]确立了小学教育收取费用的方针。张之洞对此进行了修正,在《奏定学堂章程》规定"官设初等小学堂,永不令学生补贴学费,以便贫民",但公立与私立初等小学堂则不在此限,[134]确立了公立小学免费,私立小学收取一定费用的办学方针。

通过上述内容可以看出,清代的一些官员和士绅们已经认识到了西方和日本的教育制度中,采用了义务教育的形式来对全体民众进行基础的道德和文化教育,并且也朝着这个方向作出了大量的努力,只不过,在清代国力衰败、内忧外患夹击的困境中,官方的力量远远不足以实现这一目标。并且,义务教育这个新的教育理念的推广和实施,还必须借助地方官绅出钱出力、大力游说等方式来一步步实现,不是短时间内就可完成的。

---

131 《钦定小学堂章程》,《中国近代教育史资料汇编·学校教育制度演变》,页279。

132 罗振玉:《日本教育大旨·学校教育制度私议》,《教育考察记》上册,杭州:杭州大学出版社1999年版,页二三八。梁启超:教育政策私议,《饮冰室合集》文集第四册,页三七-三八。罗振玉建议小学收取每人每月半元,梁启超更为激进地主张在各地征收学校税,以补助小学校发展。

133 《奏定蒙学堂章程》、《钦定小学堂章程》,《中国近代教育史资料汇编·学校教育制度演变》,页291、280。

134 《奏定初等小学堂章程》,《中国近代教育史资料汇编·学校教育制度演变》,页302。

2. 张之洞的优先发展小学堂主张

湖广总督张之洞一直是办学的先行者，并且通过学习日本考察报告，较早的认识到了发展基础教育的重要性，在实际办学中也积累了一系列成功经验。他在总结日本学校考察报告的基础上，于 1902 年 10 月拟定的湖北省学堂章程，就充分体现了日本注重小学的办学精神，所以在省城设立了五所高等小学堂，先行招收熟读一两部经书的子弟入学，提升小学堂的学生数量。同时，他理解师资是小学堂生存并发展的基础，也是成败的关键，所以在这份章程中，从三个方面保证并提高五所小学的师资水平：第一是在省城设立师范学堂作为专门的师资培养机构，并将旁边的小学作为师范生的实习场所；第二是派遣学生前赴有师范学堂的日本去学习教育学、教授法和学校管理法等专业课程；第三是明确了师范学堂的录取学生渠道，其规定是"暂行考取品学兼优之文生入学，将来以中学堂毕业学生升入"。[135]这套师范学堂规范虽然还不够成熟，但却是一项具有突破性的重大改革。在此之前，私塾和书院也培养出不少塾师或山长，但还称不上专门的师资培养机构，其理由有二，首先是私塾与书院本身无权授予学生担任塾师或山长的资格，其次是这些教育机构的课程是四书五经，完全没有关于师范专业的课程。总之，专门培养师资的教育机构是中国历来所没有的。

张之洞的办学成就得到了其他地方督抚的肯定，认为自己的办学经验值得上奏中央并在全国推广，他后来向光绪帝进呈了湖北学堂章程，说西方国家之所以人才众多，是因为有大学堂"造就文武之通材，"小学堂"启发国民之忠义"；现在中国要与之抗衡，除了在京师设立大学堂之外，更要在全国普设小学堂，"入学分数多者，其中学、大学之制度自必详备，而人才亦自然蔚起于其中"。[136]言下之意，小学堂是学校教育制度的基础，因为小学堂培养出具备国民基本素质的儿童，大学堂也就有了优秀的学生来源。

3. 确立优先发展小学的办学方针

在光绪帝批复同意张之洞会同张百熙、荣庆重商学务后，次年一月（1904年1月），三人共同上书，回顾并总结了已有学堂章程的弊端，并请求光绪帝同意，废除已有章程，并"倍加审慎"地拟定无弊之章程。他们认为，现有章程之所以无法培养出预期中的精通西学的新式人才，在于"学生率皆取诸原

---

135 筹定学堂规模次第兴办摺，《张之洞教育文存》，页 405-418。
136 筹定学堂规模次第兴办摺，《张之洞教育文存》，页 405-418。

业科举之士，未尝经小学堂陶熔而来，不自知学生之本分，故其言论行为，不免有轶于范围之外者。"[137]这份奏摺虽是三人共同上奏，但主要是根据张之洞之前在湖北的办学经验提出的建议，也就是说，张之洞是奏摺的关键主导者，因而，奏摺中的请求主要体现了张之洞的办学理念：大力推广小学堂。他认为，现行学堂制度取士于科举的方法不利于人才的培养和学堂的健康发展，因为这种安排无法让读书人循序渐进地学习并积累西学知识，并且对通过科举一朝获得功名抱有侥幸心理，故不会安分地在学堂读书；唯一的办法是广设小学堂，并逐渐减少科举取士的名额，强迫读书人们从小学堂开始，随着知识的积累而逐步升级进入高级学堂。

1904 年颁布的《奏定学堂章程》对小学堂的设立和发展都做了极为详尽的规划，体现了张之洞重视小学堂发展的办学方针。在章程的《学务纲要》中，张之洞对于小学的办学宗旨做了明确阐述：初等小学堂"意在使全国之民，无论贫富贵贱，皆能淑性知礼，化良为善"；高等小学堂"意在使入学者通晓四民皆应必知之要端，仕进者有进学之阶梯，改业者有谋生之智能"。为实现这样的办学宗旨，张之洞在新的章程中引进了西方的强制普及义务教育的理念，并且也学了西方学校的课程安排以及针对学生入学年限而制定的规则，在这个基础上，还特别针对中国刚刚开始普及初等教育的具体国情，规定了专门的推广措施：所有府、厅、州、县之各城镇，都要尽快用官费设立小学堂，并且对各种不同规模的县、镇还规定了小学堂的最低数目；尤其是初等小学堂作为"教成全国人民之所"，"应随地广设，使邑无不学之户，家无不学之童，始无负国民教育之实义"。[138]

在这个宗旨下，为了更好更快地达成推广小学堂的目的，章程主要从三个方面对小学堂的发展做了全盘规划：首先，设立小学堂所费不赀，而目前国家无法负担这庞大经费，为了能够使民间力量也加入进来，帮助官方办学，新章程还规定了地方士绅捐款或自行设立小学堂的，将得到政府的"花红"或"匾额"作为奖励。其次，对于妨碍、延缓小学堂设立或发展的，予以严处，不但士绅或民众阻挠学堂推广将被惩处，地方官也不例外：若地方绅董已筹备好小学堂设立的经费及教员，但地方官"故意延宕不办、或虽办而敷

137 张百熙、荣庆、张之洞：重订学堂章程折，《中国近代教育史资料汇编·学校教育制度演变》，页 297-300。
138 《奏定学务纲要》，《中国近代教育史资料汇编·学校教育制度演变》，页 495。

衍塞责者"，也将受到惩处。第三，为保证初等教育的普遍性，要求适龄儿童全部入学，"儿童有不就学者即罚其父母"。同时，为了让普通人家不致因经济困难而无法让子女入学，规定官方初等小学堂"永不令学生贴补学费，以便贫民，庶可期教育之广及"，官方高等小学堂则补贴学费。[139]

这些内容显示中央官员通过日本考察的一系列报告，认识到了小学堂是整个学校系统的基础，对整个学校教育制度的建立和稳定有着关键性的作用，并且攸关社会的整体进步；在这个认识的基础上，官员们用法律条文的形式将之公之于众，并鼓励和要求全社会共同努力，从官、民两方面推动小学堂在数量上和质量上迅速发展，小学堂从此成为国家办学的重中之重，因而整个学校教育制度的基础得以稳固，人才培养的目标也有了坚实基础。

《奏定学堂章程》中关于推广小学堂的规定，扭转了之前改革中一直只重视大学堂，并把中小学堂视为大学堂附属成分的偏颇。章程中的《初等小学堂章程》和《高等小学堂章程》都学习了西方的小学管理制度、课程设计、师资安排、入学和学校教育制度要求、以及人才培养目标，但又结合中国小学堂刚刚开始发展的特殊国情，许多细节都体现了官员们为使小学校尽快融入中国社会所做的思索和努力，为中国现代小学的发展起了奠基作用。

第三节　学校教育制度改革的成效与挫折

清政府在 1902 年和 1904 年分别颁布了《钦定学堂章程》和《奏定学堂章程》，对整个学校教育制度进行了系统性的改革，并且数据显示新式学堂与学生的数量呈现逐年递增的良好态势。但是，制度发展的表象之下还存在不少问题。由于章程仅仅是框架上的规定，其具体操作与落实所需要的例如师资、教科书或者课程安排等具体条件，实际上还存在缺口。这些条件不会在短期内获得满足，所以新式学堂开始设立时只是名称上有高低之分，实际上没有真正体现程度上的差别，办学水平不一。对想要进入学堂的学生来说，各级学堂分层不清使得各级各类的升学转学标准混乱，无所适从，对经济不好的人家来说，他们仍然更愿意让子弟在入学堂学习后再去参加科举考试，而不鼓励子弟在学堂系统里循序渐进地升学。这些问题让改革遇到挫折。

---

139 《奏定初等小学堂章程》、《奏定高等小学堂章程》，《中国近代教育史资料汇编·学校教育制度演变》，页 300-326。

一、新式学堂数量发展

在由中央颁布改革方针后，督抚便积极开始落实改革措施；在官方的带动下，地方士绅不论是热心学务还是想要敷衍上级法令者，也都纷纷推动学务。一时之间，现代学校教育制度在中国开始有了初步发展，其具体表现就是全国各地各级学堂数量以及学生数量呈现大幅增长的态势。下表是清政府的统计数据，这份数据显示在 1902 年至 1905 年间，全国各地的学堂数量每年都以几近两倍的速度在增长。

	1902	1903	1904	1905	1906	1907
官立学堂	133	427	1040	1812	4074	6563
公立学堂	73	121	349	900	5203	7744
私立学堂	16	79	251	721	1934	2588

资料来源：各省学堂历年增减比较表，学部总务司编《光绪三十三年第一次教育统计图表》，页 36-37。

随着各级学堂数量的增长，全国学生人数也大有增加，清政府官方统计资料显示，全国学堂学生在 1902 至 1905 年间也迅速增加，如下表。

	1902	1903	1904	1905	1906	1907
学堂在堂生	6,772	20,933	45,780	98,163	252,228	473,939
学堂毕业生	32	250	1,087	2,236	10,195	15,066

资料来源：各省学堂学生历年增减比较表，学部总务司编《光绪三十三年第一次教育统计图表》，页 38-39。

学堂与学生在数量上的快速增长，来自于许多督抚与士绅的努力不懈。几位督抚较早开始办理洋务学堂，并派遣官员赴日本考察，对教育改革态度积极且较有经验，他们的办学经验可基本揭示此时的学校教育制度改革的效果与问题。

江南一带在清政府颁布开办新式学校的圣谕之后，便在教育改革道路上一路向前，时任总督的刘坤一（于 1902 年）上奏道，"江南原设水师学堂、陆师学堂及格致书院，讲求中外诸学有年，并将学中学生派往东洋肄业，风气已渐开。今将遍设学堂，实为迎机利导"。他所采取的"迎机利导"的手段主要是在既有的传统学堂和洋务学堂的办学基础上，把几所书院分别改为中、小学堂或者校士馆，并积极在省城筹备高等学堂；并在新设立及改建而来的学堂中同时开设中、西学课程。刘氏认为改革措施迎是温和而渐进的，不应对读书人造成太大的影响，因为"各学课程，以入学次序分等级，固不宜欲速致凌猎，亦不宜求备而苦烦难"。在这个原则指导下，他安排辖区内的两所小学堂和一所中学堂在刚刚开办时，暂时各取一半招生定额，使得学堂中的老师和管理者不至于在教学和筹办学校之余还有烦恼招生问题；同时，他报告说鉴于各级学堂均刚刚开设，为了不让中、高等学堂"旷日持久"才能有合格学生升入，暂时不施行逐级递升政策，而是通过考试先使举、贡、生、监入学肄业，以后再"以年限递升"，这样循序渐进，既不会让学生们在适应新式学堂时感觉有过重的负担，也不会浪费已有的学堂资源。除此之外，刘坤一还在省学堂设立了藏书楼、仪器院，[140]分别相当于现代学校中的图书馆和实验室，这样的考量基本反应了以刘坤一为代表的官员对于学校教育制度有着较深的理解。

山东省在袁世凯和周馥前后两任巡抚的积极推动下，新式学堂也取得显著成绩。尤其是在 1901 到 1905 年期间，周馥以灵活变通的方式，通过对施行手段做微调来遵行各个不同的学堂法令，保证了学校的创新人才培养。统计资料显示，山东大学堂从 1901 年设立到 1904 年期间共有 399 人在校，[141]新式学堂已开始起步。在周氏的管理下，高等学堂也颇有成绩，材料显示，"（1903 年）新增学生二百余名，连前已收入堂者共三百九十九名。[142]山东省的新式学堂已足以吸引读书人入学，而后通过考核，获得科名。

先后担任两江督抚和江苏巡抚的端方，也对辖区的教育改革做出了卓越贡献，1902 年，端方颁布了《鄂省普及学塾章程并示》二十四条，在学堂的收费、设立地点、入学者资格等方面做了不少规定，为湖北省的新式学堂的设立奠定了扎实的基础，对后续发展颇为有利。端方后来在担任江苏巡抚期间，以之前积累的办学经验，于 1904 年颁布地方办学法令，从五个方面来推动学堂发展：一、成立学务处，"凡有关教育事宜，并即责成学务处公同筹商妥办"，[143]保证三级学堂能够发挥培养人才的作用；二、成立师范本科与速成

---

140 两江总督刘坤一：奏江南省各学堂大略情形摺，《中国近代教育史资料汇编·学校教育制度演变》，页 75-76。

141 赵承福：《山东教育通史》，济南：山东人民出版社 2001 年版，页 34。

142 办理山东各学堂情形摺，《周悫慎公全集·奏稿卷二》页二十一-二十二，《近代中国史料丛刊第九辑·秋浦周尚书全集》第一册，页 286-287。

143 设江苏学务处片，《端忠敏公奏稿》卷四，页五，《近代中国史料丛刊》第十辑，页 409-410。

师范科，"择诸生之素为童子师者，导以教授管理之法，期以三月毕业"，大量培养中小学堂师资；[144]三、把留学生派至全省境内的教育行政机构里任职，解决部分地方官员不懂如何办理学堂的问题；[145]四、要求"无论旗汉回民，均准一律入学（小学堂），不得少分畛域"，[146]所有儿童都以接受初等教育；五、积极普及小学堂，因为"欲尽智其民，必先尽普其学。是设立蒙小学，尤为今日第一要义"。[147]这些法令使得江苏省的教育改革走在了全国前列。

督抚们中有不少人早就借由办理洋务学堂而积累了广泛的办学经验，加之派人到日本进行学校考察，吸收其他国家的改革经验，因而在教育改革上取得成绩。更重要的是，督抚在推动各级新式学堂发展的同时，还随着实践中的问题随时调整方向。他们的努力使新式学堂这个新事物得到认可，逐渐融入中国社会中，学堂数量与学生人数在 1901 至 1904 年间一直呈现增加的趋势。

二、学生在学堂里的学习问题

虽然这一时期的一系列法令变迁，使得学校教育制度改革取得了重大进步，新式学校数量和在校学生人数都有了大幅增长，并且随着专门的师资的培养和专门的教育行政机构的设立，学校的运转也开始步入正轨；但是，新式学堂的发展之路却仍然荆棘密布、困难重重。首先，新式学堂作为一种引进的事物，不能立即被民众接受，因而学堂的发展受到了重大的挫折；同时，改革者也不能完全理解西方教育制度的全部内涵，因而在设立新式学堂时，在课程和管理上有不科学之处，限制了后续的发展。除此之外，阻碍新式学堂发展的首要因素就是在中国盛行了上千年的科举制度。科举制度作为一种选官制度，又同时承载了考核读书人学业水平的职能，而这种联系造成了读书人们的求学目的扭曲，在中国传统的社会中，求学的目的往往与当官、荣耀祖先联系在一起。因而，科举制度的存在，就使得读书人们仍旧抱有求学

---

144 整顿苏省极弊摺，《端忠敏公奏稿》卷四，页七-十，《近代中国史料丛刊》第十辑，页 414-420。

145 开办初等小学片，《端忠敏公奏稿》卷四，页七十-七十一，《近代中国史料丛刊》第十辑，页 540-541。

146 省城设立初等小学片，《端忠敏公奏稿》卷四，页四十六，《近代中国史料丛刊》第十辑，页 491-492。

147 开办初等小学片，《端忠敏公奏稿》卷四，页七十-七十一，《近代中国史料丛刊》第十辑，页 540-541。

做官的想法，难以安心在学堂中专攻西式科学；新式学堂虽取得了初步的发展，但一时还是很难实现大量培养新式人才、提升国力的办学初衷。

（一）课程设置与师资水平问题

学校教育制度是各级各类学校所构成的系统，这也就意味着，各级学校要有明确分层。当然，学校的分层不只是字面上，而是要体现在学校的教学内容和教育活动中。各级学校的教育内容要有不同的难易层次，培养出不同程度的各种人才，然后将他们输送到社会结构中创造不同的价值。层级不同的教育活动尤其体现在学校的课程和师资安排两个方面：有了不同层级的课程，学生便可以循序渐进地积累知识，其程度的审核也有一个客观标准；有了不同层级的师资，才能够展开这些循序渐进的课程。只有各级学校有清楚的教育活动分层，学生才可以进入与自己的年龄与学力相符合的学校。然而，清政府在进行上述改革时，全国学堂都缺乏妥善的课程与合格的师资，所以难以体现出分层，一些学堂其实只是临时凑起来的场地和读书人。要更清楚地认识这些问题，以及这些问题对晚清学校教育制度改革的影响，有必要先认识课程与师资二者是如何构成学校分层的。

1. 课程与师资的分层

（1）课程设置的准则

所谓的课程，《教育辞典》将其定义为"为实现学校教育目标而选择的教育内容的总和"；[148]《中国大百科全书》则解释为"课业及其进程"。不过，这样的定义有些过于简单，正如教育学泰斗孙喜亭指出的，课程的概念较少被探讨，多数人对这个词的理解呈现众说纷纭的状态。[149]但是从另一个角度来看，学者们在这方面的探讨，为后人理解课程一词奠定了基础。

综合孟宪承和孙喜亭两位权威教育学者对课程的定义，可以更加全面客观地认识课程这一概念。孟宪承认为课程是学生与教师在学校中进行的学习活动，在这个学习活动中，书籍、仪器、标本都是课程的一部分，进而让学生能够学习到知识以及社会中的价值观，从单独的个人变成社会的一份子。[150]孙喜亭认为课程是"学生在校学习期间所学内容的总和及进程安排"。[151]总结

---

148 顾明远：《教育大辞典》第 1 卷，上海教育出版社 1991 年版，页 257。

149 孙喜亭：《教育原理》，北京：北京师范大学出版社 2000 年版，页 224。

150 孟宪承：《教育概论》，福州：福建教育出版社 2006 年版，页 88。

151 孙喜亭：《教育原理》，北京：北京师范大学出版社 2000 年版，页 224-225。

他们的说法，可以认为课程包含两个主要层面，即学生所要学习的科目以及学习科目的进度。从课程的角度来说，国家必须对各级各类学校课程的广度、深度做以逻辑上的适当配置，才能够体现出分层，与各级学校相呼应。

要把课程进行细密的配置，并且按照学生的学习经历和能力以规划出层级递进的课程，必须要通过学科的架构来体现。学科根源于特定的社会环境，是分门别类的知识，例如古代中国的四书——《论语》、《孟子》、《大学》、《中庸》，五经——《诗》、《书》、《礼》、《易》、《春秋》五经，以及六艺——礼、乐、射、御、书、数。不同的社会，知识内容不同，学科设置也各有其侧重，西方从古代希腊罗马到中世纪时期的学科是七艺——文法、修辞、逻辑、算术、几何、天文、音乐；而在现代学校教育制度之中则是以语文、数学、生物物理、哲学、法学、政治学等学科为主要科目。[152]

在课程配置上，吴俊升认为制定统一课程的方式有两种，第一种是完全由政府规定，既成之后便不轻易变更；第二种是由政府组织专家委员会，征集共同的意见，并咨询具有服务经验的教师，订定推行，容易修正。[153]不论采取哪一种方式制定课程，都可以见到国家的参与和干预，因而，专门的教育行政机构对于课程的配置也发挥了决定性作用。

不过，课程只是知识的概念，其具体内容应该反应在教材之中。[154]所谓的教材，就是向学生传授知识与技能的材料，包括文字教材如讲授提纲、教科书、图表、参考书，以及视听教材，例如广播电视节目、光盘、录音带等。教材具有目的性，从一定的教育方针出发，以增长受教育者的身心与知识技能发展为目标。[155]简言之，教材是学科的内容汇总，是让学生以最有效的方式循序渐进积累这门学科知识的重要媒介。教材中的知识并不是零散或无系统的，而是按照一定原则组织起来的系统知识。

教材的组织须遵循一些基本原则，才能确保学生积累知识。根据教育家杜威的说法，教材的组织方式有两种，一种是论理的组织，也就是把教材分科；另一种是心理的组织，也就是教材必须符合学生的心理发展与学习顺

---

152 孙喜亭：《教育原理》，北京：北京师范大学出版社 2000 年版，页 227-228。
153 吴俊升：《教育概论》，福州：福建教育出版社 2006 年版，页 198。
154 吴俊升：《教育概论》，福州：福建教育出版社 2006 年版，页 195。
155 《教育大辞典》第 1 卷，页 282。教材可以从广以与狭义两个层面来解释，狭义的教材指的就是教科书。本文所谓的教材是广义的。

序。[156]罗廷光进一步解释说，论理与心理的组织教材方式，实际上就是依据以下几个要点对教材的编排：材料从近到远，例如地理课程应从乡土出发到世界；学习是从易到难，例如代数要从一次到二次方程式；内容从具体到抽象，例如儿童先学"跑"、"跳"等字，再学习"仁义道德"；课业从已知的到未知的，例如先从五谷杂粮，再到天地宇宙。[157]只有符合了这些规则，学校的课程才能更好地将知识传达给学生，并让他们消化、掌握，变成自己的知识；反之，跳跃性的或者违背认知能力的课程安排，则会让学生对知识无所是从，甚至产生逆反、抗拒心理，不利于人才的培养。

总结来说，要培养新式人才，要从知识和道德两个方面让学生日积月累地接受培养，基于由易到难、逐级递升的原则接受教育。由于课程是学校教育内容的主要体现形式，所以不同层级学校的课程安排就必须做到层级分明。上述提到，学科与教材是课程的主要载体，因而，要设置适当的课程，首先一个条件就是按照人才的培养目标来设置学科，然后在既有学科的前提下，把各门学科的知识内容依据逻辑原则去做广度与深度的划分，制定出一套既能够具体而渐进地反应学科知识、又符合学生心理和接受能力的教材；其次的要件是能够把这些组织整理过的教材按照教育方针，通过学堂教学的方式、系统并且有目的地对教授给学生。

（2）教师资质

课程需要通过教师来向学生传递,缺乏教师作为教材与学生之间的媒介,也就无法形成教育活动。在这个传递过程中，教师资格是其能否胜任传递社会文化与科学知识，同时对学生进行道德教育工作的重要关键。所以，世界上许多国家都对以师范学校来培养学校的师资，对教师进行特殊的专门培训。教师在师范学校接受的训练，可分为基本训练与专业训练课程。基本训练课程例如语文、历史、地理等普通科目，培养教师具备这些基本知识。专业训练课程主要是以培养教员的技能、知识和理想为目标；其中，技能即教学、沟通、表达等能力及音乐、美术、工艺等技巧，知识是指更深入的现代教育学范围课程，比如教育心理学、教学法、教育测验与统计等，而理想是指教师的责任心、爱心、及勤俭自律的态度等。[158]要成为一名优秀的教师，除了

156 孟宪承：《教育概论》，福州：福建教育出版社 2006 年版，页 91。
157 罗廷光：《教育行政》下册，福州：福建教育出版社 2008 年版，页 106-107。
158 孟宪承：《教育概论》，福州：福建教育出版社 2006 年版，页 126-127。

在师范学校接受基本训练和专业训练外，还要通过讲习、讨论、观摩、探究等形式在日常教学活动中提升自己的教学技能，以便更有效地达到向学生量体裁衣地传授知识的目的。

鉴于教师是课程与学生之间的纽带，是将知识传递给学生们的桥梁，就更应该主动有意识地对学生和教学内容进行科学的层级划分，并对每个不同层级的学生施以不同的教学手段，比如小学以教授和启发为主，而大学则以引导让学生独立思考解决问题为主；这样才能最有效的把课程的内容传达给学生，并让学生更好地理解掌握，达到因材施教的目的。以小学的教学为例，小学的教材虽然简单，但绝不简陋，教师更不能因为教学内容简单而懈怠，实际上，小学生的接受能力千差万别，要提高教学效率，就需要积极开发对策，以便更好地因材施教，比如，教师可以在课程标准相同的情况下，按照学生能力采取弹性的修业年限；也可以在修业年限相同的前提下，使用不同的课程标准，依照学生的能力而指派不同的作业；抑或在课程标准和修业年限均相同时，对有需要的学生施行个别指导。再以中学为例，中学生们已经发展出了自己独特的个性，所以中学教师要能够试探并分辨学生各自的兴趣和才能；教师可以在课程之外，安排学生多参加社会实践等活动，帮助他们确定并发展自己的兴趣爱好乃至职业方向。

综上所述，在学校教育制度之中，学校有分层，才能发挥因材施教的功能，培养出新式人才；而这种分层有赖两个实质条件，首先是课程根据学生的学习、认知能力而由浅入深地设置；而作为课程的载体，教材必须依据逻辑顺序来将各个学科的知识加以系统性的组织和排序，使学生可以逐步积累知识，在身心、知识、技能方面得到渐进的发展。另外，教师负有传递知识的使命，应该通过高度的责任心和教学技能引导学生由浅入深的掌握知识，并且鼓励学生在掌握本阶段或层级的知识之余，开发自己的兴趣爱好，确定为下一阶段的学习方向乃至人生的发展方向。

2. 现阶段课程与师资无法体现分层

在确定了学校分层的两个决定性要素后，就可以进一步去检视清末新政时期所引进的学校教育制度是否真正体现了层级的差别，从而能够对不同年龄和学力的学生因材施教。

在清代学校教育制度中，私塾、书院和国子监采纳儒家经典作为教材已有百年历史，例如在私塾中，儿童先读、学、写《三字经》这本启蒙教材，读书人则在书院或国子监研读较深入的《周易》等经书。另外，熟读这些经书的读书人为数不少，完全可以担任这些学校的教师。在清代学校教育制度中，虽然没有系统的教育行政机构，也没有一套全国通用的教材，更从来没有依据任何教育方针而安排的课程；但是，在四书五经作为教材已有悠久历史的基础上，清政府透过科举考试的举行，对所有教育机构采取了间接但却有力的控制，使大量私塾与书院不论是在教材的选择、师资的聘用、课程的安排都能够体现出一种循序渐进原则，进而使两级教育机构体现出明确的分层。

　　然而，自光绪帝颁布了私塾和书院改为三级学堂的谕旨后，这样的分层却开始出现了问题。虽然私塾与书院原有分层，分别针对不同知识修养的读书人；但在改为学堂之后，由于必须要开设西学课程，而西学课程只是抄袭日本学校教育制度而来，本国的官员、读书人们从上到下没有人对这个引进的制度有完全的、深刻的认识，所以按照学堂层级来设置西学课程并且聘任教师就成了一项极具挑战性的工作。在私塾和书院改为学堂的过程中，把儒家经典组织为教材，尚可借现有的读书人之力；要颁布一份全国统一的课程，也可以利用现有的官书局，派任精通中学的读书人总理编纂事务即可。但在西学方面，各级学堂当下只有日本学堂西学课程可供参考，并没有一套经过组织的西学教材，也没有足够的合格师资来对学生传授课程。

　　后来，张之洞在《奏定学堂章程》中，对课程、教材及师资作了一些较为系统并且周详的安排，但这些安排仍无法改变这一时期课程和师资的问题：

（1）课程设计缺乏阶段性

　　张百熙与张之洞两人在两份学堂章程中对于新式学堂课程的安排大都是模仿日本经验，而后借鉴传统教育的特点；这样的课程安排与现代学校教育制度很不相同，虽然做到了引进新学校教育制度过程中与传统的融合，但是却由于缺乏对于新学校教育制度的全面理解，使得课程设计缺乏阶段性。以《钦定学堂章程》对于地理课程的规定为例，寻常小学堂有"舆地"课程，一年级的内容是"地球大势"，二年级的内容是"本乡各境，本县各境"，三年级的内容是"本府各境"，[159]课程从世界各国再到自己家乡显然有悖于罗廷光的认知顺序理论，不符合从乡土到世界、从已知到未知的顺序，与现代学校的课程顺序颠倒。再以理科课程为例，在高等小学堂里，一年级的课程内容是

---

159 《钦定学堂章程·小学堂章程》，《中国近代教育史资料汇编·学校教育制度演变》，页 280-281。

"动植物浅理",二年级是"器具制造",三年级是"物理初级",[160]到了中学堂后,理科课程深入为物理课程,中学一、二年级学习"物理分类学"。[161]这种课程设置更像是模块,而不是循序渐进的方式,即使课程制定者认为物理知识较难,需要在小学三年级才开始接触,但也不应该因为物理课程的加入而中止了动植物知识的学习和器具制造的锻炼;实际上,这是三门相互独立的课程,完全可以互不干扰的同时进行并遂年级升高而加深,而不应该按照先后顺序进行。再看化学课程,中学堂第三年的学习内容是"大意",第四年是"试验",而高等学堂的"化学"在第二年与第三年是以"无机化学"与"有机化学"为内容。[162]实际上,有机化学并不比试验课艰深,两者没有必要分年级展开;并且,化学的理论学习需要大量的实验来验证、支持,实验可以帮助学生更加形象的理解理论知识,所以二者应该相互结合,而不应该在不同年级单独教授。从以上几个例子不难发现,官员们由于对西学知识缺乏系统地了解,并且对于新式学堂也没有办学经验,导致各级学堂的课程设置无法体现出循序渐进的教学原则。

除了单一学科的课程设置不够系统科学,不同学科之间的课程安排也欠缺合理性。比如说,推广小学堂作为办学方针推出之后,各级学堂的西学与中学课程分配就很不合理。由于当时的官员对于初等与高等小学堂的作用定位在提高国民素质,所以小学堂每周有 12 小时的读经课程,而西学课程相对单薄,只有博物一门;在小学堂,西文更是被严格禁止学习的。虽然张之洞在 1898 年就知道日本高等小学堂就设有西文课程,[163]但却认为中国小学堂主要是培养儿童的道德,所以必须让他们集中精力学习四书五经,而不是西语课程,他在章程中规定,小学堂学生"宜注重读经以存圣教","一概毋庸另习洋文,以免抛荒中学根柢",[164]这个规定不符合语言要从小

---

160 《钦定学堂章程·小学堂章程》,《中国近代教育史资料汇编·学校教育制度演变》,页 283。

161 《钦定学堂章程·中学堂章程》,《中国近代教育史资料汇编·学校教育制度演变》,页 273。

162 《钦定京师大学堂章程》、《钦定学堂章程·中学堂章程》,《中国近代教育史资料汇编·学校教育制度演变》,页 273-274、248。

163 姚锡光上张之洞查看日本学校大概情形摺,《中国近代学校教育制度史料》第二辑上册,页 27。

164 《奏定学堂章程·奏定学务纲要》,《中国近代教育史资料汇编·学校教育制度演变》,页 498、501。

学起的教育方法，学生们要在进入中学后才开始接触外语，无形中会增加他们学习的难度。相较之下，中学以上学堂主要为了培养国民谋生知识与技能与创新知识，所以读经课程大量减少，而西学课程反而占了大多数的课时。

课程缺乏阶段性的问题导致地方学堂无法体现出分层。例如南京在约 1901、02 年间"那时还无所谓大学堂、中学堂的等级，名之曰高等学堂，便是征集国内一班高材生而使之学习，说一句简要明白的话，便是把从前的书院体制，改组一下"，[165]也就是说，督抚以为只要把书院改名为高等学堂，就能体现出学校的层级。

各级学堂课程安排不符合循序渐进原则，受到了来自士绅的强烈批评。庄俞（在 1911 年）指出，小学堂的经学课程时数安排得比中学堂更多，将使得小学生经学程度比中学生高，是一种非常不合理的安排。[166]《时报》的一篇评论文章也认为小学堂的课程结构安排不合理，经学课程多于识字课程；没有文字基础，就不利于儿童深入学习其他知识，因而会影响儿童的学习成效：

> 经学则授以十二时，文字则仅授以四时，无论其乏浅近之普通知识也，并不能为浅近之普通文字。试问此四时之文字，书法几时乎？缀法几时乎？夫外国小学，所以能通浅近文字者，为其有读本之程文可法也。今初级小学既无读本之程文，而徒授以枯窘无味之动静虚实等等，而谓其能入儿童之脑否乎？[167]

《警钟日报》在 1904 年 5 月里连续刊登了两篇文章，指出学校应有一定的"秩序"，所谓的秩序，即层级之分。然而，当下各级新式学堂在教材、课程方面根本没有什么层级之分：

> 同一大学而教科之目各殊；同一中学小学而教科之目各异。或伤于教科之浩繁，或伤于程度之低浅。而私设之学塾又各本教员一人之见以自订课程，有同一教科而教授之本不同者，又有同一课本

---

165 《钏影楼回忆录》，《近代中国史料丛刊》续编第五辑，台北：文海出版社（1974 年版），页二〇三。

166 庄俞：《论学部之改良小学堂章程》，《中国近代学校教育制度史料》第二辑上册，页 223-224。

167 奏定小学堂章程评议，《时报》1904 年 5 月 22 日，《中国近代教育史资料汇编·普通教育》，页 238。

而讲授之法不同者，致学科各门未能画一。[168]

从以上诸多实例中不难发现当时各级学校在层级划分上的混乱状态。课程的设置不科学，不能依靠层级的深入来体现循序渐进的原则，就会对学生的学习造成困扰，轻则使他们事倍功半，学业负担加重；重则会破坏学生的知识结构体系，使他们无法全面透彻地掌握该门课程，从而无法成为理想的新式人才。那么，新式学堂也就不能算是处于有序发展的状态。

（2）合格师资有较大缺口

至于授课的师资，张之洞早在 1902 年 3 月 9 日便建议张百熙尽快派出师范生游学日本，"回华后令其教授师范生，四个月可毕"。[169]这个办法有一举两得的效果，就是不但可以向教育学颇为发达的日本师范借鉴教学方法，培养出优秀的师范人才，而且这些人对仿照日本而来的课程也较熟悉，可以更快对教职上手。但是，由于张百熙没有在章程中设置留学生在海外所得学位转换为科名的办法和渠道，因而读书人们对于出洋游学的积极性并不高涨，因此，出洋学习师范的学生人数非常有限，也就无法缓解国内新式学堂的师资不仅不够的局面。

1902 至 1905 年期间新式学堂的师资不足，在很多史料中都有记载。根据包天笑的回忆录，在苏州这个私塾发达之地，"现在要把那些私塾废止，改成小学堂，第一就是没有师资。不要说那些冬烘先生无所适从，便是那班翰林进士出身的大绅士，对之亦觉茫然"。[170]在官绅对于新式学堂的办理和开展普遍感到束手无策之时，连会讲英语的邮局职员也被请来教授英语课程，这些人的英语口语虽尚可，"但语法知识浅，中文修养尤差"，上课时经常闹出文不达意的笑话，在学生中丝毫没有威信可言。[171]师资的短缺资质的不足，加上新式科学教科书的缺失，使得学堂的教育活动很难有效开展，即使在后来政府在学习日本新式学校的基础上编订了新式学堂的系列教科书，但由于教师们对于教授西学毫无经验，也难以发挥教材与学生之间纽带的作用。如

---

168 1904 年 5 月 18、19 日《警钟日报》社说·论中国古代教育之秩序、论中国古代教育之秩序续前，《中华民国史料丛编·警钟日报》，中国国民党中央委员会党史史料编纂委员会 1983 年版，页 0816-0817、0825-0826。

169 张之洞：致京张冶秋尚书，《中国近代教育史资料汇编·留学教育》，页 338-339。

170 《钏影楼回忆录》，《近代中国史料丛刊》续编第五辑，台北：文海出版社（1974 年版），页二五一。

171 《陆殿舆：清末重庆府中学堂》，《中国近代教育史资料汇编·普通教育》，页 357。

蒋维乔提到，对于清政府颁布的教科书，"内地教员多不知应用方法，于是每出一册，皆按照三段教授法次序加入练习、问答、联字、造句等，编辑教授法"。[172]不难发现，在新式学堂初设时，由于教学手段一时间无法跟进，学堂的发展受到了严重制约。

虽然张之洞在拟定 1904 年的《奏定学堂章程》时专门关注了学堂师资不足的问题，并这门对此作了补救措施，这些措施包括：要求各省应立即设立师范学堂、建议师范科、师范传习所，"其尚未设师范学堂者，亟宜延聘师范教员…若无师范教员可请者，即速派人到外国学师范教授管理各法"。[173]但这些措施也很难在一两年内立即有立竿见影的效力，并且游学归国人员的也并非全部具有担任教职的资质。陆殿舆在记载重庆的中学堂办学情况时，提到了这样的一个事例：重庆中学堂聘请了一位自幼年便留学日本学习博物的僧人担任中学堂教师，此人虽课程讲得好，但由于自小游学日本，把中文荒疏了，所编讲义，文欠通顺，于是学生们相约不上他的课，把他轰走了，结果学校连续五年都没有再请到博物教师，不仅学生在学习知识上受到了限制，该教师也抱憾终身。[174]

直到 1905 年，新式学堂的师资仍然面临严重短缺，并且即使在现有的有限师资中，真正合格者也是数量寥寥。师资的不足严重影响了学校课程的顺利开展和对学生的教导，因而学生们也对新式学堂和老师产生了消极懈怠的心理，对于到堂上课并不积极，不但不利于自身的知识积累，也造成了很多学校设施的资源浪费。

从上述记载与批评可以见到，各地方官在实际办学时面临了前所未有的困难，发现三级学堂决不是有硬体就可以表现出层级，从而有效的开展教学活动。对于如何科学地体现学堂的分级，他们尚未有能力或办法解决，而学堂的深入发展也就遇到了瓶颈。

虽然《奏定学堂章程》对于学堂的层级做了更加详细的规定，但张之洞打算让各级学堂独立发挥其作用，忽略了各级学堂彼此衔接、合作的必要性，导致各级学堂课程安排缺乏连续性，也没有能够妥善地解决学堂的层级混乱

---

172 编辑小学教科书的回忆，《中国近代教育史教学参考资料》上册，页 650。

173 《奏定学堂章程·奏定学务纲要》，《中国近代教育史资料汇编·学校教育制度演变》，页 496-509。

174 《陆殿舆：清末重庆府中学堂》，《中国近代教育史资料汇编·普通教育》，页 359-360。

问题，培养人才的目标也就不如预期般的顺利。实际上，学校教育制度的作用应由三级学堂共同承担，而不是由各级学堂分别进行。如果真如张之洞所想的那样，那么要发展尖端科学技术，只要大量设立大学即可；要提升国民素质，也只要让国民进入小学即可。实际上，这种做法是无论如何也无法达成目标的，所以，如何让三级学堂既有层级的划分，又能相互合作，实现课程的连贯性和知识的由浅入深，成为了这一时期现代学校教育制度改革遗留下的一个问题。

（二）人才输出不稳定

学堂的作用是培养各种创新人才，而后向社会输出。现有关于学校作用的研究有不少，对于如何输出人才的问题，他们的观点分为两派，第一派着重于学校教育制度对人才的培养，以学生为出发点，对各级学校的培养目标进行研究，从而分析学校培养的人才类型，例如舒新城认为，小学的职能在于灌输儿童对于国家有一致的理想；中学的职能在于"鉴别与分化"，也就是注意学生个性，使教学方式能够适应其个性；大学的职能在于"专攻与导率"，即保存文化，开创新知识。[175]陆费逵也是按照学校的层级划分，而分别研究各级学校的功能的代表，他指出："国民程度之高下，恃国民教育。国民生计之赢绌，恃职业教育。而国势之隆替，教育之盛衰，厥推人才教育"。[176]

第二派侧重研究学校教育制度的社会功能，例如吴俊昇主张教育要使个人能适应社会，进而为社会谋求福利。[177]陈桂生认为学校有让个体培养自身的人格与个性，并提升自己在社会中与他人交往的社交能力，或在社会的各种制度中扮演一定角色的职能。[178]钱民辉也把社会传授个人知识与技能，看成是学校教育制度的社会化功能。[179]

上述两派观点虽然侧重点不同，但都指出了学校教育制度的功能在于培养一批具有专门的知识技能和崇高的道德理念的人才，推动社会的发展。从这个角度来说，各级学校课程和师资无法体现分层，不同层级的学堂彼此难以确立衔接关系，无法让学生循序渐进地积累西学知识，无法稳定地向社会

---

175 舒新城：《教育通论》，福州：福建教育出版社 2006 年版，页 19-21、33。

176 《世界教育状况》序，《陆费逵教育论著选》，北京：人民出版社 1998 年版，页 89。

177 吴俊昇：《教育概论》，福州：福建教育出版社 2006 年版，页 95。

178 陈桂生：《教育原理》，上海：华东师范大学出版社 2000 年版，页 236-238。

179 钱民辉：《教育社会学》，页 152。

输出人才，其问题关键体现在两个方面：

1. 学堂有结构但无教学

从当时各地视学官的视学报告来看，虽然各地私塾和书院都改为学堂，但只是空有结构，实际上缺乏教材、课程与师资，没有内容。为了落实政策，地方官与士绅必须办学，但缺乏条件，结果他们沿袭办私塾的老办法，以儒家经典为教材，以塾师为师资，各级学堂虽然按照上级指示设立了，但只是在名义上的，其本质仍然是私塾。

根据顺天府的调查报告，西坛村小学为破庙中一聋老翁与学生八人，里仁仓小学仍读《千字文》与《三字经》。[180]涞水县"据称有初等小学堂十处；至其二处查看，有十八与十一人，实皆高读《杂字本》，与冬烘乡塾无异"。[181]南乐等州县高等小学堂的教师是"村学究"，所以子弟进入高等小学堂，"读遍四书五经，十六、七岁竟不能通一字。故学堂选取学生，多年长而文法不明者。"[182]其他省份也存在类似现象，例如常山、开化两邑学堂虽已开办，亦系有名矣，实为涂饰耳目之具，闻只有中教习一人（即从前之山长），其余诸科均未备，学生亦不多云。[183]这些小学堂或者直接聘用过去私塾里的山长教学，所受课程与私塾并无二致，甚至没有合格师资，也不开展教学活动，只是地方士绅应付上级考核的摆设。更有甚者，地方官员临时设立学堂以应付中央所派的视学官员检查，一份报纸记载，某直隶省士绅应付查学官的方式是在闲置空屋贴上蒙学堂三个字，聘请老人充作教习，任选幼童作为学生之事，等查学官离开后，"即将纸额撤去，幼童散归，老年人亦回家矣"。[184]新式小学堂与私塾无异，已失去改革本意，创新人才的培养工作流于形式。

---

180 顺天府属查学高步澶刘桂芬调查涿州学堂利弊禀，《直隶教育杂志》1905 年第一期第 33 页，《中国近代学校教育制度史料》第二辑上册，页 274-275。

181 光绪三十年保定易州查学王振垚冯蕴章查视涞水县小学堂情形摺，《直隶教育杂志》1905 年第一期第 40-41 页，《中国近代学校教育制度史料》第二辑上册，页 274-275。

182 光绪三十年十月二十日大名查学齐丕福查视南乐等州县高等小学堂情形禀，《直隶教育杂志》1905 年第一期第 33 页，《中国近代学校教育制度史料》第二辑上册，页 273。

183 警钟日报西历一千九百零四年十二月十一号　学界纪闻　当开学堂之虚名（衢州），《中华民国史料丛编·警钟日报》第五册，页 2672-2673。

184 警钟日报西历一千九百零四年七月十二号　本国记闻　直隶教育谈，《中华民国史料丛编·警钟日报》第三册，页 1351。

较高层级学堂也存在类似情形。在福建延平府，"府前有一道南书院，去岁于其旧址改为延平府中学堂，其教员则以举人章云溪充之。章视为一己私设之村塾，生徒约有十余人不过。因县府院考在即，借此为试寓而已，不立课程不设讲堂，洵可谓有名无实矣。"[185]

许多地方的学堂空有学校结构，没有内容，问题重重，士绅刘大鹏就是见到了学堂的名实不符以及人才培养的问题，批评"改书院为学堂，而学堂规模只是敷衍门面，务悦庸俗之耳目，并不求实，凡设立学堂，铺张华丽，经费甚巨，意在作育人才而人才终不可得"。[186]

2. 部分读书人依旧热衷参加科举考试

对许多读书人来说，新式学堂缺乏师资，或干脆不进行教学活动，名不副实，在他们眼里甚至不如从前的私塾，所以他们更愿意参加科举考试，从中考取功名，而不愿进入学堂荒废时间；即使有人在科举考试中败北，也宁愿选择自费留学，获得学历，回国换取功名。报纸记载了四川省：

> 省城高等学堂去冬开堂，今岁除正备取各生已入堂外，尚缺额百余名。正月学务处报名投考者万多，大约三月内由学政考取。但学堂内容不甚佳，教习亦太少，加以学生程度多低者，以致日本教习偶有问题，半不能对学生前途已可概见。至于小学堂尤为紊乱，所聘教员不得其人，有志之士是以多不愿入学堂。今春赴日本游者骤至数十人，且皆自费去。[187]

部分读书人即使进入新式学堂，仍然视考科举为唯一正途，经常辍学参加考试，一些主张新式学堂的人也纷纷报考科举，导致考试人数逐年倍增，《警钟日报》记载了读书人踊跃报考科举的情况：

> 昨有人目河南归者述及此次会试，非特各省人数倍于昨岁，即苏省亦较囊昔多至数倍，最可笑者如素主停科举，自命改革党之张云拃、陈颂平、蔡云笙等亦联袂同往，意气甚豪，亦可异矣。说者放诸君子平日撰刊劝人不必考试文洋洋万言颇动人听。此区区者犹

185 警钟日报西历一千九百零四年五月二十六号 地方记闻 福建 中学堂之有名无实，《中华民国史料丛编·警钟日报》第二册，页 0900。

186 光绪三十一年［1905］二月初九日［3月14日］，《退想斋日记》，页 140。

187 警钟日报西历 1904-5-6 地方纪闻 四川"高等学堂之现状"，《中华民国史料丛编·警钟日报》第二册，页 0709-0710。

不能践，其他尚复何望。[188]

在新式学堂开办之后，河南会试人数不减反增，说明读书人们虽然进入了新式学堂，但这只是学习的手段，科举中第、出人头地才是目的，他们即使身在学堂也不安心学习，准备参加考试。此现象无疑会导致新式学堂学生素质不可能提高的问题。学堂一日不得以成为读书人心目中的正途出路，便无法保证其持久发展，更不用说是在中国扎根。《警钟日报》的另外两则记载又再次证实了上述学生重视科举胜于新式学堂的现象，也说明这种现象在全国各地时有发生：

> 杭省于本届科试时，大中二学堂学生纷纷乞假争欲与试，旋经陶潘二总理，因旷废课程追补不易，势必因之紊乱班次，而又未便阻抑，商诸大吏概准免予县府试矣，院试时由总理以报考各生造册送院，按例具结填卷，一体应试以示优容，由是各生咸皆专力于四书五经义及史论等，俾为临场躐取之用焉。

> 省城高等学堂于三月十一日起招考学生，每日投考者甚多，其中新旧参半。该学堂总理一一先行传见，叩其所学以为考验之地，然其中有志之士固不少，而抱三年得举人之思想者仍居其半。[189]

1904 年 6 月《东方杂志》的一篇文章对办学所暴露出的种种问题进行了总结，说各地办学至今，"学堂之程度，终未见其骤进"，可见"今之所患者，不在学堂之不兴，而在学堂之无效"。也就是说，学堂虽立，但无法发挥传授西学知识的功能，难以培养出创新人才。[190]

张之洞与张百熙他们的设想是让科举考试的录取人数逐步递减，将这部分录取名额逐步转移到学堂之中，读书人必将会视学堂为发展的正途，从而在学堂经年累月安心学习、积累知识，这样学堂必将造就出大量的新式人才，同时，新式学堂也会逐渐脱离科举制度的制约，达到建立独立的现代学校教育制度的改革目标。然而，事与愿违，大量读书人和在校学生仍然热衷参加

---

188 警钟日报西历 1904-5-17 地方记闻　苏州"科举思想何忽发达"，《中华民国史料丛编·警钟日报》第二册，页 0809。

189 警钟日报西历 1904-5-25 地方纪闻　四川"教育界现状"，1904-5-18 地方纪闻　杭州"官学生之热衷科举"，《中华民国史料丛编·警钟日报》第二册，页 0818，0889。

190 论中国学堂程度缓进之原因，《东方杂志》清光绪三十年六月第六期，页一百二十五-一百二十八。

科举考试，不依照年限循序渐进地学习，将无法达到知识积累的效果；即使通过科举考试而取得科名，其水平也是没有提高的。

综上所述，新式学堂虽然有了初步发展，在全国范围内有了数量上的迅速增长，学堂的学生人数也与日俱增，但发展过程中也陆续暴露出一系列的问题和缺陷，比如说师资和课程没有科学的、明显的、实质性的分级，学生也无法在整个学堂系统中通过逐级升学而达成循序渐进积累知识的目的；地方政府和士绅为了应对中央的教育改革政策，以各种弄虚作假的手段应付检查；科举制度仍然被读书人们奉为求学之正途出路，吸引了大量读书人甚至在学学生报考，分散了学生的学习注意力。学堂培养人才的功能仍然受到科举制度的制约，还需要更进一步的改革。

第四章 现代学校教育制度的扎根：1905-1911 年

从西方引进而来的学校教育制度要完全融入中国社会，显然不可能只靠帝王一纸谕令或中央政府的督促，还需要地方力量的积极参与。随着改革措施从省一级逐步落实到府州县一级，官方力量显得难以为继，必须仰赖扎根于社会的士阶层，士阶层对改革也就有了更多的发言权，以各种实际行动参与改革。而且，士绅不再只是自己单打独斗地去推动学务，而是组成了地方性以及全国性的教育会等团体，更大程度发挥了士阶层在地方的力量，对改革做出了不少贡献。本章将梳理官方与士绅对改革如何进行交流与合作，探讨现代学校教育制度如何通过这些努力而扎根于中国，并审视现代学校教育制度对当时社会所造成的影响。

第一节 学校教育改革深化的相关措施

前章已经分析过，在 1902 至 1905 年间，新式学堂虽然在数量上取得了迅猛的发展，但各个学堂还普遍存在诸如课程设置不合理，师资不合格，部分学堂只是为了应付中央官员的检查而空有其形，学生重视科举胜于学堂等等各种各样的深层问题。负责办学的中央官员和一些督抚也发现了其中一些问题，并在后续的改革中纷纷出谋策划，想方设法解决这些问题，以铲除学堂发展的障碍。他们的建议和措施包括：改革科举，使学堂完全脱离科举的制约；推广义务教育；完善各级学堂的层级等等。与此同时，府州县地方政府也更积极深入地加入到了后续的改革中，不再只是被动的参与者，从而大大推动了地方学堂的实质性的健康发展。通过这一时期官民的通力合作，现代学校教育制度取得了实质性的进展，终于得以在传统中国社会中扎根。

一、对科举制度进行深度改革

早在 19 世纪中叶，便有不少士绅提出改革科举考试的主张，当时他们的重点主要在于改革考试科目这个层面；到了洋务运动时期，官员对科举制度的改革重点依然如此，最多也只是增加了考试的场次。[1]也就是说，在 1902 年之前，官绅一致认为科举制度即使需要改革，也只是一些小修小补即可。这种看法自《钦定学堂章程》施行后有了迅速的大幅改观，有督抚开始注意到学堂招收学生存在困难的同时，科举考试却仍旧是读书人们前赴后继努力的目标，这种情形并没有因为官方对学堂的推广而得到改善。官员与士绅在分析后认为，科举考试虽逐步缩减录取名额，但仍比新式学堂对读书人们的吸引力更强，所以使得读书人不愿进入学堂，或经常不在堂学习而请假或旷课去参加科举，学堂难以取得持续性的发展。

在 1903 至 1904 年间，以张之洞为首的一批官员，先后上奏指出科举制度制约了学堂的发展。他们的理由在于，两者同样授予科名，但科举制度只举行考试而不管日常的培养，相对弹性；相对之下，学堂要求学生每日到课，并接受各种定期和不定期的考核和检验，没有给予学生一次考试而侥幸毕业的机会，要求严格。对两者进行对比，学生自然要避难就易，选择以参加科举考试的方式获得科名。而且，由于科举制度具有选官的功能，一直被士绅们视为读书的正途，并认为学堂的重要性不及科举，因此有的士绅不愿捐款兴建学堂，有的即使捐款也会督促子弟继续参加考试。最后，官员们认为缩减科举录取名额已不足以遏制学生对科举的热情，也不能激发士绅对学堂的重视，唯有彻底废除科举考试，才可从根本上铲除学生的侥幸心理，安心在学堂学习，如此，"学堂指顾而可以普兴，人才接踵而可以胜用"。[2]

到了 1905 年，督抚与中央官员在经过了审慎的考虑后，主张尽快调整科举制度中的各级考试，从而迫使读书人进入学堂学习。自 1905 年后，各级科举考

---

1 例如冯桂芬、郑观应、李鸿章都主张改革考试科目或场次，可参考刘海峰等：《中国科举史》，上海：东方出版社 2006 年版页 408-411 中的论述。

2 直隶总督袁世凯两江总督张之洞奏请递减科举、命定新章并递减科举事宜，《光绪政要》卷二十九，《近代中国史料丛刊》第三十五辑，页 1825-1830、页 1895-1902。

试历经了一系列的改革与调整，对现代学校教育制度的制约作用大幅降低。

（一）废除科举考试

在《奏定学堂章程》颁布后，许多读书人仍然热衷于参加科举考试，即使进入学堂也经常辍学去参加科举，缩减名额已不足以遏制读书人与学生对科举的热衷。为此，张之洞和赵尔巽等人在 1905 年再次联名奏陈说，西方国家"举国上下，人人皆以兴学为务，而其造士也于此，其选士也必于此"，学校承担了育才和取才的作用。相对地，中国"科举一日不停，士人皆有侥幸得第之心"，学堂完全不能发挥育才作用，只有完全废除科举考试，才能迫使读书人安心地在学堂学习。他们还强调，在废除科举考试的基础上，还要禁止学堂招收没有次一级学堂毕业证书的学生，以强制学生循序渐进地升学。[3]从这份奏摺的内容来看，张之洞等官员不但发现了新式学堂招生存在困难，还总结出这个问题的症结在于科举制度：读书人与士绅们对科举抱有一线希望，对学堂持观望态度，致使学堂的持续发展受到了制约。因此，张之洞等人建议，要解决问题，只有彻底根除读书人们所报持的通过科举而一朝取得功名的侥幸心态，科举制度的废除势在必行。但是，科举制度在清代施行了两百年，一直是读书人的出路，贸然废除是否恰当？

在比较了科举考试与学堂后，这些官员认为两者给予读书人的科名在内涵与价值上等同；废除科举考试不但不会断绝读书人取得科名之路，反而可以迫使他们进入学堂以取得科名。光绪帝考虑后认为奏摺"所陈不为无见"，[4]同意了他们的建议，宣布科举考试停止举行。但是，一千多年来，科举一直是选拔文官的重要途径，尤其殿试更一直是体现皇帝本人特权的选官手段，所以在官员们激烈地讨论废除科举考试之际，对殿试反而是抱持着保留态度；没有人敢于为了兴办新式学校而主张削弱皇帝的权威。最终的结果是，科举考试的院试、乡试和会试被停止，而殿试则作为选官的工具和皇帝至高无上权威的体现而得以保留。

施行已有千年的科举考试被废，是因为它阻碍了现代学校制度在中国的扎根，成为了新式学堂在发展中无法回避的障碍；加之之前官员们减少科举

3　论立停科举以广学校，《光绪政要》卷三十一，《近代中国史料丛刊》第三十五辑，页 2153-2158。

4　论立停科举以广学校，《光绪政要》卷三十一，《近代中国史料丛刊》第三十五辑，页 2158。

影响力的尝试纷纷以失败告终，才使得不少官员们彻底认识了代表中国传统教育的科举与引进的西方学校教育制度水火不融，非废科举无以兴新学堂。

科举的废除，也是改革派官员们在引进外来制度时，将本国原有的制度特点与之结合，使其更快适应本土环境，扎根壮大。这也说明，在引进外来制度时，融合的过程是双向的：外来制度要为适应本土的社会环境而做出妥协、调整，本土社会环境也应该容纳外来事物。

（二）殿试被赋予留学生审核功能

科举考试虽然被废除，但由于殿试由皇帝亲自监考、选官，是皇权至上的体现，因而得以保留；不过，保留下来的殿试在后来也仅仅作皇帝本人选官的工具而存在，并且兼做考核游学回国人员的手段，不直接作为衡量一般读书人学业水平的尺度。

在科举的殿试成为考核游学归国读书人的方法前，官员们探索了一系列的其他办法，试图对游学学成的读书人水平作出科学的评判。1901 年，张之洞便与刘坤一奏陈可以举行留学生复试，"如学业与凭照（毕业证书）相符，即按其等第作为进士、举贡"，[5]也就是要对游学回国的读书人在国内进行统一的考试，来检测他们的知识水平，同时也开创了向留学生授予科名的先河，为留学生的后续发展铺平了道路。1903 年 10 月的《约束鼓励游学生章程》进一步推动了这个主张，不但要求留学生在日本学校期间接受出使大臣的监督，在回国后必须"由钦差大臣详加察核…并按照所学科目切实详细考验"，"果系所学等差，确与所得学堂文凭相符者"，才能得到相应科名。[6]也就是说，留学生在国外学习期间就要时刻受到监督，以确定他们如实按时到堂上课，并无荒废学业蒙混度日之举，回国又要接受管理学务的大臣对他们进行全部学科的逐一考核；其考核过程更加系统、严谨，让留学生能有机会和国内学生一同被纳入文官与教师的选拔程序。

需要注意的是，张之洞虽然把这份章程定名为《约束鼓励游学生章程》，但实际上章程的适用对象只限于留学日本学生。[7]从章程的适用限制和对留学

---

5 湖广总督张之洞、两江总督刘坤一：会奏变法自强第一疏，《中国近代教育史资料汇编·学校教育制度演变》，页 21。

6 张之洞：筹议约束鼓励游学生章程摺，《中国近代教育史资料汇编·留学教育》，页 58。

7 留学西洋的学生必须受《游学西洋简明章程》的约束，然而这份章程并没有明确规定留学西洋学生回国后如何将其毕业证书或学位转换为相应的科名。参考《中

生考试规范的不统一来看，张之洞此时还没有建立起完整的留学生任用规范。并且，外国学校在中国缺乏一个权威的认可机构或审核程序，所以留学生认证程序必须由法令加以规范，在不受到质疑的前提下，把学历或学位转换为科名，进而获得被任用为文官或教师的资格。

1904 年 12 月，当时负责全国学务的学务大臣上奏了《考验出洋毕业生章程》，规定所有留学生必须在回国后分别参加留学生考试与殿试，再根据其成绩而被授予相应的举人或进士科名。[8]这一份留学生章程，不但再次确定了废除科举但保留殿试的方针，留学生章程也借助殿试而成为统一的留学生审核与任用标准。

只是，这份章程在施行上还存在一个缺点，就是殿试作为钦定官员的形式，实际上对很多问题无法有效地给予验证，比如：这些留学生在校学习期间是否确实在堂上课，或是像许多国内学生一样只在考试时才到课？留学生毕业是基于知识水平的积累已经达到合格的水平，还是因为教师或学校监督在审核时不严格、留下了舞弊的空间？在外国学校和清政府没有直接联系，出使大臣无力监督每个学生的情况下，种种考核不严的问题可能存在，而且很难事先预防。由于皇帝日理万机，由其主持殿试，并无法全面、充分、客观的了解留学生的学识水平；若对名不副实的学生授予了进士科名，不但对科举废除后在国内学堂中靠日积月累、循序渐进的学生不公，也无法实现张之洞等官员最初设想的通过游学归国人员带动国内学堂发展的初衷。

熟悉学务的官员们认为，要杜绝这些这些问题，办法之一就是让专门负责学务的教育行政机构来管理读书人的真个学习过程、并对他们做最后的全方位的监测，从而保持考核的公正性与权威性。于是，1906 年 10 月 2 日，刚成立不久的中央教育行政机构——学部，提出了一份章程，规定学部必须会同"钦派大臣，按照所习学科分门考试，务求详密。试毕酌拟等第带领引见，恭候钦定，分别给予进士举人等出身"。[9]这份章程由中央教育行政机构在皇

国近代教育史资料汇编·留学教育》，页 27-28。

8 笔者目前无法获得关于这份法令的全部具体内容，只能根据间接资料知道学务大臣奏请由学务处会同大学堂总监督对留学生进行第一场考试，然后"按照乡会试之例"在保和殿举行第二次考试。参考为考验出洋毕业学生酌拟办法摺，《北京大学史料》第一卷页 442。

9 学部：奏定考验游学毕业生章程摺，《中国近代教育史资料汇编·留学教育》，页 64。

帝之前先对留学生进行全面的考核，进行把关，对于确认留学生的知识水平更具科学性和系统性。同时，在这样的安排下，学部主持考试的大臣要对通过考试的留学生可以获得哪种等级的科名提出建议，之后再由皇帝亲自面见考试合格的读书人时，正式授予他们科名。但是，进士科名作为一种文官资格，按照惯例是由皇帝钦点的，任何官员都无权干涉；由学部来"酌拟等第"，在无形中有架空皇帝选官权力的嫌疑。

学部后来试图解决这个问题，尝试保留皇帝选拔官员的权力，有权对留学生进行考核。1908 年 1 月 23 日，学部上奏了一份新的章程，规定留学生回国必须参加两次考试，分别是学部的部试与皇帝亲自主持的廷试，将两次考试成绩与所或等第合计后，才能决定所担任文官的职位。[10]如此的做法可让科举考试在被废除知识，皇帝仍有选拔官员的权力，留学生也能够有一条出路。

（三）推动科名"区分专业"

随着各级科举考试的调整与停止，科名的改革也不可避免。而且随着新式学堂改革的持续进行，许多官员对学校教育制度的认识有了进一步的提升，他们发现在西方，"学成试验与入官试验分为两事"，学校的毕业证书或学位，不过是一种教育资历或能力证明；至于当官的资格，则是另有规定，教育上的证明和当官资格是两回事。基于这样的认识，官员认为因为科名既是学习的资历而又是官位，所以学生才"就学初未尝有得官之心"，学习不专心。

基于这样的认识，在开展科举制度改革之际，科名的改革应该着重在其内涵上，最好是能够像西方的学历与学位一样，代表知识和学历。可行的做法，是借鉴学科划分的做法，把科名进行"专业区分"，让科名可以一眼看出其代表的学历与学位。握有教育行政权力的学部，主张先从留学生开始进行，根据他们学习科目，把要授予给他们的科名加上"某科"字样，例如学习文科回国的留学生授予"文科进士"、学习医科回国的留学生授予"医科进士"。[11]此做法可以表明国家决心推动科名改革，让科名靠向知识水平内涵，淡化当官资历色彩，学生势必会为了学习而不是当官而入学，创新人才的培养工作就可顺利进行。

---

10 会奏游学毕业生廷试录用章程摺，《学部奏咨辑要》三卷，《近代中国史料丛刊》三编第十辑，台北：文海出版社（1986 年版），页 349-358。

11 学部：奏定考验游学毕业生章程摺，《中国近代教育史资料汇编·留学教育》，页 64。

学部在 1911 年 9 月 9 日上奏陈述在全国范围内推广在举人以上科名加上专业的做法，"大学及师范、实业暨法政、医学等专门学堂毕业者，均加某科进士或某科举人字样"，全国新式学堂的学生就会安心学习，按部就班升学，不会中途辍学。[12]这份奏折表明科名加上专业的做法即将进行大范围推广，从留学生扩展到国内全部新式学堂的学生。

从科名的"区分专业"改革可看到，官员的改革目的是希望推动学生在新式学堂里专心学习，而不是一心想着当官，这实际上是关于学习态度的改革。这是把科名对应新式学堂之后所衍生的新问题。这里初步说明了科名背后所代表的读书当官的教育文化传统，而把科名对应新式学堂虽然让学堂提高了社会认可度，但也使得学堂成了一种工具，妨碍了创新人才培养。这个问题还需要进一步的改革。

二、加大义务教育推动力度

前章已经指出，在张之洞眼中，小学堂是义务教育，其功能是让儿童"启其人生应有之知识"，"立其明伦理，爱国家之根基"，"调护儿童身体"，而这也是当时多数官员的共识。在张氏眼中，清代教育体系中的私塾，是初级教育机构，不强迫儿童入学，在提升国民素质的作用方面很薄弱；因而在将它们全部改为小学堂后，应在这方面强化，通过官方和学校双方面的努力使尽可能多子弟入学，以提高国民的整体素质。但是，在 1905 年以前的改革过程中，尽管有鼓励儿童和青年入学的办法，但也暴露了一系列问题，比如小学堂虚设、课程设置不科学、学习时间不能弹性配合农事活动、没有鼓励女童入学的措施等问题，因此受到不少批评。于是，中央官员、地方官员与士绅联手从三个方面深化改革，有了 1905 至 1911 年期间大力发展小学堂、女子教育和简化汉字等各种努力和尝试。

（一）发展简易小学堂

1. 从废私塾到改良私塾

仔细分析起来，张之洞对私塾的看法并不够全面，这是因为私塾虽然没有强制适龄的儿童与青年入塾读书，但对农工商等不以入仕为人生目标的青年来说，私塾承担了一部分社会教育功能。儿童和青年们可以随时到私塾去

---

12 学部：会奏酌拟停止各学堂实官奖励并定毕业名称摺，《中国近代教育史资料汇编·高等教育》，页 340。

学习基本识字和算术，而农忙或生产繁忙之时则可中止学习，上课时间十分弹性；课程是基础、必要而实用的，与他们所从事的生产活动息息相关。比如，年轻时曾游学美国的夏威夷大学教授李绍昌记载他父亲的话，说他们家"历代祖宗多半是半日耕田半日读书，半为农者半为儒"，[13]这说明私塾能够通过灵活的课程和宽松的管理配合农工商人家子弟的学习和工作，为他们掌握基本知识起到了重要的作用。从这一点来看，在清代的广大乡村，私塾在基础教育方面扮演着重要角色。

相对之下，新设立的小学堂虽然同样是初级教育机构，但要求学生不从事生产而全天上课，少了私塾那种灵活性，难以承担起社会教育功能；加上新式小学堂开设的修身、读经讲经、历史地理等科目，也无法帮助日后不打算升入中学堂而要从事农工商业的学生的基本的谋生技能。结果，在一些地方，"贫贱之家，类曰，吾子弟安敢梦想富贵，以吾之力，令其稍识字无足矣，入私塾便"，[14]只能依赖更能够满足他们需求的私塾。

私塾的社会教育作用是被张之洞忽略的，所以在全国私塾都改革为小学堂的进程里，虽然确立了初级教育迈向义务教育的发展方向，但也间接地把社会教育在无形中抹杀了。一些贫苦人家的子弟，无法进入小学堂全勤读书，他们原在私塾尚存之地还可选择入塾学习，在私塾被废的地方则完全失去了接受任何教育的机会，反而失学了。把私塾改为小学堂的规定对某些地方农工商子弟产生了深远的影响。

早在1902年时，便有办学的官员发现了新式小学堂的局限性，所以设立其他形式的基础教育机构以为补充。比如，担任湖广总督的端方设立了一种"普及学堂"，"取其普遍、百姓人人皆学之意"，且"不收百姓分文"，以免费的方式对社会青年提供基本教育机会。[15]另外还有一些官员在地方办起了半日学堂，面向经济能力不足的子弟，使"这些苦人，半日去谋衣食，半日来学堂听讲"。半日学堂的上课时间只有半天，而且入学资格不限，"只要专心来学，不取学钱"；堂中课程主要是圣谕广训、孝悌忠信、基本识字、初级算术，与私塾颇为相近。从这些方面来看，半日学堂符合子弟在工作时间外参加学

13 李绍昌：《半生杂记》，《近代中国史料丛刊续编第六十八辑》，台北：文海出版社（1979年版），页10。

14 庄俞：论小学教育，《中国近代教育史资料汇编·普通教育》，页245。

15 端方：鄂省普及学塾章程并示，《中国近代教育史资料》上册，页101。

习，获得基本识字与计算知识的需求，而且不用交纳学费。[16]半日学堂对需要谋生的青年提供基础教育，稍稍弥补了改革私塾所造成的社会教育缺失问题。只是，这些学堂稀少且不系统，也没有得到足够的重视，作用十分有限。

端方在 1905 年担任湖南巡抚时，对半日学堂的作用有了更深的认识，指出了初等小学堂原本应该是提供普及教育的机构，而当下的经费与师资不足，实不足完成预期目标；为了能够对更多子弟提供教育机会，他饬令新式小学堂参考半日学堂的形式，或多立半日学堂，"其法以午前、午后为界，将学生分为两班，以一班午前来学，以一班午后来学，更番教授，减经费而省教员，一堂可收二堂之益"。[17]让新式小学堂开设两部制的做法确实弥补了小学堂的局限性，为一些子弟提供了上学机会。

在这个基础上，中央官员刘学谦在 1905 年 12 月 29 日请求光绪帝在全国推广这类半日制学堂，"每二三百家即应设一处，庶向学者众，教育可以普及"。[18]学部成立后，便立即向地方颁布《私塾改良会章程》，鼓励地方士绅成立私塾改良会以普及教育，允许程度较好的学塾"私立初等或高等小学堂"。[19]

1905 年以后，更多的士绅们针对许多贫困的农工商子弟因为小学堂改革而失学的现象，进一步提出意见，希望只对私塾进行改良，而不要把它们全部就地废除；而他们所谓的改良，是指在私塾教授基本识字的基础上，额外增加算学、历史、地理等初等小学堂所应该开设的科目。与一般小学堂的不同之处是，这种改良私塾"教科必极浅，学费必极廉，学年必极短，而后可期其普及。以其极浅、极廉、极短之故，人人之为，可以及之，而后识字之人大进"。[20]

至此，可以清晰地看到，无论是中央官员还是士绅，对私塾的作用及其改革方式积累了更深刻而客观的共识，认识到在小学堂尚未普及之前，私塾不但没有废除的必要，反而可以作为小学堂的有机补充，两者相结合，互取所长，可以更好地实现义务教育在儿童中的普及。

---

16 光绪三十年四川泸州半日学堂招生广告，《中国近代学校教育制度史料》第二辑上册，页 365-366。

17 光绪三十一年湖南巡抚端方晓谕阖省绅商士民筹设半日学堂摺，《中国近代学校教育制度史料》第二辑上册，页 366-367。

18 通行京外给事中刘学谦奏设半日学堂片稿文，学部总务司：《学部奏咨辑要》一卷·设半日学堂，《近代中国史料丛刊》三编第十辑，文海出版社 1986 年版，页 1。

19 私塾改良会章程，《中国近代教育史资料》上册，页 104。

20 论废科举后补救之法，《东方杂志》第二年第十一期，页二百五十三。

2. 对小学堂施行变通办法

在比较了学塾与小学堂的各自特点，并加以总结之后，江苏教育总会在 1909 年向学部上呈意见，说初等小学堂年限太长，许多人经济条件根本不允许，所以导致"初等小学尚未能多于私塾"。在这份公文的最后，教育总会强调"初等小学之年限愈短、科目愈简，则教育之普及愈易"，恳请学部修改初等小学的年限与科目。[21] 士绅们的意见再次反映了私塾作为初级教育机构，有其可取之处；但自《奏定学堂章程》把私塾改为小学堂以来，从事农工商的青年不可能长期、全脱产式地在堂学习，因此成为失学的一群人。换言之，小学堂由于规定过于死板，无法适应中国且耕且读的社会传统，因而，要想使西方的小学义务教育制度融入中国社会，就必须做出必要的调整与变通。

在各地官绅的一致呈请下，作为中央教育行政机构的学部修改了《奏定学堂章程》，取消了要求私塾在达到一定人数后改为小学堂的硬性规定，[22] 在改革小学堂的过程中给予更多的政策空间，贴合村民的需求。学部先是（于 1909 年 5 月 15 日）颁布《初等小学堂章程的变通办法》，允许地方在初等小学堂外另立"小学简易科"，"无论寺庙、民家、场圃、村舍均可为学，无论举、贡、生、监及学问较浅之寒儒…皆可为师"，招收有心向学之人，讲授修身读经、文学、算术三门科目，学习年限为三年至四年。[23] 之后（于 1909 年 12 月 11 日）又发文命全国各地私塾先按照初等小学简易科开设课程，"俾官学私塾得以渐归划一"。[24]

从设立小学堂简易科的规定来看，学部在普及教育的过程中已总结出一个经验，即在"学堂未及普遍之时，为取便童蒙就学之计，则私塾亦不能不设法维持"，[25] 也就是普及义务教育的前提是保障多数孩子原有的教育机会。

21　宣统元年江苏教育总会呈学部请变通初小学堂章程文，《中国近代学校教育制度史料》第二辑上册，页 203-206。

22　《奏定学堂章程》的规定是，家塾"人数在三十人以外者"，塾师设馆"招集儿童在馆授业在三十人以外者"，一律改名为初等私立小学。

23　小学简易科又分为两种，一种程度较高，四年毕业；一种程度较浅，三年毕业。宣统元年三月二十六日学部奏酌拟变通初等小学堂章程摺，《中国近代学校教育制度史料》第二辑上册，页 206-209。

24　学部通行京外凡各私塾应按照本部奏定变通初等小学堂简易科课程办理文，《中国近代教育史资料汇编·普通教育》，页 48。

25　学部：奏京师试办私塾改良办法情形摺，《中国近代教育史教学参考资料》上册，页 754-755。

在推动初等小学堂的同时保留私塾，采取多管齐下的方式，积极设立半日学堂、小学堂简易科和简易识字学塾，确实不失为推动教育普及的一个有效改革措施。半日学堂作为义务教育的辅助，吸引了不少孩子入学，在 1907 到 1909 年期间，学校数量分别是 614、728、975 所，学生数量分别是 18222、22813、25545 人。[26]尽管缺乏简易识字学堂的统计，但举人陆尔奎撰文"简易识字，普通人民之教育也"，[27]说明简易识字学堂成为不少农工商家庭孩子的义务教育机会。

3. 将私塾与小学堂接轨

在保障多数人能够接受教育的基础上，清政府进一步展开提高学塾程度的工作，打算将其与初等小学堂接轨。1910 年（2 月 7 日），学部先在京师试验推行私塾安排简易小学课程，并设立私塾改良讲习所，集中塾师"研究教授管理方法，补习国文、算术、体操学科"，并让他们互相观摩与学习。再加上劝学所的劝学员四处奔走劝告，在一年半的时间内，京师一地便有约 267 所私塾被改良为小学堂。[28]京师的私塾改良的成效，使得学部认为改良私塾可弥补社会教育在学校教育制度改革过程中的空白，又可以在日后和全国小学堂在程度上取得一致，有利于教育的普及，其经验可以在全国各地加以推广。

为了确保私塾改良章程能够落实到地方，学部要求省级和县级视学官到各地"私塾善为劝导，设法改良，期于各门课程悉能遵用部颁课本，俾官学私塾得以渐归划一"。[29]1910 年 7 月 28 日，学部更进一步要求各地劝学所对各自当地的四种私塾进行"劝导改良"，鼓励它们逐步改为初等和高等私塾，并让这种改良私塾的毕业生可以"分别应中学及高等小学升学考试"。[30]这些

---

26 光绪三十三年、光绪三十四各省半日学堂等统计表、宣统元年全国半日学堂等统计表，《中国近代学校教育制度史料》第二辑上册，页 368-369。

27 学部：奏京师试办私塾改良办法情形摺，《中国近代教育史教学参考资料》上册，页 754-755。

28 宣统元年陆尔奎《论简易识字宜先定为义务教育》，《中国近代学校教育制度史料》第二辑上册，页 354-355。

29 学部通行京外凡各私塾应按照本部奏定变通初等小学简易科课程办理文，《中国近代教育史资料汇编·普通教育》，页 48。

30 第一种私塾是以"识字为主"，"以教家贫年幼之儿童，三年毕业"；第二种"由短句进于短文"，"以教年长失学之子弟，二年毕业"；第三种"与第二种程度大略同"，只是生字较少，"以教年长失学、粗能识字之人，一年毕业"，学部奏《简易识字课本》编竣摺、学部奏编辑《国民必读课本》分别试行摺，《中国近代教育史资料汇编·普通教育》，页 56-59。改良私塾章程，《中国近代教育史资料汇编·普

法令的出发点无疑是试图让两个等级的私塾将来可以和两等小学堂衔接。

上述三项改革措施说明，一些官员和士绅开始意识到，在推广普及教育的初期，很多农工商青年因强制私塾改为普通新式小学的法令而丧失了教育机会，导致全国在积极大力普及基础教育之际，识字之人没有明显增加。为了解决这个问题，一些督抚先积极推动简易形式的小学堂，承担起因为改革而缺位的社会教育，以确保多数人有接受教育的机会。在这个基础上，刚成立的学部积极也支持推广半日制小学堂和小学堂简易科，以扩大农工商子弟的教育机会，而后逐步提升民办学塾的课程与师资水平，使这些简易形式的小学堂或学塾最后能够达到与普通初等小学堂相似的程度，并且也能够与高等小学堂衔接，以灵活的方式逐步达到在普及基础教育的目标。和《奏定学堂章程》光是在表面上要求私塾改名为小学堂，并严格要求学生全天在堂上课的刻板规定相比，1905 年以后，督抚与学部在推动普及务教育时的措施更加温和而稳健，并且措施也更有针对性。到了 1906-1907 年间，学部终于在普及教育取得初步进展的基础上，正式颁布"幼童及岁，不令入学者，罪其父兄"的规定，[31]强迫全国儿童进入小学堂接受基本国民教育。

这段时期推广小学堂的措施，更多地考虑到当时普通人的生活和节奏、以及对受教育的态度，使私塾和半日学堂这样的新式学堂更好地发挥义务教育作用。

（二）初步发展女子教育

在清代以及清代之前的历朝历代，女子一般并不接受教育，也没有正规的女子教育，年幼女子主要是由母亲进行教育，主要学习刺绣和纺织等，偶有开明人家才会教自己的女儿读书识字。一些富裕人家会聘请塾师，让家里幼女随着塾师读书识字，但是，无论女子的学业有多么精深，她们都不会被允许参加科举考试，当然也就没有机会进一步到书院深造。女子无才便是德的思想深深地扎根在中国的男性心中，不光普通人民抱有这样的思想，连见多识广、思想开明的改革派官员张之洞也不例外。根据材料，张之洞在和出

通教育》，页 60-63。根据规定，私塾改良的标准有二，一是塾师的出身、年岁、嗜好、兼营事业到到塾资历，二是私塾的学生多寡与程度、教授所用书籍和教授方法、管理情形、师生旷课之多寡、私塾所在地。私塾在被评定所符合的条件后，将可能被改为初等和高等私塾。

31 学部咨行各省强迫教育章程，《中国近代教育史资料汇编·普通教育》，页 38-39。

使大臣裕庚聊天时，是如此评估到女子教育的：

> 女人不应该读书…女人一旦懂得怎么读怎么写，她们做的第一件事就是给男人写情书，或是读男人写来的情书！女人应该听从父母安排早早结婚。这是咱们祖宗留下的规矩，祖宗的规矩就是最好的规矩！[32]

这一段话道出了女子不接受教育是自古以来的观念，根植于社会，从乞讨卖艺者到农工商人乃至到最高级的政府官员，各个阶层都如此认为。因此，清代女子教育主要局限于家庭教育的范围中，主要是以女红活动为主，一般由家庭中的妇女承担保姆兼启蒙者的职责。从清代学校教育制度的发展史来看，女子不可能得到科名，没有担任师资或文官的机会，女子教育也就没有必要存在，更不可能成为学校教育制度的一部分。但是，在引进学校教育制度的过程中，清代的官员发现要推动义务教育，就不能忽略女子教育，否则就称不上普及教育，女子教育才开始被改革日程。但是，女子教育在中国社会几乎没有基础，要发展女子教育，各个方面都要从最基本做起，而且还要突破陈旧保守的观念，甚至还涉及到现有官制改革等相关工作，可谓任重而道远。

1. 传统教育中的女子教育观

十九世纪末，出使官员见到西方所有女子可以进入学堂。出使欧洲的薛福成在其日记中提到，西方"凡男女八岁以上不入学堂者，罪其父母。男固无人不学，女亦无人不学"。[33]薛福成的考察报告第一次将女子接受教育的观念介绍给了国内的官员，也使得中国开始了对女子教育的探索。

后来，借由邻国日本的学校教育制度经验，一些民间人士对女子教育的认识更深，认识到女子教育应该是学校教育制度的一部分，而不应仅仅局限于家庭教育的范畴。郑观应在 1894 年曾论述日本学校"收集男女生徒"，设有师范女子学校女子部学习院，[34]又向国人引进了女子学校的概念和女子从教的做法。维新派代表人物陈炽在 1894 年撰讫的《庸书》里借《周礼》等中

---

32 其父为出使大臣裕庚。《德龄公主回忆录》，北京：团结出版社 2007 年版，页 39-40。

33 光绪十七年辛卯正月丙寅朔记，《出使四国日记》卷六，北京：社会科学文献出版社 2007 年版，页 241。

34 《盛世危言》卷二·礼政·学校上，北京：华夏出版社 2002 年版，页 97。

国古代经典著作和西方女子学校的例子，阐述了女子教育的重要性："泰西风俗，凡女子纺绣工作艺术，皆有女塾，与男子略同，法制井然，具存古意。故女子既嫁之后，皆能相夫教子，以治国而齐家，是富国强兵之本计也"。他还点出了清代不注重女子教育对社会进步的负面影响，建议"就近捐款，广增女塾，延聘女师。女子自四岁以上十二岁为期，皆得就学"。[35]他意识到女子教育在教学内容、教师等方面突破家庭范畴，拓展到学校教育层面，如此才能实现就国家富强的目标。陈炽对于兴办女学和聘请女师的主张对清末女子教育发展有所启发。

梁启超更进一步指出，母亲对儿童的启蒙教育扮演着关键性的地位，而对儿童的启蒙教育直接关系着国家的兴衰，因此，必须加强女子教育，使得女子能够对子女进行更有效的启蒙教育。他在写给光绪帝的《变法通议》中专门有一节阐述女学的重要性。"西人分教学童之事为百课，而由母教者居七十焉"，从现在的世界局势来看，"女学最盛者，其国最强"，相对说来，"女学衰，母教失，无业众，智民少"，是故"欲强国必由女学"。[36]他一再提及改革女子教育有助于儿童基本素质的提升和国民整体的进步，并且女子教育可以让清代的学校教育制度更为完整并缺德更好的发展，最终有助于国力的整体提升。地方士绅对女子教育的认识与推崇，可以说是前所未有的，具有积极性的意义。

但要想进一步发展女子教育还存在不少问题。首先，女子入学意味着她们将有资格被授予科名，有资格成为文官和教师。这两点都是史无前例大变革。因此，士绅之间虽然形成了女子教育的概念，但女子教育涉及层面既广且深，决非仿照西方设立一些学校进行女子教育如此简单。正因如此，积极进行教育改革如张之洞，在湖北建设各种新式学堂时，对女子教育却是十分消极。

2. 开放女子担任学前教育师资

女子教育的进展要从一些士绅从日本女子教育的认识开始。士绅郑观应指出，日本有"师范学校女子部学习院"，[37]专门培养女子教习；后来赴日考

---

35 赵树贵：《陈炽集》·庸书·外篇卷下·妇学，北京：中华书局1997年版，页128-129。

36 变法通议·论女学，《饮冰室合集·文集第一册》，上海：中华书局1936年版，页四〇-四四。

37 《盛世危言》卷二·礼政·学校上，北京：华夏出版社2002年版，页97。

察的姚锡光也提到日本"小学校之中每附有幼稚园，童子及四岁者入焉，董之以保母，于教之嬉戏之中，寓蒙养之意。其保母盖曾入女子师范学校者"。[38]清代官员认为日本设立专门的女子师资培养机构，并让女子担任幼稚园的保姆，有助于幼儿教育的发展，并非传统教育观所以为的坏事。

一些地方的督抚开始效仿日本，安排女子担任幼儿园教师或保育员。1903年，湖北巡抚端方年在武昌设立湖北幼儿园时，聘用日本女性师资来推广当地的学前教育。他请到户野美知惠等三名日本保育员负责经办湖北幼儿园，让她们对四至六岁的儿童进行每天三小时的保育，"专辅小儿自然智能、开导理事、涵养德性，以备小学堂之基础为宗旨"。[39]鉴于中国当时还没有对女性教授保育知识与开展训练的场所，借用日本师范学堂女子毕业生可以作为一种临时性的折中做法。此时，张之洞也开始认同女子教育在教育学前的重要性，"不能多设女学，即不能多设幼稚园"，[40]这里隐含了把女子教育拓展到学校教育层面的意图。

可是张之洞想到，在科名与新式学堂的对应关系下，学习日本设立女子师范学校，就要面临授予女性毕业生科名的情况，而这则有悖于传统，不利于社会稳定。他在《奏定学堂章程》里说道，说中国国情不同于西方，"不便设立女学及女师范学堂"，[41]只能开放让"有女者自教其女，以知将来为人妇、为人母之道"，"母不能教者或雇保姆以教之"，[42]明确了不设立女子学校和不允许女子进入新式学校的方针。在这一方针之下，张之洞在湖北采取了一种"变通"的方式去培养女子担任学前教育师资。他颁布命令要求全省各地官绅在本地教养幼儿的育婴、敬节堂中附设蒙养院，招收一定数额的乳媪，让他们"自相传习"关于保育和教导幼儿的书刊；如果地方上没有识字的乳媪，则"专顾一识字之老成妇人入堂，按本讲授"。[43]张氏这一安排实际上是把女

---

38 《东瀛学校举概》，《教育考察记》上册，杭州：杭州大学出版社 1999 年版，页五-六。

39 廖其发：《中国幼儿教育史》，山西教育出版社 2006 年版，页 190。

40 《奏定蒙养院章程及家庭教育法章程》第一章，《中国近代教育史资料汇编·学校教育制度演变》，页 398。

41 《奏定学务纲要》，《中国近代教育史资料汇编·学校教育制度演变》，页 497。

42 《奏定蒙养院章程及家庭教育法章程》第一章，《中国近代教育史资料汇编·学校教育制度演变》，页 400。

43 《奏定蒙养院章程及家庭教育法章程》第一章，《中国近代教育史资料汇编·学校教育制度演变》，页 398-400。

子教育局限在学前教育阶段。不过这也是教育发展中的一个进步。

把已婚妇女培养为保育员的办法,对于其他省份督抚来说并不容易实现。首先,在偏远和内陆省份,以及发达省份的相对闭塞落后地区,识字的妇人几乎没有,更遑论达到一定数量,因而无法为本地幼儿园提供充足的保育员;其次的问题是,这些妇女只靠自己的经验积累或自学教科书,程度没有任何保证,手段和结果尚属未知。相比之下,日本幼儿园"其保母盖曾入女子师范学校者",[44]其专业化程度显然充分。所以在学校教育不开放女子教育的情况下,无论什么调整都不能保证学前教育的成效。舒新城后来批评张之洞的这种做法是"在形式上欲彻头彻尾的维新,而思想上又欲保持所谓《女诫》、《女训》之旧习也","其不合理竟出乎常情之外"。[45]张之洞的矛盾说明女子教育问题还要进一步的探索。

面对推广女子教育的种种艰难,在地方办学的官员与士绅不断探索其他的出路。1904年7月,距离《奏定学堂章程》颁布的半年后,张之洞再度思考了学前教育的女子师资问题,命湖北省城的育婴、敬节两座学堂,"挑选略能识字之乳媪一百名,作为保育科正额,延聘日本女教习讲习保育幼儿、教导幼儿之事,以备将来绅富之家雇佣乳媪之选"。[46]这些规定在一定程度上参考了端方利用日本在师范学堂方面,聘用日籍女教习来培本地的养蒙养院保姆的做法,然后再以这些受过熏陶的女教员为基础,去扩大并提升全省保姆的规模与程度;这一规定借由日本女教习的力量在某种程度上实现了女子教育,是女子教育进一步发展的表现。不过,聘用日本女子教习的做法存在一个问题,就是这些女子教习的语言不同,难以达到顺畅、无障碍的沟通,并且日本的国情也与中国不同,日本教习的经验并不能完全在中国使适用。

恰好此时日本有人设立专门培养中国女子保姆的女子学校,于是一些督抚开始派遣女子赴日本留学,想借用日本的教育机构来培养中国的蒙养院保姆。1905年,湖南省派遣20名女子公费留学至日本的实践女学校,进入学习年限为一年的特别科与工艺科;同年,奉天的熊希龄也来到这所学校,和担

---

44 姚锡光被张之洞派赴日本后,便在《东洋学校举概》一书中如此提到日本幼儿园的师资,《教育考察记》上册,页五-六。

45 近代中国幼稚教育小史,《舒新城教育论著选》下册,页611。

46 张之洞:札学务处办敬节育婴堂文,《中国近代教育史资料汇编·普通教育》,页6-7。

任女学校校长的下田歌子约定每年选送 15 名留学生到该校附设的清国女子部学习。[47]对官员与士绅来说，日本女学校的速成师范与工艺科可以为中国提供更多学前教育的女子师资，进而推动学前教育的发展[48]而且可以避开授予女子科名的问题；而女子教育的局限性也因这群少数女子留学生而有了进一步的突破。

直到 1907 年，中国的女子教育的理念虽然逐渐推广，但却始终受到传统教育观的束缚，实际进展缓慢，女子和女子教育的地位还需要进一步改革。

3. 允许女子接受义务教育与留学教育

自 1907 年开始，女子教育取得了更大的发展。当时的一些士绅认为普及教育的进展迟滞问题与幼儿园缺乏合格保育员，儿童心智发育成长缓慢有一定关系，于是不断有人提出应允许女子进入学堂学习，满足各地幼儿园对保育员的大量需求。例如，《东方杂志》在 1907 年的一篇文章里就提出，"中国近年亦尝言教育、言普及，京内外纷纷兴学"，但其中一个关键问题是"往往舍其本而务其末，躐等骤几，植基不固，无怪其效果少而流弊多也"，这些流弊无形中从一个侧面反映了幼儿园教育的成效不高导致普及教育的固步不前。文章进而明确指出幼儿教育的师资不够的问题，"儿童幼时，昵近于母，保育之责，自非任之女子不可"，但是"女学方在萌芽，保姆恒难其选"，而且"倘悉聘日女任之，又苦言语不通"。文章最后提出广设保姆传习所，招收女学生以为保姆的主张。[49]一些官员认同这样的意见，纷纷奏陈指出女子不受教育，将影响儿童在入小学前的启蒙教育的成果，不利于清政府当前正在进行的义务教育普及工作，所以"女学实宜与男学并重"。[50]

此外，不少考察日本学校的官员大力推崇日本施行女子教育、培养女子为幼儿园或小学教师的做法，尝试借鉴，例如考察日本的官员郑元潚说"府立女子师范学校…校中女子举止娴雅，得力予此教者不少…此邦重视此科，

---

47 日本的下田歌子在日本设立的实践女学校中附设清国女子部，招收中国女子学生，并设置了专门课程，有通晓中文的日本女教习，转引自周一川：《近代中国女性日本留学史》，页 17-18。

48 根据《日本实践女学校附属中国女子留学生师范工艺速成科规则》，师范科是培养女子知道"学校教育以家庭教育为本原"，工艺科则培养女子晓得"社会生活以个人生活为基础"，《中国近代教育史资料汇编·留学教育》，页 353。

49 论幼稚园，《中国近代教育史资料汇编·普通教育》，页 29-33。

50 分省补用道程清条陈开民智兴实业裕财政等项呈，《清末筹备立宪档案史料》上册，页二八 0。

吾国学堂尚阙如，则教习难其人也"。[51]另一位考察的官员吕珮芬亦说日本"女子高等师范学校，文部省所立，使之研究普通教育与幼儿教育诸法，而为通国女子师范及高等女学校之教师者也…且为之附设高等女学及小学校、幼儿园，以为实地练习之所，意为美法至良也"。[52]这些考察成果让更多士绅与官员认为女子教育对家庭教育、学前教育乃至于义务教育都是十分重要的；凸出了清政府目前把女子教育局限在家庭教育，然后利用日本女学校培养保育员的做法并不正规，要使学校教育制度有所发展，势必要打破女子教育当前局限于家庭教育和借用日本学校资源的情况，应该让女子拥有进入学堂正式接受教育的资格，并且使女子教育成为学校教育制度的一部分。

在积极推动义务教育的需要之下，女子教育终于在中国社会取得了发展的根基。1907年3月8日，学部总结了以往官员与士绅关于女子教育的意见，指出"女学不立，妇学不修"，会导致"家庭之教不讲，蒙养之本不端，教育所关，实非浅鲜"，肯定了女子教育对家庭和学前教育的重要性。在这个总结的基础上，学部开始正式展开女子教育，允许设立女子小学堂，招收女子入学；同时鼓励设立女子师范学堂，并附设女子小学堂与蒙养院于其中，以培养女子学堂学生成为小学堂教师以及蒙养院保育员。至于以前已经设立的女子学堂，将可以按照新章程来继续办理。[53]借由这一套新规定，女子从此可进入女子小学堂、中学堂与师范学堂，并成为中小学师资，女子教育突破了传统教育观的束缚，正式成为学校教育制度的一部分。虽然女子教育仅止于中学程度，也得不到科名，但已是一个重大进步。

概括地说，在清代，女子教育相对薄弱，主要是由母亲在家庭中进行家庭教育，"虽不能为社会之益，而亦不至为家庭之损"。[54]但是，这些母亲没有学习经验，大多不识字，更没有学过幼儿保育，对家庭或学前教育的作用是有限的。到了新政时期改革之初，女子教育也仍未成为改革重点，《奏定学堂章程》仍延续了以往做法，将女子教育局限在家庭教育的范围，不让各级学校对女性开放。这样的法令规定也无法真正实现普及义务教育的理想，因为

51　《东游日记》页十六，《教育考察记》下，页七三三。

52　《东瀛学校观察记》页四十八，《教育考察记》下，页八八七。

53　学部：《奏定女学堂章程摺》，《中国近代教育史资料汇编·学校教育制度演变》，页582-592。

54　日本实践女学校附属中国女子留学生师范工艺速成科规则，《东方杂志》第二卷，第6期，《中国近代教育史资料汇编·留学教育》，页352。

占国民一半的女性都被排斥在了义务教育之外。后来，地方在推动学前教育时遇到困难，又逐渐认识和学习了日本女子学堂培养女子担任幼儿园保姆的经验，政府才认识到系统开展女子教育的重要性——有利于全体国民的素质的提升，并且可以帮助推广学前教育；遂颁布了女子学堂章程，允许女子接受小学与中学师范教育，促成女子教育构成了学校教育制度的一部分。这是中华民族发展历史上的一大进步，结束了几千年来"女子无德便是才"的封建观念，是晚清在引进吸收西方教育制度的同时，选择性的学习西方的进步思想和文化的客观表现，也体现了晚清学校教育制度改革的深度、广度以及包容性。

美中不足的是，这一时期对于女子教育的改革仅仅止步于单独设立女子学堂，还没有完全实现男女同校，所以女性仍然无法完全享受与男性同样多的教育机会和选择；同时，单独设立女校也给本不宽裕的教育资金造成了更大的压力，不能算是利用有限的资源充分发挥作用、扩大收益群体的安排。士绅陆费逵指出，"贫僻之区，设一小学已属勉强，断不能再设女校"，"欲不令男女共学，是无异不令女子受教育也"；在中国尚无力普及小学堂的情况下，不开放男女共学，还是无法大量增加女子接受教育的机会。因而，他建议要切实有效地推动女子教育，至少应开放小学堂阶段男女同校，否则女子教育的计划都是空谈。[55]在开放男女共学之前，女子教育只能算是迈出了起始的步伐，还不能说是取得了实质性的进步，日后的改革中还需要逐步增加更具实质性的措施，来弥补或修正这一不足。

（三）推动汉字简化

在教育改革进行之际，有一些人主张把汉字进行简化。第一次鸦片战争后，有传教士试图将中国汉字改成西式罗马字母，只是得不到认可。在清末，官员为了降低小学生的识字难度，推动教育普及，再次提出了简化汉字的主张。

1. 鸦片战争时期改汉字为拼音文字的尝试以失败告终

鸦片战争后，传教士纷至沓来，见到了与他们拼音文字完全不同的象形文字。为了有利于在中国的传教，传教士马礼逊首开先河地编纂了一部《中

---

55 男女共学问题（原载《教育杂志》第 2 年（1910 年）第 11 期），《陆费逵教育论著选》，页 66。

文字典》，用自己所知的"官话"来拼写汉语。这本字典里还附上了一个拉丁字母音节表，以利于其他传教士学习汉语、在中国生活，是西方人以罗马拼音来拼写汉字的较早尝试。后来，威妥玛（Thomas F. Wade）在这个基础上进行了改良，在 1867 年出版一部京音官话课本《语言自迩集》，成为音译中国人、事、物名称的标准，得到了西方人的广泛应用。根据学者陆丹林的记载，在应用统一文字的基础上，教会学校自 1877 年开始就在教材里使用罗马拼音，用以应对边区民族以及方言不同地区沟通的需要。[56]教会学校之所以遍布穷乡僻壤，与拼音文字的便利性是有密切关系的。总的来说，传教士自从在中国开设学校之后，便逐步发展出一套拼音文字系统来对应汉字，并取得了成果。

在戊戌变法不久后的 1891 年，一位思想家宋恕提出创造一种简化汉字——切音字的构想，[57]其灵感就是来自西方人将拼音文字对应到汉字的方法。后来有士绅在体会到了拼音文字的方便性后，更进一步以拉丁字母为基础，总结出了一套汉字拼音方案，从此，把汉字改为拼音文字成为不少士绅的主张，代表人物包括沈学、梁启超等人。[58]不过，简化汉字意味着作为教材的四书五经全都要改编，改革工作之巨大与繁重，让人怀疑其必要性。在西方科学都只被视为一种奇技淫巧的社会背景下，改革汉字更是有"用夷变夏"的疑虑，是对中华民族几千年文化传承的否定，必定要招来强烈的反对。

2. 以普及基础教育为目的的汉字简化工作

后来，在晚清学校教育制度改革时期，在全国展开普及初等教育工作的同时，有一些士绅认为普及教育工作之所以进行不顺利，其关键之一就在于

---

56 陆丹林：民国前的教会女学校，《中国近代教育史教学参考资料》下册，页80。
57 唐才常：《贬旧危言——宋恕集》·变通篇·开化章，沈阳：辽宁人民出版社1994年版，页186。宋恕指出，"按今日小学教法，先授和文，后授汉文；若师其意，江淮以南，须造切音文字多种，以便幼学；兹事体大，未敢议及"。可以见到他希望中国学习日本以注音来拼汉字的做法，以推动更多幼童认识汉字，但这无疑等于把汉字日本化，事关重大，所以只轻描淡写地提及这个构想，尚未有具体而深入的思考。
58 卢戆章在《一目了然初阶》一书中指出，拼音文字的优点在于容易学、容易写、容易识、国际化，首先创立了一套方案，以拉丁字母来拼汉字。沈学在《盛世元音》里指出，"变通文字，则学校易广"，而梁启超在为该书作序时，也提出了类似看法。倪海曙：《清末汉语拼音运动》，上海：上海人民出版社1959年版，页23-25、43、48。

中国文字的艰深难辨，一般儿童很难能够熟悉这套文字系统。为了加强教育普及工作，有官员再度提出前人早就提出过的简化文字主张，打算拟定一个统一而简易的文字系统作为书写与阅读标准。

在官员考察日本，想要借鉴其改革经验时，有日本学者向考察的官员提出了改革汉字的主张。1902 年，土屋弘对当时在日本考察的即将就任京师大学堂总教习的吴汝纶建议说，中国应采日本五十音为字母，"以此施于教育，其进步之速，曾何足至"。[59]于是，用简化汉字以普及教育的想法再度进入清代官员的视野。自 1904 年，辅助推广学堂的士绅陆续提出各种汉字拼音方案，其中便有以日本五十音为基础的。有个别官员将其进行了具体实践，如袁世凯就在保定的蒙养学堂、半日学堂等教育机构试验推行。汉字简化运动取得了一些成效。据曾任京师大学堂总监督的劳乃宣的看法是"已有塾数十处，识此字者数十万人"，识字人数呈现大幅度的增长。[60]见到这样的成效，重臣劳乃宣积极主张拼音字是"普及教育之利器"，之后觐见光绪帝时更奏请在简易识字学堂里附设简字科，让更多农工商人能够识字。[61]

从这一点来看，中国官绅对西方普及教育从表面上的让全国人入学，进展到了推动全国人民识字达一定水平的深度，这样的认识已是一个进步。只是，要把汉字进行简化还涉及不少问题，诸如以汉语还是罗马文字作为拼音字母，采取汉语中的哪个语系当成拼音标准，如何培养拼音师资、如何对教材进行全盘改版等重大问题，所以一直没有推广到全国的机会。为了在简化字争论取得共识之前能够顺利推动普及教育，主管学务的学部采取一种折中的方法，编纂简易识字课本，"由单字进于短句，由名字进于幼字"，并从"儿童易知之事物"当中选取教材，[62]这样的安排使得基础教育的教材比更加合理，比以往刻板要求所有农工商子弟读四书五经更有实质意义。

对于汉字进行简化的概念和努力，表明引进学校教育制度的努力已经不再停留在表面的形式层面上，而是深入到了制度内涵层面。清代官员已经能够为实现新的教育制度的普及和扎根，深入挖掘制度的内涵，比如他们发现只有普及义务教育才能实现提高国民素质的目标，于是便有针对性的寻找各

---

59 《东游丛录》函札笔谈·土屋弘来书，《教育考察记》上，页三六〇。

60 《清末汉语拼音运动》，上海：上海人民出版社 1959 年版，页 100、110、119。

61 劳乃宣：《清劳韧叟先生乃宣自订年谱》，王云五编：《新编中国名人年谱集成》第五辑，台北：台湾商务印书馆 1978 年版，页 40、45。

62 学部奏《简易识字课本》编竣摺，《中国近代教育史资料汇编·普通教育》，页 56。

种普及基础教育的方法。同时，在展开这些措施时，随时观察并总结新措施的利弊与成效，进而做出去芜存菁的调整。对汉字进行简化的努力，也体现了西方和日本对于影响乃至控制中国文化的博弈，清代的官员们在这场博弈中以"中体西用"为宗旨，实现了固有文化与引进制度的融合。

三、完善现代化的三级教育行政机构体制

自新政时期的改革以来，清政府分别让学务大臣、学政和督抚来承担中央与省级教育行政机构的职责；但这些机构实际上各自为政，没有直接的权力隶属关系，也未能够形成一个分工合作的系统：依据清代官制，负责监督考核生员的各地教官是州县官负责管理,管理国子监五贡的祭酒直属于皇帝，学政与学务大臣之间也没有隶属关系。在教育行政权力如此分散的情况下，学校教育制度的改革工作进展缓慢；因而，一个新的、更有效率的教育行政体制的设立也势在必行。1905 至 1911 年间的改革完成了这一任务，建立了一个从中央到地方的、具有隶属和管理关系的专门教育行政体系（如下图）。

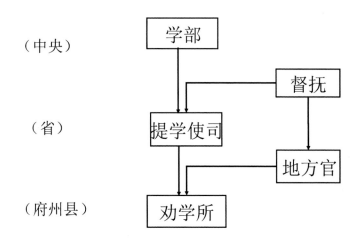

⟶ 监督、管理

（一）中央教育行政机构改革

随着对日本文部省有了更深的认识，政务处与部分官员都认为必须进一步成立更高层级的中央教育机构，把学务大臣及其下辖官僚统合为一个系统，才能更有效率地推动全国学堂的发展。在 1905 年 10 月的一份奏摺中，政务

处向光绪帝禀报说：

> 学堂之统系，愈重愈繁，欲令全国学校教育制度，画一整齐，断非补苴罅漏之计所能为，一手一足之力所能济。且当变更伊始，造端宏大，各处学务之待考核统治者，条诸权纷，必须有一总汇之区，始足以期日臻进步。拟请饬下政务处，公议速行设立学部，上师三代建学之深意，近仿日本文部之成规，遴选通才，分研教育行政之法，总持一切，纲举目张，实于全国学务大有裨益。[63]

这份奏摺明确指出，当前以学务大臣一职作为中央教育行政机构，实在难以有效统辖分属礼部与吏部管理的学政与地方官。而如果模仿日本文部省设立一个中央教育行政机构，集中更多地方学务管理的权力，很有可能解决这个问题。

其实，设立学部的主张早在 1890 年就曾被提出过，但当时遭到了许多中央官员的反对。在当下已经设立了学务大臣去统筹部分学政、督抚的既有权力后，这个主张再度被提出时，就得到了较多中央官员的认同，因为它毕竟只是对于州县官影响较大，不涉及中央管制的变化。光绪帝在经过了两个月的考量后终于同意，下令立即设立学部，把国子监事务归并到该部，[64]中央教育行政机构的职能因为官制调整而进一步得到完善，集中了更多的教育行政权力。对教育行政颇有研究的罗廷光十分赞赏晚清学部的设立，说其"内部组织，颇有条理"，"官制等级亦甚井然。纵不能称为完善，却不失为后来遵循和改革的一极大依据"。[65]学部设立意味着中央教育行政机构的系统化，并为后来教育行政机构在官制、职权方面持续改革打下了很好的基础，获得如此高的评价并不为过。

不过，学部此时的权力仍无法管理省、府州县的地方学务事宜，要想成为一个能够顺利运行的中央教育行政机构，势必要拟定一份详细的法令，完善官制，让其拥有管理省和府州县地方学务之权。作为省级教育行政机构的学政和督抚，也因改革的深入而被进一步影响。

---

63 政务处：奏请特设学部摺，《中国近代教育史教学参考资料》上册，页 581-583。
64 上谕（准设立学部），《中国近代教育史资料汇编·教育行政机构及教育团体》，页 10-11。
65 《教育行政》上册，页 142。在该书第 150 页中，罗氏还进一步罗列了清末学部的优缺点。

（二）省级教育行政机构改革

督抚与学政都有管理学务的权力，但同样作为省一级的官员，他们在权力上没有隶属关系，所以较难有效发挥教育行政权力，对全省学务进行系统管理。例如督抚有权任免省学务处的总办，而学政却归总理学务大臣管辖，如果督抚与学政对学务意见不一，两者的权力便会互相制约，不利于学务的展开。自1905年末，便有官员开始提出改革省级教育行政机构的主张，而这些官员对于如何改革的意见并不一致，大致可以分为两个派别。

一派主张废除学务处，并且取消督抚管理教育的职能，直接由学政来管理地方的学务。1905年12月，翰林院的裕德与孙家鼐联名上奏，建议废除各省学务处，让各省学政专管学堂，"以一事权而专责成"，"各府厅州县创立之中小学堂，各项实业学堂及民立之蒙小学堂，应迳呈报学政，由学政咨报学部"，督抚则专心于其他政务，不必兼顾学务。[66]这一派意见是让督抚放弃大部分的教育行政权力，将放弃的这部分权力集中到学政身上；借由学部对学政的直接管理，形成单独的一条学务权力隶属关系链条，学部可以集中更多的教育行政权。

另一派则倾向恢复旧制，以提学道来取代学政，这一派以袁世凯为主要代表。袁氏在1906年2月25日指出，学政只是由皇帝简派到各省的考官，既不精通到任省份的种种学务，平时也不管学生教学，根本无法确实审核学生的程度，更无法担负起管理学堂的重任。而且，学政与负责管理学生的教官之间，"位秩过悬，当于其间添设官阶，使相联属"，才能发挥效率。他建议恢复旧制的提学道来代替学政，并在提学道之下增设各行政单位，如正副学提举、教授、学正、教谕训导，分层负责管理府州县学务。[67]袁氏的改革办法其实只是把学政一职改换旧制名称，然后把原本属于礼部和督抚管辖范围内的教授、学正等行政单位改归学政管理，达到他所认为的学政与教官在权力上能够更好地"联属"，行使行政权力。

总地来说，这两种改革意见都共同指出了当下教育行政机构的问题在于学政虽管学务，但没有下属单位可落实其职能；督抚兼管部分学务，却又全权指挥专管学务的学务处。如此设置是缺乏效率的，造成双方权力制衡。因

66 翰林院代奏编修许邓起枢条陈厘订学务摺，《北京大学史料》第一卷，页138。
67 缕陈学务未尽事宜摺，《袁世凯奏议》下，天津：天津古籍出版社1987年版，页1249-1251。

此，现在的要务是尽快设立一个职权更为明确而集中的省级教育行政机构，或者是废除学政，让督抚下辖的学务处作为省教育行政机构；或者废除省学务处，在学政之下另设立其直属单位。

在审慎的考虑之后，学部（1906 年 4 月 25 日）指出学政一职"当权较为不属，于督抚为敌体，诸事既不便禀承，于地方为客官，一切更不灵于呼应"，有必要予以废除。但是，学部也认同督抚公务繁重，难以顾及为学务处选择适合人选的意见，而且认为这可能有碍学务的推行。最终，学部建议设立提学使司作为省一级的教育行政机构，最高行政官员提学使由学部提名，"统辖全省地方学务"，并"归督抚节制"。提学使司下属专门由其管理指挥的机构——"学务公所"，内有总务、普通、专门、实业、会计、图书六课，选"官绅之有学行者"担任。在学务公所外，还设立学务议绅私人，"延访本省学望较崇之绅士充选"。[68]提学使司拥有学政的职权，底下又有原属于督抚的教育行政组织，再加上原本在地方经常辅助兴学的士绅也被纳入提学使司管理，一个比学政权力更集中、更有组织的省教育行政机构也就得到了确立。

（三）州县教育行政机构的设立

一直以来，清政府虽然鼓励士绅在地方出钱出力投入教育机构，但手段是较为放松的，主要由督抚把功绩显著者上奏到光绪帝，然后给予士绅牌匾等奖励。然而，自从 1904 年确立了优先发展义务教育的办学方针后，清政府认识到发展新式学堂的投入极其庞大，远远超出了政府的能力范围；相对的，士绅在地方的声望与财力是有效的资源，可以将其统合并动员起来，以帮助学务发展。清政府在逐步发展省级教育行政机构的同时，也积极设立州县一级教育行政机构。

最早推动州县教育行政机构的是士绅严修。根据记载，他在直隶学务处担任督办一职时，模仿日本设立劝学所的办法，也在州县地方设立了劝学所作为教育行政机构，所内设有总董负责各学区教育行政，另有劝学员一人负责学区内劝募学生进入学堂的工作。[69]严氏较早利用士绅力量去推动学务，在不断摸索中取得了初步成绩。因此，学部在 1906 年设立提学使司的同时，参考严修的做法而对官制做了调整，要求各地必须设立劝学所，由提学使选本

68 会奏遵议裁撤学政设立直省提学使司摺，《学部奏咨辑要》第一卷·设立提学，页 27-29。

69 清史稿·选举志，《中国近代教育史教学参考资料》上册，页 524。

地士绅担任县视学，"以时巡察各乡村市镇学堂，指导劝诱，力求进步"。[70]如此，劝学所作为一种新的官方机构，其身份和职权得到了确认。

为了进一步完善劝学所的体制与职权，学部不久拟定了章程，对劝学所下面所辖地区进行了更加细致的划分，形成一个个的学区，每个学区中设置一名劝学员，负责"劝学"、"兴学"、"筹款"、"开风气"、"去阻力"等教育行政事务，并随时将情况上报主管劝学所的总董。为了保证劝学所能够具有一定权威，学部从两个方面着手。首先是规定劝学所的总董，由提学使选地方士绅担任，劝学员则由总董报请地方官札派，让所内人员的任免必须通过官方。其次是要求劝学所人员必须是在地方有声望者，或者"品学兼优"，或者"品行端正"，通过官方审核后才得以担任职务。[71]在科举考试废除，官员任命没有"正途"的情况下，这份章程是官方首都开放士绅进入府州县教育行政机构的尝试，被任命的士绅在其原有声望的基础上，又获得了权威性。原本在地方负责辅助官府推动改革的士绅有了从此成为了教育行政机构的一员，在教育方面有了更多参与权、发言权和决定权，可以与官方合力来实现自己推动新式学堂的各种想法或主张。

经过了中央、省级与州县教育行政机构的一系列改革，清政府的三级教育行政机构形成了一个较之前更完善的体系，中央部门的权力有所增加，对省级地方教育行政机构有一定的指挥权；州县官管理教育的权力则有所缩减，以往举行临时、学期试验的职责，[72]一律移植到新设立的学务公所手中。从此，上级对下级行政机构有直接指挥之权，要比之前的体制更能有效行使职权，效率更高。不过，这样一个体制和西方还是有所不同，因为行政官员在教育行政方面仍有不少权力，督抚和地方官仍可以分别与省、州县教育行政共同协商学堂事务、考核学生，教育行政权与政府部门的行政与立法权力都直接介入到教育行政事务的管理过程中，专门性的表现与作用较弱。西方体制则不是如此，行政与立法部门只负责拟定法令或监督教育行政机构的职责履行，并不直接管理学生，教育行政机构体制体现了很强的专门性。这样的差距还

---

70 学部奏陈各省学务官制摺，《中国近代教育史资料汇编·教育行政机构及教育团体》，页 47。

71 学部奏定劝学所章程，《中国近代教育史资料汇编·教育行政机构及教育团体》，页 62。

72 陈布雷：光绪三十年甲辰，《陈布雷回忆录》，台北：传记文学出版社 1967 年版，页一四。

有待在日后的改革中继续摸索与改进，不过，1905 年以后对教育行政机构的改革已经能够满足当时的学堂发展需求，并且能够为现代学校教育制度在中国扎根提供有效帮助，因而已经踏出了引进西方制度的成功一步。

第二节　士绅形成组织投入改革

现代学校教育制度在中国扎根的另外一个表现，就是地方的士绅们加入到了建立新式学校的改革之中；现代学校教育制度不再仅仅是官员们为之振臂高挥的引进之物，而是得到了尊儒重道的地方士绅的认同和加入。在中央官员与督抚不断调整改革措施时，在各府州县的士绅也因为出洋考察西方学校和在当地的办学经验积累，而对学务有了更多成熟的看法。他们纷纷提出各种建议，希望能够弥补官方改革措施的不足之处；为了辅助官方的改革工作进行，他们甚至借由自己的科名而组织起来，企图利用士阶层在社会中的既有地位与影响力，去帮助学务的顺利进行。

一、自发组织地方教育会

在许多地方，士绅对推广学校是热心而不遗余力的，他们对官方政策提出各种建议，而且自发成立了一些非官方性组织，积极推动学堂在地方的发展。这些非官方组织的历史，最早可以追溯到戊戌变法时期士绅们为了强国而成立的各种学会，例如 1895 年康有为在北京成立的强学会。康氏成立学会的原因，要追溯到他看到同时期国势强盛的普鲁士有所谓的"强国会"，地方人士对建设国家起到了重要的作用，他因此认为，中国"士大夫戒于明世社会之禁，不敢相聚讲求"，不利于国家的发展，必须开设一种团体，凝聚全国士绅的力量。[73] 此后，不少士绅开始组织学会，辅助地方官在地方推动学务，例如上海强学会、湖南南学会、两广圣学会等都是地方士绅自发组织起来的团体，这些士绅组织莫不以翻译书籍、开课讲课等学务为主要工作。各地学会的成立一方面代表了学务在地方的推广，说明引进而来的新式学堂及学校的管理机构获得了地方士绅的认同，还意味着地方士绅获取了一定参与学务管理的权力。[74] 尤其随着留学生的逐渐加入，这个士绅群体不断扩大，影响力

---

73 康有为：《康南海自编年谱》，《中国近代教育史资料汇编·戊戌时期》，页 137。
74 赵利栋：清末新式学务团体和教育界的形成——以江苏省为中心，《晚清国家与社会》，社科文献出版社 2007 年版，页 205-221。

较以往也更加广泛。

在士绅不断参与学务时，清政府也开始考虑借助并且利用他们的力量，已达到官民互补、更好的管理学务，其方法是赋予他们组成的教育会合法性。1906 年 8 月颁布的《各省教育会章程》强调，"势必上下相维，借绅之力以辅官之不足，地方学务乃能发达"，肯定了士绅组织团体对学务发展的正面助力。不过，要授予这类士绅团体合法性，涉及如何明确规范这些团体的组织结构与职能，因为士绅形成组织、参与学务涉及两个问题，首先是教育会本身并非官方组织，只是士绅的个人行为，如何能够发挥辅助官方的功能；其次是科举考试已经废除，士绅不再是从这条正途而出，他们的权威性也会受到民众的质疑。学部在章程里规定了教育会发起人与入会会员，必须要是品学兼优或品行端正之人，然后由官方进行审核。[75]从这样的规定来看，官方认为教育会要想行使行政权力，辅助官方，那么组织本身必须是受到地方尊重之人所组成才行，而获得地方尊重至少要求士绅虽不一定科举出身，但要对地方有一定的贡献。

除了任命会长以外，督抚与提学使司等省级教育行政机构还尽可能地开放并利用士绅力量来管理州县地方学务。例如 1908 年时，上海江苏提学使司就把教育研究会和沪学会统整为上海县教育会，聘请原来两会会长分别担任新会的正副会长，行使劝学所应该行使的权力。[76]士绅力量通过官方认可而得到了放大，士绅办理新式学堂的积极性也进一步被调动起来，纷纷出力或捐款办学；这期间士绅大力办学的典型事例包括：

　　河北石之朴与劝学所员竭力劝勉乡民出资兴学，计城乡各处陆续设立初等小学堂达 74 所之多；

　　山东长山设立劝学所，并派人至各地劝勉乡民兴办学堂，"民情颇为踊跃"；

　　四川一位司马积极劝募土司兴学，"聚集万余金，设立向化学堂一所"；

　　广东黄、郭二姓"合办小学一区，议俟修有合度校舍再合四姓

---

75 学部：奏定各省教育会章程，《中国近代教育史资料汇编·教育行政机构与教育团体》，页 255。

76 上海县教育会成立，《中国近代教育史资料汇编·教育行政机构与教育团体》，页 346。

（外加林、赖二姓）共办一学；

　　　广东新宁的余氏联合族人筹集 20 万金，筹建了一所两等小学堂；[77]

这些士绅对办学的热情与努力，为学堂的发展提供了强大的动力与支持，其功绩不可磨灭，为当时人们所津津乐道。

　　教育会对于地方学务发展起到的作用是积极的。专门研究教育会的学者陈敏在探索了这个时期教育会的各种学务活动后，指出士绅通过教育会的形式弥补了教育行政机构职能的不足，在解决新旧士绅的学务纷争、弥平官绅的办学矛盾、及时且恰当地解决各地毁学事件等方面发挥了巨大作用，以更高效率的组织来弥补清政府教育行政机构效率低落的缺陷。[78]

　　作为中国特有的阶层，士阶层对晚清时期处于发展阶段的教育行政机构改革起到了关键的辅助作用，让劝学所这样一种模仿自西方的机构能够在较短时间内从法令落实到行动，并且在各地活跃地开展游说活动，起到劝导人民入学的作用。士阶层为新式学堂的各种付出，值得称颂。正是由于士阶层的投入，才使得新式学堂在普通人民中迅速被接受，并且士绅以自己的声望，随时随地督促学生的入学情况，才使得学校教育制度得以在偏远乡村扎根和发展。

二、分离学堂与科名的讨论与决策

　　除了形成有组织的教育会等团体外，士阶层还以团体名义提出建议，其中较重要的就是把学堂与科名分离。这个主张其实早在 1905 年之际就有官员提出过，当时身为御史的陈曾佑指出，（高等）小学堂、中学堂日后将大量增加，意味着能够获得廪增附、贡生等科名的生员的数量将迅速膨胀，这样一来，科名在整个社会中的价值也就会快速降低；另外，由于新式的高等、大学堂主要教授西方的科学知识，很多毕业生日后也将继续从事科学研究，而非进入仕途，所以对他们授予举人、进士科名，对他们未来的事业发展也并不一定有所帮助，或者不能够让他们把所学应用在职务上，产生学生所学非所用的问题。[79]

77　《中国近代教育史资料汇编·普通教育》，页 145-149。

78　陈敏：《论清末教育会学务活动空间的扩张——以江苏省教育会为例》，《教育评论》2008 年第六期，页 140-144。

79　御史陈曾佑：奏请变通学堂奖励出身事宜摺，《中国近代教育史资料汇编·学校教育制度演变》，页 548-551。

陈氏的意见总结来说是科名作为文官资格，应该体现在文官选拔办法中而不是学校里，学校作为一种教育机构，不应该授予学生科名，起到选拔文官的作用。这个意见是有道理的，科名作为一种文官资格，确实不适宜对学堂毕业生授予。但是，这个意见忽略了科名一直以来也作为一种知识水平象征，而不仅是文官资格。总的来说，使学校脱离科名束缚的最终目标，是让学校与选拔文官制度两者相互独立，这样才能让学校充分发挥培养人才的功能；而达成这一目的，则可从两个方面入手，一是改革文官选拔办法，二是废除学校授予毕业生科名的做法。

1. 改革文官选拔办法

新式学堂改革至今，仍然存在陈曾佑所说的问题，其主要原因在于此时文官选拔还没有一套有效办法，必须借助科名作为审核标准；于是，有些官员意识到，要想让科名的内涵更加靠向知识水平的代表，脱离文官资格，必须要改革文官选拔办法。从 1905 年开始，不少高级官员频繁出国考察西方国家的文官制度，他们在回国后纷纷表示应该"将官制分别议定，次第更张"，[80]即主张全盘改革当下的文官选拔办法。

但是要如何改革文官选拔办法才能让学校摆脱科名的影响？考察外国宪政的大臣于 1906 年 8 月 25 日上奏指出日本文官考试"分为高等、普通两种…盖凡所试者，不出其所学之途，而所用者即因其所职之业，是以学成入仕，无不各有治事之能"，认为中国文官制度可借鉴日本。如果采用日本这种针对官员所司职能以进行专门考试，选拔文官的办法，"人必争自涤磨，非惟吏治可以振兴，即学风亦予以丕变"。[81]也就是说，要根据学生所学和其未来的职业发展来分别确定考核内容，因而学生不但会更加专心的攻读自己的专业，将来通过与专业相关的考试后，也能充分发挥所学，为治理国家做出贡献，不会再出现笼统考试和授予官职，让学生所学非所用的现象。这样的做法不但可以使选官制度更加科学，而且还能更加激发学生在校学习自己专业的动力。

不过，即便有日本作为范例，这样的主张也涉及不少更细致的问题，例如怎样的考试才能像科举考试一样，符合公正与公开原则？如果不解决这个

---

80 宣示预备立宪先行厘定官制谕，《清末筹备立宪档案史料》上册，页四三-四四。
81 出使各国考察政治大臣戴鸿慈等奏请改定全国官制以为立宪预备摺，《清末筹备立宪档案史料》上册，页三八一。

问题，那么文官选拔仍要借助科名作为审核标准，也就要继续制约学堂的发展。毕竟，选拔官员是与国家的发展忧戚相关，如果没有一个成熟且周全考虑，改革不能贸然进行。

2. 停止新式学堂授予科名的主张

在官员们激烈探讨能否通过创立新的选拔文官制度来摆脱功名对学校的束缚之际，地方士绅则提出另外一种不同的思路，即停止对学堂毕业生授予科名的做法，而像西方学校一样授予学堂毕业生学位。士绅张元济就一贯积极主张对大学毕业生授予学士与博士称号，其他学堂毕业生则称某学堂卒业生名称，他认为这样不但可以降低学生为官之心，甚至还可以将教会学校的学生都纳为己用，[82]全国将充满可用之才。这种主张后来得到了士绅阶层的一致肯定。1911 年 4 月，集合了各地士绅的各省教育总会向官方提交了一份决议，内开总结了授予学堂毕业生科名的害处：首先，在官职有限的情况下培养了数量庞大的有合格资质的官员，等于给予学生文官资格但却不予以任用，无疑是辜负了学生们多年在学校苦学的成果，让毕业生们的希望落空；其次，用科名吸引来子弟入学，扭曲了学堂作为教育机构传授知识、培养人才的原意。这份决议强烈建议学部废除对各级学堂毕业生授予科名的做法，改分别给予毕业生、学士名称，而且不直接授予学堂毕业生官职。[83]由于各省士绅已经在学务开展和管理中发挥了很大的作用，也积累了很多与实践息息相关的经验，他们在集会讨论后而提出的建议，让官方不得不慎重考虑。

3. 以折中办法实现学堂脱离功名的制约

清代政府的考虑是，断绝新式学校与科名之间的联系，无疑会使学校朝着培育人才的正确方向大踏步发展，可是在新式学堂普及前，贸然废除科名，很可能引起一般农工商人对新式学堂这种外来物的抵触。冯友兰说过，对三级学堂没有明确概念的人家，可以借由把三级科名对应三级学堂，而后"心里才落实"，就如同把新历折合为阴历之后便觉得清楚一样。[84]科名能使农工商人较快接受新式学堂。考虑到这一点，学部在 1911 年 9 月上奏了一个折中

---

82 复议外国人设立学堂章程、谨拟各学堂毕业生待遇章程，《张元济全集》第 5 卷，页 39、51。

83 教育会议·各省教育总会联合会议决案，舒新城：《近代中国教育史料》，《近代中国史料丛刊续编第六十六辑》，页二〇二-二〇四。

84 《冯友兰学术自传》，北京：人民出版社 2007 年版，页 23。

办法，说"是废止进士、举、贡等名称，别定学位，虽属正当办法，而按现在之情形，则尚未能骤行"，各级学堂仍旧给予毕业生相应科名，而不仿照外国学堂授予的"业士"、"学士"等毕业名称。但是，与此同时，学部仍继续推动读书人安分地在学堂学习，其方法就是，"无论何项学堂考试毕业者，概不给奖实官"，学堂毕业生不再具备预备文官资格，新式学堂也就从此摆脱了选拔官员的额外负担。[85]

文官考试办法此时虽然还在拟定阶段，但在不改变科名对应学堂的前提下，把科名与文官资格加以分离可说是温和的学校教育制度改革方式。这个改革加上之前废除科举考试一举，让科名的内涵发生转变，从理论上仅代表知识水平，至于文官象征则淡化了，学校教育制度可回归其教育本质，培养创新人才。

由于士阶层在当地都有声望，与乡民们的日常生活有密切接触，士阶层成为办学力量，使学校教育制度的推动力量更强大，可弥补政府力量的不足。并且，士阶层与村民密切接触，对新式学堂的存在问题有直接体会，可提出有效的调整方案，他们的意见和努力为学校教育制度的扎根起到了关键作用。

第三节　新式学堂与中国社会的融合

学校教育制度改革进行到 1905 年，已取得不少进展，例如科名在内涵上更偏向学位，三级学堂在数量上迅速增加，教育行政机构也更加体系化，科举制度也被废除，培养创新人才成为教育里首要事务。然而，此时期的改革还存在一些不足，正如学者孙喜亭所评价的，新"学校教育制度的确立，还受原有学校教育制度的影响"，[86]他指的是一些传统教育制度中的不利因素也融入到了学校教育制度中。这些问题可以从以下三个方面来谈。

改革的不足可两个方面来谈，一个是科名对应新式学堂，不利于创新人才培养；另一个是学校体系衔接力度不足，学生无法在实业与文科学堂之间转学。

---

85 学部：会奏酌拟停止各学堂实官奖励并定毕业名称摺，《中国近代教育史资料汇编·高等教育》，页 340。

86 孙喜亭：《教育原理》，北京：北京师范大学出版社 2000 年版，页 204-205。

一、新式学堂的管理问题

中国教育中长期存在着"学而优则仕"的观念，科举制度又强化此观念，因此在晚清新政时期的学校教育制度改革中，新式学堂一开始难以招到足够学生，之后虽有学生但他们经常辍学去参加科举考试。在 1904 年，官员才意识到科举制度是学校教育制度发展的绊脚石，提出废除科举考试的主张，科举制度随即废除。科举制度的废除意味着读书人失去了通过参加科举考试、获得科名、担任官员这个人生规划的可能，但也让新式学堂脱离科举制度的制约，构成了一个体系，更能发挥培养创新人才的功能。从理论上来说，学校教育制度要发挥功能，它自身应该构成一个体系，而后与学位制度、教育行政制度、人才选拔制度并列，各司其职，而后通过彼此的联系，为社会输送创新人才。学校教育制度不是其他制度的附庸，否则其功能也就变调，创新人才的培养就要受到影响。

这里还有一个新问题，即社会里的各个领域，如农业、工业、商业等活动愈加活跃，人才需求更大，新式学堂要如何与这些领域联系到一起，输出人才，是需要进一步考虑的问题。在科举时代，科名就是联系，把获得科名的读书人联系到塾师、幕僚、山长、官职等岗位上。在后科举时代，各个领域与新式学堂也需要联系，这样的联系可能是学历和学位。

二、新式学堂的管理问题

在晚清新政时期学校教育制度改革过程中，虽然新式学堂数量和学生人数有所增加，但是新式学堂作为一种新事物，不论是官员还是办学者，都缺乏相应经验。这就使得学校教育制度存在一些问题，这些问题可从三个方面来谈。

（一）新式学堂的管理问题

关于新政时期改革措施的成效，清政府派人对全国各地的学堂与学生数量进行调查和统计，结果显示是全国新式学堂数量不断增加，并且士阶层对于促进新式学堂的发展发挥了关键性作用。例如，刘坤一就曾在一本奏摺中提到，上海等三个县的士绅积极捐款办学，官府应对这些兴学有功之人赐予匾额，以示奖励。[87]张之洞也曾经上报两江的中小学堂数量、教习任用、学校

---

87 杨模等捐建小学堂恳予嘉奖片，《刘坤一遗集》奏疏卷三十七，《近代中国史料丛刊》二十六辑，页 5093-5094。

学生人数和办学经费使用等情形，[88]并为讲学不辍的万斛泉，[89]兴办学堂有功的管理员、教员，[90]努力讲学的梁鼎芬，[91]纪巨维等人请奖。[92]

然而，在中央政府的高官们所报告的学务欣欣向荣的景象以外，视学调查报告却显示了在兴学风气表象下的一系列实际问题。最突出的问题就是学堂的管理问题，有硬件设施和师资不合格，教学难以顺利开展，使得学堂名不副实。例如在 1908 年的直隶省，有孝力初等小学堂"教员某系一七十岁冬烘先生，一切科学及教授管理等法皆所未闻，学生十四人，终日叫嚣书注"；杨村两等小学堂初等班"旧年学生仅存二人，亦向未用教科书"；杨村另一所清真初等小学堂"借用铺房三间，并无黑板、讲台等事。学生十余人，皆面壁坐，仍用《三字经》、《四字杂言》等书"。[93]可以见到，这些学堂虽然号称小学堂，但教学设施甚至比不上塾师坐馆的私塾；作为一种引进而来的制度，教学内容和形式与传统教育机构不同，已存在难以被广大民众完全接受的问题，再加上如今学校硬体设施的不健全甚至残缺，更难使人民对新式学堂产生信任感，所以也就有大部分人家不愿把自己的子弟送到这种地方。新式学堂的在校学生人数不足，与这种状况也有一定联系。

江苏泰州调查报告就对此有如下的记载：

> 去年（1905 年）该校（某公立小学堂）初开，闻风向慕，不远七八里送其子弟来镇就学者，入校后，觉其不如私塾个人教授，未免失望。几疑国中学校，不过如斯，年假遂相率引去，所余数十人内，尚有职员子弟充数。下学期招考，增广名额，迄无应者。[94]

1908 年李撝荣调查直隶时，也发现了同样的情形：某村"有力之家观望，无力之家推诿"，导致小学堂难以成立。[95]1909 年的一份考察报告显示，某县

---

88 创建三江师范学堂摺，《张之洞全集》第三册卷五十八奏议五十八，页 1526-1527。

89 请奖万斛泉等摺，《张之洞全集》第二册卷五十六奏议五十六，页 1482-1483。

90 请奖各学堂毕业生及管理员教员摺，《张之洞全集》第三册卷七十奏议七十，页 1812-1816。

91 请奖梁鼎芬片，《张之洞全集》第三册卷七十奏议七十，页 1816。

92 请奖纪巨维等片，《张之洞全集》第三册卷七十奏议七十，页 1816-1817。

93 光绪三十四年李撝荣调查武清县东北两路各学堂报告，《中国近代学校教育制度史料》第二辑上册，页 279、283、284。

94 光绪三十四年蔡映辰调查江苏泰州姜堰镇公立小学堂报告，《中国近代学校教育制度史料》第二辑上册，页 278。

95 李撝荣调查武清县东北两路各学堂报告，《中国近代教育史资料汇编·普通教育》，页 139。

的小学堂在初设立时，虽贴出了招人入学的公告，却无人报名。办学者亲自往有子弟的家庭劝说，勉强招收到二十余个学生，而其中还有因为办学者在乡中颇有声望而不得不碍于情面，而送子弟入学应付的。[96]这些报告显示士绅即使愿意捐款设立学堂，但在学堂发展尚未进入正规，硬件和师资水平都得不到保证的情况下，不愿将自己的子弟送入学习，并且他们也没有花费足够的时间和精力去关注学堂的后续发展。

在小学堂发展陷入困境，但清代政府又对各地方政府硬性要求学堂数量的情况下，一些地方官只好采取诸种形式的掩人耳目的手段，制造新式学堂发展红火的假象。他们所采取的手段之一就是将私塾或庙宇作为学堂来计算，在有中央官员考察时，临时找一两位塾师及几个学生来上课。如保定易州查学在 1904 年曾指出的，"在州县既以此敷衍上县，在各村亦以此敷衍州县"。[97]从中可见，为了达成政府关于学堂数量的硬性要求，下级官员敷衍上级官员的现象普遍存在，因而中央官员所看到的学堂数量与日俱增的现象背后，具体有多少鱼目混珠的现象存在，很难得到科学的统计。不过，这些地方官员及士绅的记载，为研究当时的改革及成效提供了一个官方视野以外的观察角度，让后人更全面看到当时改革所存在的各种弊端。

（二）学生"逃课"问题

另外，新式学堂还普遍存在学生挂名但不到课的现象，各级学堂的实际入学人数与中央官员掌握的情况存在出入。前章第三节的一份表格显示，在 1905 到 1907 年间的学堂入学人数每年以二倍的速度增长。然而，从学堂毕业生人数十分稀少的情况可以推论，能够在学堂潜心学习、逐级递升、直到修完全部学业并考试合格毕业者为数不多。各地的视学调查报告证实，许多中小学堂存在严重学生挂名现象。

据记载，1907 年，天津各班学堂人数有少至十五、六人者，更有七、八人者。甚至五、六十人者绝未之见；[98]直隶省视学则指出，故城县"气象松惰，

---

96 述内地办学情形，《教育杂志》第一年（宣统）第七期，杂纂，页四十三-四十六。
97 光绪三十年保定易州查学王振尧冯蕴章查视涞水县小学堂情形折，《直隶教育杂志》1905 年第一期第 40-41 页，《中国近代学校教育制度史料》第二辑上册，页 274-275。
98 光绪三十二年省视学高奎照等查视天津各学堂情形报告，《直隶教育杂志》1907 年第四期第 39-40 页，《中国近代学校教育制度史料》第二辑上册，页 275-277。

请假者纷纷，仍是从前散塾旧习"，[99]另一份直隶省视学报告则指出，邯郸县高等小学堂学生"似有来去自由之弊"，"据称此系徇各学生父兄之意见，不示即不来学"。[100]1909 年某县在初设立小学堂时，办学者亲自往有子弟的家庭劝说，但这些子弟即使入学，也只是挂名在学堂，他们不是从未到校，便是随意地迟到早退。临乡的一所小学校，也大致如此。[101]

类似情况也普遍发生在中、高等学堂。学者陈布雷回忆他在 1907 年就读高等学堂时的情形说：

> 高校斯时有一极不良之风气，即所谓'逃班'。逃班云者，对于自己不感兴趣或认为不难补习之学科，即自动逃课是也。此风倡于三四天资秀异者，中材生亦渐渐校之，余平均每日终有一小时逃班，以在室中或操场空地上自己读书为乐。

作为逃班的一员，他反省说自己当时年少时"泛滥涉猎，无计划、无系统，学问基础之薄弱，不能不深悔少年时之自惧也"。[102]

这些调查报告与亲身经历，说明学生数量统计数字虽呈现增长，但实际上有不少学生因为新式学堂的问题，在进入学堂后经常不在堂学习，有的甚至半途辍学。这就是新式学堂的管理问题，主要是学生管理。这些问题对实现推动普及教育、培养人才的目标很不利。时人问天对此提出批评："长此不改，则学生所读之书，所习之业，必且破碎不完全，并且旋得旋忘，欲其明白道理，谙晓中外古今之情事，又乌可得耶"。[103]直隶府学生也在一份公文里提到，中学堂"屡招屡散、去留自如，学校视为旅舍，功学生永无一人可成就者"。[104]可见地方的官员、士绅甚至学生无不对学生学习的敷衍感到担忧。

（三）学生利用日本速成科以获取科名

第三个问题是部分学生仍然把读书视为当官的道路。新式学堂可授予科

---

99 省视学陈恩荣查视冀州、衡水、故城、阜城学务情形报告，《中国近代教育史资料汇编·普通教育》，页 112。

100 省视学张良弼查视邯郸县、大名乡学务情形报告，《中国近代教育史资料汇编·普通教育》，页 117。

101 述内地办学情形，《教育杂志》第一年（宣统）第七期，杂纂，页四十三-四十六。

102 《陈布雷回忆录》，页二四。

103 述内地办学情形，《教育杂志》第一年（宣统）第七期，杂纂，页四十三-四十六。

104 直隶高等学堂各府学生禀复各该府中学堂情形摺，《中国近代学校教育制度史料》第二辑上册，页 513。

名，当初张之洞鼓励留学日本的办法，被一些学生利用，以获得科名，这个现象在日本留学生最为明显。下表显示出，从新政时期开始，留学日本人数便逐年增加，尤其是在科举考试废除当年，赴日游学人数实现了飞跃性的增长。

年　份	1901	1902	1903	1904	1905	1906	1907	1908	1909
人　数	280	500	1000	1300	8000	8000	7000	4000	4000

资料来源：实藤惠秀：《中国人留学日本史》，页 451。

在 1905 年和 1906 年两年间，远赴日本留学的学生数量大幅增加。对于这个现象，日本学者实藤惠秀认为其关键在于"科举制度的废除"，因为读书人取得科名的途径只剩下留学日本。[105]然而，实藤的说法过于简单，因为科举考试虽然废除，但是要获得科名也并不是只有留学日本一个选择。美国学者任达对于这个问题的解释是张之洞《劝学篇》的鼓励产生了效应，加之以"日本人反复保证"，"表示了热切和真诚，迁就他们的特殊需要"。[106]任达的说法有其道理，把张之洞所提到的留学日本费用低、距离近等好处再次提出，但此说法无法解释《劝学篇》在 1898 年就刊行，而留学日本的人数到 1902 年才快速增加，而且在 1908 和 1909 年又大幅减少。

这里需要谈到清政府在 1903 年颁布了《留学奖励章程》，根据这份章程，取得日本中学堂、高等学堂、大学堂文凭的学生，在回国后可分别获得"拔贡"、"举人"和"进士"科名，[107]这打破了以前留学生回国没有出路的状况，留学生从此可以和本国学堂毕业生一样担任文官或教职。在这样前提下，留学日本，尤其是日本速成科，就成为了读书人获取科名的新捷径。

这里需要阐述日本速成科。这个科目是一些日本人士为了吸引中国留学生而在少数大学中设立的预科及速成科的统称，在日本甚至还有专为中国留学生设立的速成学校。根据实藤惠秀的统计，从 1898 年开始，日本军方、教育家与士绅就专门为中国留学生设立的速成学校，数量不下十二所，还不包括一些规模更小的路矿和警监学堂。这些速成学校的学习年限较一般学校短，故称之，例如日华学堂的日语专修科学习年限是一年；弘文学院的速成师范

---

105 实藤惠秀：《中国人留学日本史》，北京：三联书店 1992 年版，页 35-36。
106 任达：《新政革命与日本》，南京：江苏人民出版社 2010 年版，页 48。
107 《中国近代教育史资料汇编·留学教育》，页 58-59。

与音乐科从 6 个月至一年不等；日本法政大学的法政速成科学习年限是一年；颇有名气的早稻田大学也有三个本科学习年限是两年。实藤认为速成学校只是一种"兼顾大学预科教育及中等程度教育的学校"。[108]

尽管速成学校水平较低，但却有着中日双方政府的承认，例如日本法政大学的法政速成科由有留学日本经历的范源濂等人居中协商，并得到日本文部省认可；[109]宏文书院也有日本文部省认可，所以张之洞主张将其视为普通高等学堂来奖励。[110]速成学校源自中日政府以合作方式，以日本的教育资源为中国培养人才，所以得到双方认证。速成学校既然得到中日双方认证，那么这些学校的毕业生就可在回国后取得相应科名，也就会吸引不少读书人就读。据统计，不少中国读书人到日本正是进入了速成学校，例如宏文学院于 1902 至 1906 年间有 1830 人毕业于速成科，占其总毕业生总人数的 93.4%；法政大学法政科在 1905 至 1906 年间毕业 378 人，1907 至 1908 年法律科毕业 400 人，1907 至 1908 年毕业政治科 296 人。经纬学堂在 1907 年有 618 名学生毕业于七个月期的警务速成科。[111]在中国已经是进士的沈钧儒，就是选择进入日本法政大学速成科学习自然科学。[112]

许多读书人在进入日本速成学校后，因为在学习年限上较一般学校更短，所以在程度上较差。虽然这些留学日本速成科的学生中有个别优秀者，学业成绩异常出色，被夸赞为"比三年制的正科生，更为优异"，[113]"其影响清国前途者，正未有艾也"；[114]但不可否认的是，速成科留学生中普遍存在"认定学科，意为迁移，甚或但往应考…而本人并不上堂"，[115]也就是虚应故事的情况，还有一部分学生"喜民校之规则纵弛，阅数月而骤得证书"，[116]并不是真

---

108 《中国人留学日本史》，北京：三联书店 1982 年版，页 43-52。

109 谢长法：《中国留学教育史》，太原：山西教育出版社 2006 年版，页 46。

110 筹议约束鼓励游学生章程摺，《张之洞全集》第三册卷六十一奏议六十一，页 1582。

111 《新政革命与日本》，页 55-58。法政大学的这三科都是速成科，毕业年限是一年半。

112 周天度等：《沈钧儒传》，人民出版社 2006 年版，页 19。

113 这是日本法学家平野义太郎对沈钧儒的赞美之词，《中国人留学日本史》，北京：三联书店 1982 年版，页 61。

114 指的是唐宝锷、胡宗瀛、戢翼翚等人。宏文学院沿革概说，《中国近代教育史资料汇编·留学教育》，页 347。

115 奏定管理游学日本学生章程摺，《学部奏咨辑要》二卷·管理游东学生章程，页 145。

116 出使各国考察政治大臣戴鸿慈等奏考察各国学务择要上陈摺，《清末筹备立宪档案史料》下册，页九七三。

心诚意地学习知识。更多学生到日本留学的真正用意，只是在尽可能短的时间内获得文凭，然后回国换取功名。实藤惠秀指出，这段时期的日本留学教育只能算是"速成教育而非正式教育"，[117]教学水平不高，基本早已远离清政府派人留学日本迅速成才，而后给予科目奖励的初衷。[118]留学教育从理论上来说应该是让学生在国外培养创新能力，但是日本速成科的学习时间太短，达不到这种功能。

在另外一方面，鼓励留学章程使得留学日本人数激增，连带使得国内新式学堂的生源大受影响，例如，1906 年福建的 29 名自费留日学生中有 19 人符合本国学堂招生资格，可在国内学习；[119]1906 年陕西的 7 名自费留日学生中有 2 人符合本国学堂招生资格；[120]河南的留学日本自费生中，有 10 人符合本国学堂报考资格；[121]1906 年奉天派出的 46 位留日自费生中，有 27 人符合本国学堂资格，而在 1907 年派出日本留学的 18 人中有 12 人符合本国学堂资格。[122]可以见到清政府颁布留学章程后，使得国外毕业证书可以转换为科名，部分读书人虽然符合国内学堂资格，却选择了更快取得科目的日本速成科，结果，国内一些中、高等学堂丧失了优秀生来，难以发挥培养创新人才的作用。

把包含日本速成科在内的国外学校学位列入与中国科名的对应关系，结果使得不少学生把留学当成获取科名的捷径，在无形中分流了国内新式学堂的生源，不利于刚刚在中国建立起来的新式学堂的稳固发展；同时，由于办学方和学生均对速成科抱有很强的功利心理，因而速成科毕业生的实际学业水平很难得到保证，也就无补于国家所面临的急难。最后，他们回国后同逐级在国内学堂中学习的学生们一起被授予同级功名，不但造成了公平性的缺失，也使得科名的拥有者鱼龙混杂，影响了科名的价值。

（四）京师大学堂的生源不稳定

在读书人们前赴后继游学日本的同时，京师大学堂也陷入的招生窘境，生源不稳。根据《钦定学堂章程》第三章·学生入学相关规定，京师大学堂暂

---

117 《中国人留学日本史》，北京：三联书店 1982 年版，页 57。
118 筹议约束鼓励游学生章程摺，《中国近代教育史资料汇编·留学教育》，页 56。
119 《学部官报》第六期，京外学务报告三十一-三十四。
120 《学部官报》第九期，京外学务报告五十一。
121 《学部官报》第三十一期，京外学务报告二四二-二四三。此名单缺派出年份。
122 《学部官报》第三十七期，京外学务报告三百三十三-三百三十六。

收 500 名学生，其中预备科 200，速成科（分为仕学馆和师范馆）300 名。[123]若按仕学馆与师范馆各占速成科学生人数一半来推算，师范馆大约要招收 150 个名额。然而，1902 年 8 个省选送学生到京师大学堂师范馆的人数仅有 60 名。[124]原本大省、中省、小省必须分别选送 7 名，5 名，3 名的规定，[125]有许多省无法达成，甚至有一些省份，如甘肃，新疆和陕西连一个合格的学生都无法选拔出来。[126]最后，京师大学堂自行招生，录取师范生 79 名。[127]根据记录，有 5 个省在 1903 年只选送了 29 名师范生给京师大学堂。[128]1904年的《奏定学堂章程》规定，优级师范科名额最少为 240 人，[129]预备科约250 人，18 个省应送给京师大学堂预备科的学生名额为 231 名。[130]结果，京师大学堂在该年自行招考师范馆与预备科学生，共录取 400 多人；[131]1905年录取 360 多名学生，[132]各省的选送名额仅约一百名。可以说，各省选送人数一直没有能够达到章程要求，京师大学堂必须自行招考学生以补足各省留下的缺额。

年　份	1898	1899	1900	1902	1903	1904	1905	1906	1907	1908	1909
大学堂入学人数	少于100	218	238	312	230	400	360+	353	354	341	200

资料来源：作者根据《北京大学史料》第一卷，页49-50，148，361；《北京大学校史》页21，《清代续文献通考》页八六四九-八六五０，《中国近代学校教育制度史料》第二辑上册页839，919；《北京大学创办史实考源》页264，教育部教育年鉴编纂委员会：《第一次中国教育年鉴》页12的数据自行计算。

---

123 《钦定学堂章程》，《近代中国史料丛刊》三编第十辑，台北：文海出版社（1986年版），页52。

124 根据《北京大学纪事》页7-9与《北京大学史料》第一卷页363的资料统计。此统计内含京师五城中学所送的2人。

125 此规定见于各省选送学生名单。

126 《北京大学史料》第一卷，北京：北京大学出版社1993年版，页363。

127 刘锦藻：《清代续文献通考》（第二册），杭州：浙江古籍出版社2000年版，页八六四九。

128 王学珍等：《北京大学纪事》上册，北京：北京大学出版社1998年版，页9-12。

129 《中国近代教育史料汇编》晚清卷2，北京：全国图书馆文献微缩复制中心2006年版，页849。优级师范科为师范科所改。

130 根据《北京大学校史》页24的数额所统计，北京：北京大学出版社1988年版。

131 《中国近代学校教育制度史料》第二辑上，页838。

132 《北京大学史料》第一卷，北京：北京大学出版社1993年版，页148。

　　实际上，考虑到学堂初办，各级学堂的入学规定相当宽松，京师大学堂在新式学堂设立的最初几年并不要求学生完全逐级而升，入学的要求相对宽松。如高等学堂可暂录取"品行端谨，中国经史文学确有根柢者，先补习历史地理⋯普通学一年"，[133]名额为 200 人。[134]优等师范科则可选旧有学堂之优等生，无旧有学堂之省份，可精选本省举贡生之中学确有根基，年在 18 岁以上，25 岁以下者。[135]初等师范的录取标准，是贡廪增附生及文理优长之监生，年龄在 18 以上，25 岁以下。[136]中学堂可变通准 15 岁以上，18 岁以下，文理明顺，略知初级普通学者入学，[137]名额为 300 人以上 400 人以下。[138]高等小学堂则可收 15 岁以下，略能读经而性质尚敏者。[139]初等小学堂准 9 至 10 岁者进入。[140]

　　依常理判断，当时的入学条件并不严格，不至于产生招生困难的问题，因为全部拥有科名的读书人和进学之人都是招生对象，以当时全国共有举贡数万人，生员数十万的情况下，[141]即便无法统计 9 岁至 25 岁的粗略人数，也绝对可以满足每个学堂二百多人的入学名额，选送 300 个合格学生给京师大学堂应该更不是问题。而且，《奏定学堂章程》规定各级学堂对毕业生授予出身，大学堂分科毕业可作为进士，大学预科、优级师范科与各省高等学堂毕业可作为举人，初级师范与中学堂毕业则可作为拔贡，[142]学堂授予学堂毕业

---

133 《奏定学堂章程·高等学堂》考录入学章第三，《中国近代教育史料汇编》晚清卷 2，北京：全国图书馆文献微缩复制中心 2006 年版，页 675。

134 《奏定学堂章程·高等学堂》立学总章第一，《中国近代教育史料汇编》晚清卷 2，北京：全国图书馆文献微缩复制中心 2006 年版，页 649。

135 《奏定学堂章程·优等师范学堂》考录入学章第三，《中国近代教育史料汇编》晚清卷 2，北京：全国图书馆文献微缩复制中心 2006 年版，页 879-880。

136 《奏定学堂章程·初级师范学堂》考录入学章第三，《中国近代教育史料汇编》晚清卷 3，北京：全国图书馆文献微缩复制中心 2006 年版，页 939-940。

137 《奏定学堂章程·中学堂》计年入学章第三，《中国近代教育史料汇编》晚清卷 2，北京：全国图书馆文献微缩复制中心 2006 年版，页 716。

138 《奏定学堂章程·中学堂》立学总章第一，《中国近代教育史料汇编》晚清卷 2，北京：全国图书馆文献微缩复制中心 2006 年版，页 688。

139 《奏定学堂章程·高等小学堂》计年就学章第三，《中国近代教育史料汇编》晚清卷 2，北京：全国图书馆文献微缩复制中心 2006 年版，页 755。

140 《奏定学堂章程·初等小学堂》计年就学章第三，《中国近代教育史料汇编》晚清卷 2，北京：全国图书馆文献微缩复制中心 2006 年版，页 805。

141 刘锦藻：《清代续文献通考》第二册，卷八十七·选举四，杭州：浙江古籍出版社 2000 年版，页考 8457。

142 《中国近代教育史料汇编》晚清卷 3，北京：全国图书馆文献微缩复制中心 2006 年版，页 1265-1290。

生和科举考试完全一样的科名，理应能够吸引不少学生入学。

这些事实指出，把科名对应三级学堂的结果是读书人宁选择参加科举考试而不入学堂学习，正如张之洞等人所说的"繁重之业，人之所畏"。加上前述的学堂名不副实，学堂之间的分级"学级无秩序"，学生只是挂名在学堂，大量读书人选择赴日留学等种种因素，最终使得京师大学堂如同无源之水，缺乏稳定生源。可见，科名与新式学堂的对应关系逐渐被学生所利用，作为获得科名的工具，这种对应关系渐渐成为新式学堂发展进程中的障碍，一日不废除，创新人才还是难以培养出来。

三、部分政策的规定与执行过于简单粗暴

新式学堂在融入中国社会的过程中，还存在相关政策在文本规定和具体落实上存在简单粗暴，难以因地制宜的问题，这些问题体现在对学堂与学生的管理、对职业学堂设计两点。

（一）学堂"降格"与学生"降级"

前述提到，科名与学堂对应关系为新式学堂发展带来了问题，而官员也对此有所认识，他们提出的办法是对各级学堂学生的到课情况与毕业程度进行更严格的审核，尤其是督抚与学政更被要求对培养大学堂预备生源的高等学堂进行严格把关。

1907 年，学部在《奏定学堂章程》的基础上，规定各学堂毕业生都要经过毕业考试，通过者才能得到毕业证书或科名。毕业考试对中学以下学堂毕业生的影响较小，因为主考官主要是地方官，是与以往的科举考试考官；相对之下，高等学堂与大学堂毕业生所受影响颇大，因为他们的主考官是学部，是一个全新的教育行政机构。[143]而且，学部对高等学堂的要求特别严格，高等学堂必须将"每岁所教功课禀报本省督抚"，然后由督抚呈报到学部备核。[144]

可惜的是，严格管理并没有给高等学堂带来有序发展。由于小学堂难以普及、学堂缺乏优秀学生来源与师资、学堂课程安排不当等原因，高等学堂难以招收到足够的合格学生，严格的管理规定反而使得学部认为部分高等学

---

143 学部：奏遵改各学堂考试章程摺，《中国近代教育史资料汇编·高等教育》，页 317。

144 学部：咨各省督抚咨送各高等学堂讲义文，《中国近代教育史资料汇编·高等教育》，页 95。

堂学生没有达到既定标准，必须加以整顿，推动全国高等学堂在程度上的整齐划一。学部最为苛刻的管理方式之一，就是把学堂"降格"，也就是降低其层次。新疆巡抚联魁于 1908 年上奏说，省城高等学堂虽然设立已两年，但因师资持续不足，学生程度只达到中学堂程度，请学部将其改为中学堂。[145]

　　另一个管理问题是把学生"降级"。1907 年，学部调查员认为直隶高等学堂的学生"成绩不佳"，建议"将在堂四年之本科学生改为预科毕业生，自明年起再入本科"。[146]1909 年，学部认为山东高等学堂的试卷存在疑问，难以确定学生的确实程度，在要求十六名毕业生全部赴京复试后，确认他们全体没有达到高等学堂毕业生水平，"程度过低"，勒令回堂补习两年。同时，学部还要求该省提学使司"将班次重加厘定，分别延长期限或一年或二年，务与奏定高等学堂章程相符"。[147]

　　不论是把学堂"降格"还是把学生"降级"，其最终目的是延长学习年限，促使学生继续积累知识，达到预期水平。这种管理方式的立意是正面的，主要是想把全国学生程度予以划一，但在刚开始推动新式学堂发展的时候，则是显得简单粗暴，管理过当。因为学生随着学习时间而积累知识，必须建立在有系统的课程与优秀师资的基础上，如果缺乏这样的基础，也就不能保证学生的程度高低与学习时间的长短成正比。不论是学校还是学生，要达到更高的水平，必须有时间的积淀。从学校发展的角度来说，教育水平或是教育质量都有一个提升的过程，而不是一蹴可及或立竿见影，强行要求就会显得不切实际。政策应该考虑到这一点，给予弹性，而非采取降格或降级这种惩处方式。惩处无助于创新能力的提高。还有另一个层次的问题，就是评价教育层次的标准是如何确定的？这当中是否适合国情、适合各地经济发展情况等因素，都需要考虑进去。

　　科举考试会考虑全国各地风俗民情的差异，对一些地区提供试卷难度和

---

145 新疆巡抚联魁：奏新疆省城高等学堂改为中学堂片，《中国近代教育史资料汇编·高等教育》，页 103。

146 直隶高等学堂调查报告，《中国近代教育史资料汇编·高等教育》，页 102。根据《中国近代学校教育制度史料》第二辑上册页 629 页的材料显示，直隶高等学堂的学校教育制度是四年，较其他高等学堂多一年，主要是因为总教习丁家立鉴于北洋大学的学生不足而做出的调整。

147 光绪三十四年十二月二十七日学部奏复核山东高等学堂正科毕业试卷可疑拟令该生来京复试摺、宣统元年五月二十七日学部奏复试山东高等学堂毕业生程度过低拟令回堂补习摺，《中国近代学校教育制度史料》第二辑上册，页 624-626。

录取名额的政策倾斜，以弹性体现公平性。新式学堂作为新兴事务，却少了这种弹性，显然并非好事，有不少学生就是觉得在学堂随时可能被降级，或者毕业也得不到国家认可，学习积极性大幅下降。《教育杂志》对这件事的评论是"计每二十三万两，造就一人"，"育才之难，可见一斑矣"，[148]学生和士阶层对于新式学堂的热情因为粗暴的管理而受挫不少。

（二）职业学堂法令过于僵化

在现代学校教育制度中，职业学校体系是十分重要的组成部分，是义务教育阶段之后的教育，一般分为初等与高等两个阶段。职业学校对个人是重要的，因为受过职业教育之人可以获得更多的谋生知识与技能；职业学校对整个社会更为重要，正如一些研究所指出的，接受过职业教育之人，具备更充足的谋生知识与技能，他们在提供劳动力的同时，也为更多人提供了高质量的生活与工作条件，对社会要比对个人起到更为重要的作用。[149]

职业学校之所以能够提升国民谋生知识与技能，重要关键就是在于形成一个体系，正如研究指出的，中等职业教育已经培养学生基本专业知识与技能，如果与高等职业学校在专业设置上有更好的衔接，不但可以避免教育资源的浪费，而且使高等职业学校拥有更高的起点，提高学生的质量与水平。[150]职业学校的体系是指与普通学校的紧密衔接，若各层级职业学校紧密衔接，而且又能够与普通学校能够互相转学与升学，就是形成一个完备体系，在这个体系中，职业学校不但可以巩固学生在初等教育所培养的基本素质，而且又可以为他们打下谋生知识与技能的坚实基础，更可以在其职业的基础上，为创造知识尽一份力量。[151]反之，职业教育学生就只能作为技术人才，没有上升之路，也无法转换轨道。也因此，欧美等发达国家的职业学校法令都颇为灵活，为有系统的职业教育体系提供了良好的发展基础。[152]

---

148 《教育杂志》记山东高等学堂应考学生均不及格，《中国近代学校教育制度史料》第二辑上册，页626。

149 李延平：《职业教育公平问题研究》，教育科学出版社2009年版，页50。

150 吴雪萍：《基础与应用——高等职业教育政策研究》，浙江教育出版社2007年版，页78。

151 李洪涛：新加坡职业教育和精英教育的贯通与国家经济腾飞，《职业教育》2007年第34期，页589、621。蔡世勋：新加坡职业教育分析及其启示，《当代教育论坛》2006年第8期上半月刊，页119-120。

152 关于一些欧美国家职业教育体系对国力，例如经济、劳动力的正面影响，可参考翟海魂：《发达国家职业技术教育历史演进》，上海教育出版社2008年版。

在清末，一般把职业学校称为实业学堂。在《奏定学堂章程》中，实业学堂被张之洞视为分流文学堂生源，培养一定素质农工商人的一个重要途径："高等小学堂、普通中学堂，意在使入学者通晓四民皆应必知之要端，仕进者有进学之阶梯，改业者有谋生之智能"，"实业学堂，意在使全国人民具有各种谋生之才智技艺，以为富民富国之本"。[153]此外，从张之洞提出的"优级师范及高等实业…则不升入大学；即高等学堂毕业生，亦断不能尽升大学也"主张来看，[154]他意识到只有最顶尖之人可以在普通学堂里一路递升到最高层级，其他大多数人将会被严格的考试所淘汰，而实业学堂的设立还可以容纳被升学考试所淘汰的多数学生，把它们培养为优质的人力资源。把学堂分为普通与实业，反应了张之洞在见到西方学校教育制度无人不学，尝试推动农工商子弟学习知识的观点，可惜的是，《奏定学章程》中的实业学堂规定显得僵化，不利于实业学堂的发展，其僵化问题可从三个方面来说。

1. **各级实业学堂衔接不顺**

张之洞在设立实业学堂时，虽然考虑到让农工商人能够学习谋生技能，但却没有认识到这些人可以转学到普通学堂，使得文学堂与实业学堂之间仅仅呈现了一种单向流动关系。《奏定学堂章程》的规定是：初等、中等实业学堂以培养能够从事农工商业之人为主；高等实业学堂则是为了能够经理农工商业，并能够担任实业学堂教师与管理员之人。[155]由此可见，为了达到让实业学堂学生在毕业后从事农工商业的目的，章程没有顾及到实业学堂学生在日后升学的可能性，所以规定初等、中等、高等实业学堂分别从初等小学堂、高等小学堂与普通中学堂毕业生中招收学生。[156]

再从各级实业学堂毕业生的出路来看，中等实业学堂学生在毕业考试中得到中等以上成绩者，可以获得贡生科名，并升入高等实业学堂学习；不愿

---

153 《奏定学务纲要》，《中国近代教育史资料汇编·学校教育制度演变》，页 495。

154 《奏定各学堂考试章程》，《中国近代教育史资料汇编·学校教育制度演变》，页 516。

155 《奏定初等农工商实业学堂章程》、《奏定中等农工商实业学堂章程》、《奏定高等农工商实业学堂章程》，《中国近代教育史资料汇编·学校教育制度演变》，页 448、457、459、462、465。

156 《奏定初等农工商实业学堂章程》、《奏定中等农工商实业学堂章程》、《奏定高等农工商实业学堂章程》，《中国近代教育史资料汇编·学校教育制度演变》，页 448、457、465。

升学者，给予主簿、府经、通判官职，但不给科名。高等实业学堂学生，在毕业考试之中得到中等以上成绩者，可以得到举人科名，他们的出路有二：担任州同、知州、知县官职，并担任中等实业学堂教师。[157]各级实业学堂毕业生的既定出路，让初等实业学堂学生毕业后势必要从业，因为他们原本就是不打算走仕途的子弟。中等实业学堂学生毕业后可以选择从业，但毕业时得不到相应科名，所以在日后没有继续升学的机会。至于高等实业学堂毕业生，也因为张之洞也认为他们"学成即当就所职，则不升入大学"，[158]所以没有继续升学的途径。总之，张之洞所拟定的各种实业学堂规范，在为社会提供了不同知识与技能的实业人才的同时，也把他们固定在实业领域里，断绝了从业之人的日后升学之路。

到了1909年，学部为了确保实业学堂学生能够积累知识到一定程度，更规定不同专业的实业学堂学生不得任意转学，例如初等工业不能升入中等商业，中等商业不得升入高等农业。[159]这个规定对各级实业学堂间的衔接关系无疑又产生了阻碍作用。实际上，实业学堂学生在转换专业后，有可能在程度上不如在同样专业里递升者，但要解决这种问题，不是严格禁止转换专业，而是可以利用其他更有效率的办法，例如要求学生修足毕业学分，或者从较低一个年级读起即可。因为初等与中等教育是属于基础性的，转换专业的学生可以通过补习而在较短时间内获得较好的基础，对相关知识的积累不会产生不可弥补的影响。而且，转换专业的一个优点，是让学生拥有更广的知识面，而这个优点有利于他们在日后创造知识。

总地说来，张之洞把农工商学生从普通科学生当中分流出来，然后把他们固定在既定的职业上，没有提供相应的转学或升学途径，不利于各级实业学堂之间的衔接。从理论上来说，各级实业学堂可以培养熟悉实业教育的官吏，但彼此之间衔接关系不够明确，不利于改变农工商人轻视实业教育的传统观念，让他们把自己的子弟送入学习，而是更倾向普通中小学，造成实业学堂缺乏优秀生源。不能不说，实业学堂招生与毕业规范的缺陷，难以建立

---

157 《奏定各学堂奖励章程》，《中国近代教育史资料汇编·学校教育制度演变》，页524-525。

158 《奏定各学堂考试章程》，《中国近代教育史资料汇编·学校教育制度演变》，页516。

159 学部通饬整顿筹划实业教育扎文，《中国近代教育史资料汇编·实业教育 师范教育》，页23。

系统的实业学堂体系，或多或少影响了实业人才将其从业实践经验用于知识创造。

2. 实业学堂入学和毕业标准过高

从职业与普通学校的招收对象来看，职业学校面向不能或不愿在普通科学校中递升的学生，其招收范围与人数要比普通科学校更广，所以在加强国民素质培养，增进国民谋生知识与技能的作用方面绝不亚于普通学校。因此，在现代学校教育制度中，为了让更多从事实业的人能够进入职业学校学习，职业学校的入学标准较普通学校为低，上课时间有较大弹性，有全日制、工读交替制、夜间学校、短期学校或者部分时间制可供选择。有了这些弹性办法，作为多数的职业人员或学生才愿意，也能够在从业之余去进修或深造。

然而，在清代学校教育制度中，私塾并不施行强迫入学，个人是否要入学读书，决定于个人读书能力，也就是走上仕途的可能性是否被家人或家族认可。如果个人具备这方面的能力，那么此人家乃至于整个家族都会集中能力供这个子弟上学。也就是说，入学读书者大多是想要，至少也被视为必须走仕途之人；至于农工商人子弟，他们最多在私塾学习基本识字与计算能力，不会选择继续升学，而且他们即使想升学，也没有升学所要求的必要条件——科名。

士农工商读书分途的情形，在清政府推行义务教育之后起了重大改变。义务教育的推行，意味着所有人家的儿童都必须接受四年的初等小学教育；对农工商人来说，他们的子弟如果升学，也就是走上了仕途。因此，这些人家当然希望他们的子弟能一直在普通学堂中不断递升，而不倾向选择实业学堂这条途径。此种情况与西方学校教育制度下的全民皆学，所学与仕途没有绝对挂钩，普通与实业学堂地位受到同样重视的情况截然不同。清政府要想推动外来的实业学堂发展，激励更多子弟入各级实业学堂、接受各级实业教育，势必要依据本国国情而颁布一些鼓励措施，例如降低实业学堂的入学分数就是一个例子。尤其是在清代，技艺从来就全国人所轻视，要是没有类似降低录取分数这种激励措施，子弟们又怎么会愿意选择进入实业学堂，而不是走普通科一途？

可是，在晚清新政时期，张之洞因为科名与新式学堂之间有对应关系，所以把普通与实业学堂的入学和毕业标准订立在同一水平线上，这种做法难以激励学生学习实业技术的决心，把许多无法继续升学的普通学堂毕业生吸引到新设立的实业学堂中。

其实，教育家陆费逵在民国时期曾对这个问题做了思考，提出了一种让实业学校吸引更多学生的办法，即让：

> 正系之学校（各级普通学堂）招考学生当稍从严，约以次级学校卒业之优等为准。旁系学校（各级实业、师范学堂）则当稍宽，得以次级学校卒业之中等为准。功课进步，亦皆准此。则将来之大学卒业者，皆天资优秀之人才。其中人以下者，令入旁系之实业学校，亦可有一业之成，实为两便。否则天才之进步，迫中人以跂及，两败俱伤，甚不可也。[160]

适度放宽实业学堂入学条件的考量有其道理，说明到此时有不少教育家学校教育制度的认识更深刻，但是，在科名还意味着文官资格的晚清时期，即使陆氏能够更早提出这个建议，主持改革的官员也难以实行，因为在科名对应学堂的情况下，必须保持实业学堂毕业生达到一定水平的知识与技能，其入学与毕业标准必须与与普通学堂保持一致。

根据 1904 年颁布的《奏定学堂章程》，初等农商实业学堂从年 13 岁以上的初等小学堂毕业生之中考选，由地方官与学堂教师共同主持考试；中等实业学堂从 15 岁以上的高等小学堂毕业生中考选，由知府进行初试，学政进行复试；高等实业学堂从 18 岁以上的中学堂毕业生中考选，由督抚进行初试，学政与督抚共同再进行复试。中学堂与高等学堂的入学与毕业规定，和初等、高等实业学堂是一样的。[161]这些规定让普通学堂与实业学堂的入学考试都由地方官与督抚决定，并由学政进行复试；既然两种学堂的入学标准是一样的，实业学堂显然不比普通学堂更能吸引学生。况且，学政原本是负责童试中的院试、乡试与会试的考官，现在中等以上实业学堂的入学复试也由学政负责，使得实业学堂的入学考试并不比以往参加科举考试更简单。这些规定让科举考试对读书人来说，更是一种公平的升学途径，而中等实业学堂毕业生必须在科名与出路二者之中选其一的规定则显得不合理。

上述规定及其不足，说明张之洞没有考虑到多数人本来一直重视文科而

---

160 民国普通学校教育制度议，吕达等主编：《陆费逵教育论著选》，北京：人民教育出版社 2000 年版页 111。

161 《奏定各学堂考试章程》，《中国近代教育史资料汇编·学校教育制度演变》，页 515-516。

轻视农工商科的历史因素，高估了实业学堂对农工商人的吸引力；加上对业学堂的学生程度和普通科学堂的要求一样，初等与中等实业学堂更是难以打破观念上的藩篱，吸引到优秀学生。学生的一般心理是，在同样的学习难度下，一定会选择更优秀、名声和认可度更高的学校。这降低了实业学堂对学生的吸引力。

1909 年后，清政府开始对实业学堂的毕业办法作了局部修改：先是拟定了一份规定，给予初等实业学堂毕业生科名，[162]让实业学堂毕业生可以得到和文学堂学生一样的知识水平认可；继之又规定中等实业学堂毕业生年龄在 25 岁以下者，一律给予科名，要求其升入高等实业学堂，以缓解他们中的多数人选择科名而不继续升学的问题。[163]这些修改办法对实业学堂的学生来源有所巩固，也使学生在从业后有机会进修，修补了各级实业学堂之间原本不够紧密的衔接关系。可惜的是，清政府一直没有对实业学堂的入学标准给予适当调整，予以降低，实业学堂仍难以吸引更多学生；加上学生不能自由地转学或升学到普通学堂，实业学堂这个系统仍然难以与普通学堂建立起良好的衔接关系。实业学堂体系在突破这些困难之前，比较难取得新的突破。

根据统计，在 1907 到 1909 年间，实业学堂数量是 137，189，254 所；学生数量是 8693，13616，16649 人。从数量上来看，实业学堂与入学学生都呈现增加的趋势。但在同时期，实业学堂和普通学堂在数量上的比例是 0.36%，0.39%，0.3%，学生数量的比例是 0.85%，1.5%，1.02%；[164]也就是说，原本要招收作为多数的农工商人的实业学堂，不论是在学堂数量还是入学学生人数上都远远不及普通学堂，没有达到预期中的培养为数众多的农工商人的办学目标。对职业教育颇有研究的陆费逵因此说，"国民生计之赢绌，恃职业教育"，"无职业教育，则生活艰难"，主张普及职业教育，[165]间接表明实业学堂数量与入学人数低落，非常不利于作为多数的农工商人去获得谋生知识与技能，晚清实业学堂将无法像西方或日本的实业学堂那样发挥出培养出大

---

162 学部增订初等工业学堂课程及初等实业学堂奖励章程摺，《中国近代教育史资料汇编·实业教育　师范教育》，页 19。

163 学部奏高等实业预科改照中等实业功课教授并限制中等实业毕业改就官职片，《中国近代教育史资料汇编·实业教育　师范教育》，页 20。

164 《黄炎培教育论著选》，页 241。黄炎培的统计数字来自于当时学部的统计资料。

165 《世界教育状况》序，吕达等主编：《陆费逵教育论著选》，北京：人民教育出版社 2000 年版，页 89。

量优秀农工商人的作用。

由于清代学校教育制度本来就不提供农工商人接受进阶教育的途径，所以实业学堂在设立后，不免要像洋务学堂一样被视为传授一技一艺的学校，地位远不及普通学堂。要想推动实业学堂的发展，实际上要先提升实业教育的地位，让农工商人形成一种观念，知道自己可以接受初等以上的教育；而受这样的教育并非是要成为士，而是有利于他们从业。在推广这个观念的同时，还可以降低实业学堂的录取标准，吸引作为学生主体的他们尽可能入学。张之洞规定实业学堂与普通学堂的入学标准相同，没有能够打破多数人重文科轻实业的陈旧观念；而且为了让农工商人能够安于职业，没有在章程中拟定实业学堂的升学途径，导致各级实业学堂之间缺乏紧密联系。最后，实业学堂毕业生将无法把自己所学与从业经验结合起来去创造知识。黄炎培曾说过，"如果办职业教育而不知着眼在大多数平民身上，他的教育，无有是处，即办职业教育，亦无有是处"，[166]晚清实业学堂的规定不够完善，没有给予实业教育足够的重视，也就拖缓了国家迈向现代化的脚步。

3. 学生难以在职业与普通学堂之间转学

最后一点是关于当时实业与普通学堂之间的衔接关系。在现代学校教育制度里，职业学校体系有中等与高等阶段，这两个阶段的职业学校都和同级的普通科学校有十分完善而灵活的对接关系，学生可以在两个体系间任意转学与升学，职业学校体系中的不少学生经常升学进入普通学校体系。转学与升学办法的灵活与弹性，不但没有影响高等教育人才在知识创造方面的努力，反而提供了不少的助益。以新加坡为例，其职业学校体系完善，生源渠道广泛，不限于职业学校系统，学生毕业后可以升入大学或自行谋生，出路多样化；在这个基础上，职业学校鼓励学生思考创新，成为创造知识的一份子，而不只让大学专美于前，[167]其体系之有效，各式人才的源源不绝，正是职业与普通学校彼此接轨的成功典范。

可是在晚清时期，各级实业学堂之间的衔接关系不甚紧密，导致实业学堂体系与普通学堂体系之间只有单向流动：普通学堂学生可以升学到实业学

---

166 办职业教育须下三大决心，田正平编：《黄炎培教育论著选》，北京：人民教育出版社 1993 年版，页 213。

167 黄永辉：新加坡职业教育的特色及对我国职业教育的启示，《无锡商业职业技术学院学报》2007 年第 7 卷第 1 期，页 5-7。

堂，而实业学堂毕业生却不能升学到更高一级的普通或实业学堂。这对于清政府培养各种农工商人才是不利的。士绅高凤谦对晚清新政时期的普通与实业学堂之间的单向流动关系进行了分析：

> 关于学校教育制度之法令，既极繁琐，而所谓转学、升学之限制，考试、复试之程式，修业、卒业之文凭，学部、学司之稽查，冠服、礼节之形式，陈陈相因，名为整齐画一，实则束缚驰骤，使办学者、就学者动触法网，牵掣而不能自由。[168]

这段分析同样认为晚清学校教育制度严格限制学生转学，对普通与实业学堂之间的衔接关系产生负面影响，从而不能吸引更多农工商子弟入学，以加强他们在小学堂里受到的国民基本素质熏陶，以及培养他们学习将来可以赖以谋生的知识与技能。此外，接受过实业教育而后从事实业之人，在知识与技能都比普通学堂学生毫不逊色，但却因为没有进修与升学的机会，或者只能作为候补官员，所以对知识创造的贡献也就受到局限，间接影响了晚清新政时期学校教育制度改革所要达到的培养创造知识人才目标。

综合来看，晚清新政时期学校教育制度的改革成绩不错，尤其是在 1905 至 1911 年间，制度更是进一步扎根于中国社会。不过，与任何引进新制度的情况一样，此时期的改革措施仍有一些偏颇之处，例如政府要废除科名却迟迟没有展开行动；职业教育与普通教育之间没有接轨等问题，制约着新式学堂的创新人才培养。当然，任何改革都不是一蹴而就的，需要一个漫长的过程。从学校教育制度逐渐扎根于中国的进程来看，这一时期的改革在整体上体现了改革者的魄力和深刻见地。

---

168 高凤谦：敬告教育部，《中国近代教育史资料汇编·学校教育制度演变》，页 626。

第五章　结论与讨论

　　晚清新政时期学校教育改革，是借鉴西方学校教育制度并参考中国国情，借由教育传统特点推动制度融入中国社会的过程。从整个中国教育史来看，这一系列改革使得中国形成学校教育制度框架，培养了一批人才以适应当时社会发展的需要。虽然改革者在某些具体政策的制定上，借鉴传统教育特点使得改革不尽完善，但有助于制度的融入与扎根度。研究结论是把晚清新政时期学校教育制度改革的成功与不足，用以检视今日学校教育的进展与存在问题，并借鉴进一步的改革可行路径。

第一节　主要结论

　　清代教育制度与现代学校教育制度很不相同，它附属于科举制度，只关注选拔，不侧重培养。这个制度里有私塾、书院等教育机构，课程主要是四书五经，而科学与技术被贬低为奇技淫巧，无助社会发展，教育的目标是要培养儿童、从业青年与读书人的道德修养和基于儒家经典以待人处事。儿童或读书人中的大部分人会参加科举考试，而后成为塾师或文官。现代学校教育制度的特点是，学校分为初等、中等与高等三个阶段，中等以上教育有普通和职业两个轨道，以培养公民的基本素养、专门知识和技术、科学研究，从而推动社会发展。文官制度是另一套制度。学校教育制度与文官制度是彼此衔接的两套制度。

　　与现代学校教育制度相比，清代教育制度有其特殊性，为社会输送塾师和文官，较好地适应社会需要，还形成一个特有的士阶层，有助于社会运行。

但是，自近代依赖，原来的教育制度所培养的儒家经典人才使得清政府无力面对一系列的内政、外交、经济和军事等问题。经历了一系列的外部战争失利与内部社会问题，官员与士绅总结经验，认识到问题关键在于自身社会缺乏一个现代学校教育制度。随着清政府对西方学校教育制度的认识，西方科学和技术的认识的深化，辅以邻国日本改革成功的对比，清政府终于在1901年颁布谕旨施行新政，对学校教育制度进行全面改革，以培养创新人才。

（一）晚清新政时期学校教育制度改革的进步性

晚清新政时期学校教育制度改革持续直到其终结，历经10年时间，在这个过程里，充满了新旧教育观的矛盾、不同政治派系的争执，每一步改革都充满艰难。不过，改革的目标非常明确，最为突出之处主要有三点：

第一，确立三级科名与三级学堂的对应关系。

建立科名与学堂的对应关系，是许多官员的基本主张，也在改革最初期便得到了落实；只不过，到底三级科名应该怎样对应三级学堂，一直引发了官员们的强烈争执，对应方式也随着争执而反复变动了几次。最初，部分官员认为三级科名应该全部对应大学堂，因为这样不仅符合西方学校只有大学颁发学、硕、博士学位的做法，同时也保证了大学堂的权威性。另外一些官员认为这种做法只关注大学堂，不利于中小学校的发展，在科举存在的前提下，读书人们必然不愿意花费八、九年时间天天坐在学堂里读书而可能拿不到科名，而会更愿意选择半途参加科举考试，拿到功名后直接进入大学堂。这样，中小学堂的学生来源就无法得到保障，发展必然受阻。在两派官员的激烈辩论后，最终以张之洞为代表的官员们所提出的三级科名分别对应三级学堂的做法，得到了更多的认可，并贯穿在整个改革过程中。

通过科名与学堂的对应关系，参加过科举考试、拥有科名的读书人与士绅和现任官员都能够根据自己的读书经历与科名，分别进入三级学堂，不至于因为改革而失去读书或进修的机会，被排除在改革之外；同时也使得学堂在设立之初不至于像洋务学堂那样生源匮乏，并且能将生源有序的安排到各级学堂之中。最后，学生也可以根据科名而继续升学或转学，使得学堂之间得以彼此衔接；从而使学堂在社会各阶层人士中得到认可，建立了其发展的稳固根基。相较之下，洋务运动时期的新式学堂由于没有与科名建立对应关系，在几十年的发展历程里，始终被视为是学习一门技艺的场所，受到社会轻视，从来没有融入到主流教育体系中。

由此可见，在新政时期的新式学堂中，科名一方面具有西方学校的毕业凭证和高一级学校的入学资格的作用，另一方面又具有其本身在科举制度中所代表的社会地位认可的作用，使得毕业生能够获得学校和社会认可，并根据其在学经历去继续学习或谋求一份工作。不能不说，把科名对应新式学堂的做法是在保障社会稳定的前提下，在引入学校教育制度的学位概念的同时，又为学校里的学生们保留了士阶层的名誉，使得新式学校更容易被读书人们所接纳的有效做法。

第二，创建了以省为单位的统一升学考试。

在三级科名与三级学堂的对应关系基础上，清政府延续了科举考试的方式，使用了各省级的统一考试，统一了各省学生的程度，而不少采取西方学校那种学生申请入学的招生和评价办法。这样的做法至今仍体现在现代的中考和高考制度上。此做法的优点有二：

其一，保证教育机会公平。对学生来说，他们的报考资格与考试成绩不会因为性别、阶级、学校、家庭背景等因素的差异而有不同标准，统一考试为他们提供公平的教育机会，他们要想获得升学资格与机会的唯一之道，是在考试里获得好成绩。相对来说，西方社会以"自由、民主、平等"为核心价值，人们推崇通过个人的奋斗和努力所取得的成就，并不单纯盲目地崇拜成就本身，因而也就不倾向以依靠裙带关系来获取个人利益。这种价值观经历了悠久的历史积淀，深深的扎根在西方民众心中。西方学校采用的学生自由申请的升学办法，正是建立在"自由、民主、平等"这种核心价值上，这种价值观体现在升学校教育制度的运行之中，就是鲜有人诉诸于自己的社会关系谋求入学许可或从中谋求私利。从"自由、民主、平等"这个价值观演变而来的推荐甄试方式，不适合于建立在儒家文化基础上的教育体系，因为儒家文化重家庭、家族，待人接物受亲缘关系影响较大，要比西方更讲究人际关系的远近亲疏，自由甄试的方式被引进，有可能无意中被扭曲和利用，发生各种人情、走后门的问题，从而损害一些原本具有入学资格学生的权利，破坏了教育机会公平性。科举发展有一千三百年的历史，就是因为它的公平性。

其次是在学校体系刚刚建立之初，全国的课程与教材尚不成熟之际，避免了不同省份的同级学堂学生因为课程、教习素质的不同而在程度上有过大落差的问题。如果当时采取西方的开放学生申请入学、由学校自行审核的方式，那么在学堂初设，尚未形成全国范围内的成熟体系的情况下，很可能产生各个学堂在校生程度不一的问题，教学活动也就难以展开。而且，各省统一考试的办法经过实践证明，适合中国特有的社会文化传统，人口基数庞大、教学资源匮乏的教育状况，因而被沿用借鉴至今。

第三个值得称颂的做法是在全国范围内大力普及初等教育。初等教育作为一种义务教育的观念，在晚清新政时期开始植入官员与士绅的脑海里。虽然在改革初期，官员们把比较多的精力花在了发展京师大学堂和保证其拥有足够生源上，忽略了中、小学的发展；但是，随着日本考察官员的考察经验纷纷呈报回国，国内的改革派官员们也认识到了初等教育才是教育推广的根基。只有保证了中、小学的生源充足、毕业生优秀，大学堂才会有源源不断的生源；并且初等教育才能实现全体国民素质的提高，从而有可能提高社会生产力，进而实现强国的目的。1904年的《奏定学堂章程》第一次明文确立了要普及初等教育。后来，官员与士绅积极推广初等教育与职业教育，出钱出力设立各种补习学堂、半日学堂，并对农工商人宣传初等教育与学习一技之长的重要性，弥补了小学与实业学堂刚开始发展，初等教育、社会教育与职业教育刚刚起步，不能引起农工商人重视的困境。清代官员与士绅对初等教育与职业教育的重视及努力，改变了一向只重视书院、放任私塾自行发展的传统教育观，推动义务教育初步扎根于中国社会，从根本上推动学校教育制度的创新人才培养作用。在大力发展初等教育的基础上，部分儿童与从业青年有机会学习儒家经典，培养道德修养，就像他们在改革之前随时进入私塾，跟随塾师学习做人处事的道理。这些群体能够有机会接受道德教育，对社会秩序的稳定是有利的，尤其是在一个没有才艺班、少年馆、社会教育机构的年代，道德教育还可以普及到穷乡僻壤。这些措施值得给予更客观的评价。

（二）晚清新政时期学校教育制度改革的不足

虽然晚清教育改革的有很大的进步性，但这些改革也存在一些不足，中国此时的学校教育制度与现代学校教育制度相比，在创新人才的培养上还是有些问题，这些问题主要有三点：

第一，科名与学堂的对应关系使得多数读书人把读书视为工具。清末学校教育制度虽然在结构上接近西方学校教育制度，但也把"学而优则仕"的观念嫁接到制度中，使得读书人仍然把读书视为是获得资格、当官、出人头地、光宗耀祖的手段，是一种工具。这种观念与创新人才培养是有矛盾的。

创新人才的培养，从亚里士多德的角度来看，需要对知识的兴趣、空闲时间和探索空间三个条件，而把读书视为一种工具，基本做不到上述三点，创新能力无从培养。清代官员也理解这一点，主张逐渐减少科举取士的名额，减弱科举的影响，然而读书人对科举的热情依然不减，读书人与学生为了参加科举而向学堂请假甚至旷课、辍学，使得学堂空有结构，难以发挥作用。之后，官员试图废除科举制度，让学校教育制度正常发展。当然，为了官员同时赋予学堂选拔人才的作用，有权举行一系列考试，以及授予科名。最后，科举制度在形式上是废除了，但实际上考试移转到了新式学堂中。其结果是学生会在学堂安分学习，但是其学习动机仍然是原来那一套读书当官，基本未有改变。实际上，要培养创新人才，最深层次的改革绝对是读书动机的形成。根据建构主义教学理论的主张，读书的动机应该是从内部形成的，如此，学生才对知识有兴趣，愿意深挖知识，从而提升创新能力。[1-2-3] 而一直以来，中国读书人的读书动机都是外部的，是由家族和家长告知孩子有光耀门楣之责，由责任感形成外部压力，促使孩子读书，从来都缺乏教师或家长告诉孩子知识的趣味、探索知识所获得的成就感，使孩子从内心真正想要学习、愿意自主学习，甚至通过外部压力抑制内部动力。想要让学校教育制度培养出创新人才的关键不是科名的改革，而是科名背后意味的读书动力该如何形成和激发。

第二，改革未改变社会对职业技术教育的轻视。尽管许多官员与士绅不断宣传职业教育的重要性，希望农工商人家的子弟能够学习一技之长，在社会上谋得一份职业或工作，并以其习得的农工商业基础知识而成为技术型人才。但是，一直以来，读书与学习技艺就被视为根本不同的两件事。尽管都是学习知识，读书人作为文人，与拥有技艺的农工商人也是不一样的；读书人被视为高尚的，而学习技艺则是相对低下的；"万般皆下品，唯有读书高"这句耳熟能详的话，完全反应了这种存在已久的观念与想法。这种观念与想

1　［美］恩斯特·冯·格拉塞斯费尔德，激进建构主义［M］，李其龙译，北京：北京师范大学出版社，2017：294、312。

2　Glasersfeld, E von. (1991). An Exposition of Constructivism: Why Some Like It Radical. In: Facets of Systems Science. International Federation for Systems Research International Series on Systems Science and Engineering, vol 7. Boston, MA: Springer. https://doi.org/10.1007/978-1-4899-0718-9_14. (Chapter 3), 233.

3　Gagnon, G. W., Collay, M. (2006). *Constructivist Learning Design: Key Questions for Teaching to Standards.* Thousand Oaks, CA: Corwin Press, p. 13.

法通常不会因为官员与士绅在短短十年里的宣传就发生根本改变，一般家长仍希望自己的子弟进入普通学堂，成为读书人，这是正途；只有在子弟成绩不好，不愿意读书的迫不得已情况下，家长才把他们送到实业学堂，学习一技之长，"蒙混"一个学历。就连主持改革的官员也有这种观念，认为士与农工商是分途的，所以没有在大学这一层级里设立实业学堂，把技术型人才定位在中低端，也没有拟定普通学堂与实业学堂的转学规定，最后，普通与实业学堂虽然形成了双轨制，但彼此之间基本没有衔接关系，因而整个社会对职业教育的重视也就难以提升，创新人才也就不会从职业教育这一轨道里产生。然而，职业教育对中国社会发展使有利的，例如台湾在上世纪70-90年代的迅速发展，就是职业学校体系完善，从中等教育一直向上延申到高等教育，源源不绝地培养理、工、商科专业技术人才，此外，职业教育体系和普通教育体系的接轨，这些技术人才可以转换轨道，接着自己的丰富实践经验，进入到科学研究，做出创新。如果清末改革者加大力度推广职业教育，做出更合理的职业教育制度设计，并就有利于整个社会对职业教育的观念发生转变，促使更多青年参加职业学校，加速当时中国的学校教育制度发展进程。在21世纪的今日，职业教育地位低于普通教育的观念依旧没有太大改变，职业学校仍得不到一般人的重视，缺乏优秀学生来源，难以发挥为社会提供高级技术人才的作用，造成了社会上技术型人才的普遍短缺，这个问题必须解决，可以从借鉴前人经验开始。

第三，读书人的考核机制改革不足。把科举考试中的考核机制移转到新式学堂，理论上是让学堂承担起科举制度的选拔人才功能，这是改革的合理性。然而，考试本身作为一种评价机制，应该进一步思考它是否有助于创新人才的培养。清末新式学堂的一系列考试，基本是关于学生的知识记忆能力，而记忆能力只是创新能力的基础部分，[4]所以新式学堂考试是否能衡量出创新能力是一个需要思考的课题，许多学者基于大量研究，认为考试并不能测出创新能力，因为创新能力目前没有精确指标可将其量化。那么，新式学堂的频繁考试，就会如同前述经济学家林毅夫所批评的，使得学生把学习时间都用于重复性地记忆知识，没有心思创新。考试形式如何改革，以更好地检测学生的创新能力，在当时的改革历史中没有得到关注，但现在学者则是有了

---

4 Bloom, B. S. (1956). *Taxonomy of Educational Objectives: Cognitive and Affective Domains*, New York: David McKay Company INC, pp. 62-175.

更深人的认识，应该思考并提出对策。

从上述改革意义来看，晚清新政时期学校教育制度改革结合了中西国情，让众多儿童、从业青年、读书人与官员，有公平机会进入各级新式学堂，在推广始初等教育的同时，也尝试保持高等教育的精英化。改革确立了学校教育制度框架，向培养创新人才踏出了关键的一步，总体来说是成功的。可是，改革的重点应该要涉及最深层的学校教育制度运作原理，也就是读书当官、轻视技术、评价与考核指标，才有利于创新人才的培养。

第二节 研究的启发与应用性

古人曾说过，以史为镜可以知兴替。在梳理了晚清新政时期学校教育制度改革措施及其优缺点后，可以认为清政府在引进学校教育制度时，结合了中国社会、文化、历史的特殊背景，对当时的教育制度进行了改革。这一时期的改革对于学校教育制度融入中国特有的社会环境中，提供了不少启发，特别是认识到中国教育制度以培养与选拔人才为运作原理，其中的教学方式、考核方式等诸多层面都以此原理为核心。

进一步分析晚清新政时期学校教育制度改革措施及其效果，对于今后的教育改革会有帮助。

第一，创立了以各省为单位的统一考试，奠定了现今高考的雏形。统一考试并非西方学校教育制度的特点，而是改革者在引进学校教育制度时，为结合国情，借助科举考试特点而做出的调整。这一举措可以在人多资源少的情况下，为所有的学生提供公平、公正的就学和升学机会。尽管统一考试存在不少弊端，不利于创新能力的培养，但是，考虑到学生人数庞大，而教育资源有限，高考是一条公平、公正的升学之路。

要培养创新能力，不是废除科举考试，也不是废除高考，而是要对创新能力有更全面的认识，理解各个不同层次的认知能力与创新能力之间的关系，从而改革考试题型，把考核重点同时放在低阶与高阶认知能力，以激励学生锻炼自己的高阶认知能力。考试题型可多样化，有一些开放式问题，让学生表述自己的观点。教师对于学生的评价，也不是侧重分数，而是如维果斯基所说的，去审视学生如何从当前水平提升到了更高水平，需要哪些协助，并及时提供帮助。[5]如此，考试不会高度束缚学生倾向于标准答案，而能够运用批判性思维，积累知识，以辩证的语言阐述观点。总之，考试成绩是一个评价，但不是唯一的评价。

第二，在大力普及基础教育的同时，还应该保证高等教育的精英化。在普及基础教育方面，晚清新政时期官员不但大力提倡在各地建立小学，推广基础教育，他们甚至借用了士阶层的力量，调动基层的教育资源。这种借用民间力量的做法在现今社会也是可行的，尤其是在当今教育资源短缺、民间闲置资本充裕的情况下，引导民间资本以投资或者捐赠的形式在地方大量建立小学和初中，既可以引导闲置资金走向，加以良好利用，同时也可以充实义务教育资源。这里涉及到政府对民办学校的财政补助合法性问题，对此，不妨把民办学校在投入资金上划分为投资和捐赠，政府财政提供给后者，以调动民间办学积极性，使教育在各级学校数量的基础上提升质量。[6]

晚清时期的学校教育制度改革同时还注重维持高等教育作为一种精英化教育。高等教育的宗旨毕竟不同于基础教育，其所培养的是社会尖端型人才，因而把入学人数比例控制在一定范围内是必要的，否则将造成高等人才的泛滥，贬低了精英型人才应有的价值；并且一味扩大高等教育规模，不加选择地将大量人才送入高等学府，会造鱼目混珠的现象，使精英阶层的应有水平和素质降低。在这方面，台湾的教改所暴露的问题就是一个鲜明例子。以我们国家目前所进行的高校扩招为例，扩招应是有计划的、逐步进行的，并且应该在考虑社会发展程度的前提下，对扩招的程度、区域和年限加以严格限制，才能保证高等教育的精英化。另外，制定扩招计划时，教育管理部门和高校应与企业频繁沟通、定时沟通，了解企业的用人需求，使得人才培养以服务企业和社会为最终目标，一方面可以避免人才类型和数量的不均衡、不科学，避免某些领域人才短缺，而另一些领域人才过剩的现象；另一方面也可以让企业和其他用人单位能够更容易地找到所需类型的人才，从而促进企业发展。高等学校的扩招也应该考虑到区域发展因素，在人才充足的地区，可以减少扩招或不扩招；而在人才较稀缺的地区，可以适当放宽扩招条件和名额，以为当地培养更多可以促进区域快速发展的人才，在必要时，也可以

5　Vygotsky, L. S. (1978). *Mind in society: The Development of Higher Psychological Processes*. Cambridge, MA: Harvard University Press, pp.84-91.

6　陈睿腾：民办高校办学质量研究——对资金筹措四个路径的检视，《北京社会科学》2019（2）：61-69. doi: 10.13262/j.bjsshkxy.bjshkx.190207.

规定这些人才稀缺地区扩招的学生在毕业后，要在当地工作或服务一定期限，然后才可以按照自己的意愿在全国范围内自由就业发展。

第三，设立实业学堂，初步推动职业教育在中国的发展。在晚清最后十年，不少士绅积极阐述实业教育的重要性，且出钱出力来支持实业学堂的发展。这些努力对职业教育在中国社会的初步发展有着重要意义，让更多人接受了各式各样技艺作为一种教育，或多或少改变了以往把科学技术看成奇技淫巧的观念，认识了职业教育。这种观念的转变意味着职业技术教育的地位在许多人的眼中有所提升，这一点应该继续推进。

在现代社会，各行各业都需要技术人才，这些技术人才是社会发展的主要支撑力量，而从台湾的例子来看，职业教育确实是促进社会和工业发展的直接要素。因此，当今的教育改革更应该提倡职业教育的重视，进一步发展和完善职业学校体系，给予职业教育更多资源。更重要的是，改革者应该推动整个社会认识到职业教育与普通教育的同等重要地位，而不是在无力获得普通高等教育时的退路，把职业教育当成工具。如此，职业教育体系还可以分流一部分学生，缓解高考压力过大、大学资源不足所造成的问题；同时，职业学校学生可享有更好的教育资源，成为当今产业转型所急缺的高级技术型人才。科学研究本来就是在各个领域，不是只有在普通教育这个轨道上。现实的问题使，大陆普通高校在近十几年的扩招下，高校毕业生数目的过快增长，造成了很大的就业压力，但是高质量的科研成果还是进展较慢。与其坚持普通高校扩招，不妨关注职业教育体系的发展上，培养更多产业所需要的高端技术人才。

第三节　不足与后续研究的可能性

如何引进现代学校教育制度，进而使之融入中国社会，为中国培养源源不绝的科学人才，推动社会现代化？对于这个问题，通过对晚清新政时期学校教育制度改革的研究只能提供一个初步答案，因为晚清新政时期学校教育制度改革的基础较差，是在经济上依赖农业，政治上是君主专制，社会上仍由四民阶层构成的封建背景下进行的，不但面临着诸如经费缺乏、交通不便等硬体条件的贫乏，而且还要受到排斥外来制度，歧视西方科学等各种陈旧观念的强大束缚。在如此被动情势下引进外来制度，政府势必要以维持社会现况为考量，在进行改革时尽量缓和各种措施可能造成的冲击。换句话说，晚清最后十年把现代学校教育制度引进与融合到中国社会中的各种努力只是处于起步阶段，不足以对上述问题提供一个全面的回答。

要如何考虑中西国情差距，从而进行一种去芜存菁式的学校教育制度改革，在现代社会仍是一个艰巨的任务。正因如此，后续还有必要全面研究清代之后的教育改革，分析其措施及其效果，对改革的利弊得失进行客观分析，以作为下一阶段改革的参考。创新人才的培养是一个缓慢的过程，学校教育作为创新人才培养平台，其改革有其重要性，问题在于改革是否触及到创新能力培养的核心关键。如何从最深处次进行学校教育制度改革，提升下一代人的创新能力，相信通过对每一次改革的分析，可以从中得到启发。

參考文獻

一、論文

1. 關曉紅：晚清學部的醞釀產生，《歷史研究》1998 年第 2 期，頁 75-88。

2. 關曉紅：晚清學部成立前的中央教育行政機構沿革，《近代史研究》1998 年第 4 期，頁 89-105。

3. 李紅桃：高等教育中心轉移與科學中心轉移，《建材高教理論與實踐》2001 年第 20 卷第 2 期，頁 9-10。

4. 周谷平：近代中國學位制度的歷史演變，《高等教育研究》，2002 年第 23 卷第四期，頁 98。

5. 遲景明：科學中心的轉移與高教中心轉移之間的關係，《教育科學》2003 年第 19 卷第 6 期。

6. 周谷平：近代中國教會大學的學位制度，《浙江大學學報》，2004 年第 1 期，頁 13-21。

7. 潘洪鋼：清代駐防八旗與科舉考試，《江漢論壇》2006 年第 8 期。

8. 蔡世勛：新加坡職業教育分析及其啟示，《當代教育論壇》2006 年第 8 期上半月刊，頁 119-120。

9. 劉福森、王淑娟：勸學所沿革述論，《重慶社會科學》2006 年第 12 期，頁 87-89、96。

10. 趙利棟：清末新式學務團體和教育界的形成──以江蘇省為中心，《晚清国家与社会》，社科文献出版社 2007 年版，页 205-221。

11. 许德雅：近代中国科举制度向学位制度演进的历史轨迹，《高教研究》2007 年第四期，页 5。

12. 李洪涛：新加坡职业教育和精英教育的贯通与国家经济腾飞，《职业教育》2007 年第 34 期，页 589、621。

13. 黄永辉：新加坡职业教育的特色及对我国职业教育的启示，《无锡商业职业技术学院学报》2007 年第 7 卷第 1 期，页 5-7。

14. 陈敏：《论清末教育会学务活动空间的扩张——以江苏省教育会为例》，《教育评论》2008 年第六期，页 140-144。

15. 联合国《世界人权宣言》，取自新华网：http://news.xinhuanet.com/ziliao/2003-01/20/content_698168.htm。

16. Yu-Lan Fung, Why China Has No Science—An Interpretation of the History and Consequences of Chinese Philosophy, *International Journal of Ethics*, Vol. 32, No. 3 (Apr., 1922), pp. 237-263.

17. 陈睿腾：民办高校办学质量研究——对资金筹措四个路径的检视，《北京社会科学》2019（2）：61-69. doi：10.13262/j.bjsshkxy.bjshkx.190207.

18. Glasersfeld, E von. (1991). An Exposition of Constructivism: Why Some Like It Radical. In: *Facets of Systems Science. International Federation for Systems Research International Series on Systems Science and Engineering*, vol 7. Boston, MA: Springer. https://doi.org/10.1007/978-1-4899-0718-9_14. (Chapter 3).

二、论著

1. ［清］魏源：《海国图志》，早稻田大学图书馆藏光绪二年刻本。

2. 上海商务印书馆：《东方杂志》，清光绪三十年六月第六期。

3. 学部总务司编：《光绪三十三年第一次教育统计图表》。

4. 上海商务印书馆：《教育杂志》第一年（宣统年）。

5. 上海商务印书馆：《直隶教育杂志》。

6. 陈宝泉：《中国近代学校教育制度变迁史》，北京：北京文化学社 1927 年版。

7. 周予同:《中国学校制度》,上海:商务印书馆 1933 年版。

8. 教育部教育年鉴编纂委员会:《第一次中国教育年鉴》,上海:开明书店 1934 年版。

9. 梁启超:《饮冰室合集》文集·第一、第四册,上海:中华书局 1936 年版。

10.《戊戌变法档案史料》,上海:中华书局 1958 年版。

11. 倪海曙:《清末汉语拼音运动》,上海:上海人民出版社 1959 年版。

12. 舒新城:《中国近代教育史资料》上中下册,北京:人民教育出版社 1962 年版。

13. 陈布雷:《陈布雷回忆录》,台北:传记文学出版社 1967 年版。

14. 孙邦正:《中国学校教育制度问题》台北:台湾商务印书馆 1973 年版。

15.《蔡元培选集》,香港:香港文学研究社 1977 年版。

16. 劳乃宣:《清劳韧叟先生乃宣自订年谱》,王云五编:《新编中国名人年谱集成》第五辑,台北:台湾商务印书馆 1978 年版。

17. 台湾故宫博物院:《学部官报》,台北:弘明综合印刷有限公司印刷 1980 年版。

18. 北京师范大学外国教育研究所:《国外学位制度》,北京:地震出版社 1981 年版。

19. 实藤惠秀:《中国人留学日本史》,北京:三联书店 1982 年版。

20. 颜惠庆:《颜惠庆自传》,台北:传记文学出版社 1982 年版。

21. 汤志钧编:《康有为政论集》上册,北京:中华书局 1982 年版。

22. 张廷玉:《清张大学士廷玉自订年谱》,王云五主编:《新编中国名人年谱集成》第八十辑,台北:台湾商务印书馆 1982 年版。

23. 利玛窦:《利玛窦中国札记》,中华书局 1983 年版。

24. 罗家伦编:《中华民国史料丛编·警钟日报》,中国国民党中央委员会党史史料编纂委员会 1983 年版。

25. 汤浅光朝:《解说科学文化史年表》,新华书店 1984 年版。

26. 朱有瓛编:《中国近代学校教育制度史料》第一辑下册,上海:华东师范大学出版社 1986 年版。

27. 朱有瓛编:《中国近代学校教育制度史料》第二辑上册,上海:华东师范大学出版社 1987 年版。

28. 天津图书馆编:《袁世凯奏议》下,天津:天津古籍出版社 1987 年版。

29. 萧超然:《北京大学校史》,北京:北京大学出版社 1988 年版。

30. 刘大鹏:《退想斋日记》,太原:山西人民出版社 1990 年版。

31. 顾明远:《教育大辞典》(1)、(3),上海:上海教育出版社 1991 年版。

32. 张仲礼:《中国绅士》,上海:社会科学院出版社 1992 年版。

33. 王学珍编:《北京大学史料》第一卷,北京:北京大学出版社 1993 年版。

34. 田正平编:《黄炎培教育论著选》,北京:人民教育出版社 1993 年版。

35. 中国大百科全书出版社编辑部:《中国大百科全书》·教育卷,北京:中国大百科全书出版社 1993 年版。

36. 薛福成:《筹洋刍议》,沈阳:辽宁人民出版社 1994 年版。

37. 钱曼倩等:《中国近代学校教育制度比较研究》,广州:广东教育出版社 1994 年版。

38. 贺跃夫:《晚清士绅与近代社会变迁》,广州:广东人民出版社 1994 年版。

39. 唐才常:《贬旧危言——宋恕集》,沈阳:辽宁人民出版社 1994 年版。

40. 李宗仁:《李宗仁回忆录》,上海:华东师范大学出版社 1995 年版。

41. 李才栋等:《中国教育管理制度史》,南昌:江西教育出版社 1996 年版。

42. 梁启超:《中国近三百年学术史》,北京:东方出版社 1996 年版。

43. 萧宗六等:《中国教育行政学》,北京:人民教育出版社 1996 年版。

44. 胡青:《书院的社会功能及其文化特色》,武汉:湖北教育出版社 1996 年版。

45. 夏东元:《洋务运动史》上海:华东师范大学出版社 1996 年版。

46. [清]赵尔巽:《清史稿》,北京:中华书局 1997 年版。

47. 陈景磐编:《清代后期教育论著选》,北京:人民教育出版社 1997 年版

48. 赵树贵：《陈炽集》，北京：中华书局 1997 年版。

49. ［美］吉尔伯特·罗兹曼：《中国的现代化》，南京：江苏人民出版社 1998 年版。

50. 苑书义主编：《张之洞全集》第二、三册，石家庄：河北人民出版社 1998 年版。

51. 郝平：《北京大学创办史实考源》，北京：北京大学出版社 1998 年版。

52. 王学珍等：《北京大学纪事》上册，北京：北京大学出版社 1998 年版。

53. 汤志钧编：《康有为政论集》，中华书局 1998 年版。

54. 汤一介编：《北大校长与中国文化》，北京：三联书店 1998 年版，页 18。

55. 萧宗六等：《中国教育行政学》，北京：人民教育出版社 1999 年版。

56. ［美］费正清：《伟大的中国革命》，北京：世界知识出版社 1999 年版。

57. 王宝平：《教育考察记》上、下，杭州：杭州大学出版社 1999 年版。

58. 李国钧等编：《中国教育制度通史》第五卷、第六卷，济南：山东教育出版社 1999 年版。

59. 章开沅编：《清通鉴》4，长沙：岳麓书社 2000 年版。

60. ［清］刘锦藻：《清代续文献通考》（第二册），杭州：浙江古籍出版社 2000 年版。

61. 中国史学会编：《洋务运动》（二），上海：上海人民出版社 2000 年版。

62. 陈桂生：《教育原理》，上海：华东师范大学出版社 2000 年版。

63. 孙喜亭：《教育原理》，北京：北京师范大学出版社 2000 年版。

64. 吕达等主编：《陆费逵教育论著选》，北京：人民教育出版社 2000 年版。

65. 陈学恂：《中国近代教育史教学参考资料》下册，北京：人民教育出版社 2000 年版。

66. 杜维明：《道学政——论儒家知识分子》，钱文忠、盛勤译，上海人民出版社 2000 年版。

67. 赵承福：《山东教育通史》，济南：山东人民出版社 2001 年版。

68. 涂尔干：《道德教育》，陈光金等译，上海：上海人民出版社 2001 年版。

69. 陈景磐：《中国近代教育史》，北京：人民教育出版社 2001 年版。

70. 谢维和：《教育活动的社会学分析——一种教育社会学的研究》，北京：教育科学出版社2001年版。

71. 中国第一档案馆：《京师大学堂档案选编》，北京：北京大学出版社2001年版。

72. 喻岳衡辑：《左宗棠教子书》，长沙：岳麓书院2002年版。

73. 施培毅校：《吴汝纶全集》三·尺牍第四，合肥：黄山书社2002年版。

74. 盛宣怀：《盛世危言》，北京：华夏出版社2002年版。

75. 《曾国藩家书》，西安：陕西旅游出版社2002年版。

76. 杜维明：《儒教》，陈静译，台北：麦田出版社2002年版。

77. 王雷：《中国近代社会教育史》，北京：人民教育出版社2002年版。

78. ［美］芮玛丽：《同治中兴》，北京：中国社会科学出版社2002年版。

79. 吴国盛：《科学的历程》，北京：北京大学出版社2002年版。

80. 王炳照：《中国科举制度研究》，石家庄：河北人民出版社2002年版。

81. 张之洞：《劝学篇》，北京：华夏出版社2002年版。

82. 马和民：《新编教育社会学》，华东师范大学出版社2002年版。

83. 商衍鎏：《清代科举考试述录》，天津：百花文艺出版社2003年版。

84. 马克斯·韦伯：《儒教与道教》，北京：商务印书馆2003年版。

85. 李细珠：《张之洞与清末新政研究》，上海：上海书店出版社2003年版。

86. 蒋廷黻：《蒋廷黻回忆录》，长沙：岳麓书社2003年版。

87. 商衍鎏：《清代科举考试述录》，天津：百花文艺出版社2003年版。

88. 约翰·亨利·纽曼：《大学的理想》，杭州：浙江教育出版社2003年版。

89. 谢桂华等：《20世纪的中国高等教育》·学位制度与研究生教育卷，北京：高等教育出版社2003年版。

90. 吕达等主编：《舒新城教育论著选》，北京：人民教育出版社2004年版。

91. 罗荣渠：《现代化新论》，北京：商务印书馆2004年版。

92. 余英时：《余英时文集第四卷·中国知识人之史的考察》，桂林：广西师范大学出版社2004年版。

93. 杨晓：《中日近代教育关系史》，北京：人民教育出版社 2004 年版。

94. 黄仁宇：《放宽历史的视界》，北京：三联书店 2004 年版。

95. 陈向阳：《晚清京师同文馆组织研究》，广州：广东高等教育出版社 2004 年版。

96. 黄仁宇：《万历十五年》，北京：三联书店 2004 年版。

97. 吴国盛：《反思科学》，北京：新世界出版社 2004 年版。

98. 林毅夫：《制度、技术与中国农业发展》，上海：上海人民出版社 2005 年版。

99. 齐如山：《齐如山回忆录》，沈阳：辽宁教育出版社 2005 年版。

100. 容闳：《容闳自传》，北京：团结出版社 2005 年版。

101. 钱穆：《国史新论》，北京：三联书店 2005 年版。

102. 季羡林：《牛棚杂忆》，北京：中共中央党校 2005 年版。

103. 亚里士多德：《形而上学》，上海：上海人民出版社 2005 年版。

104. 瞿同祖：《清代地方政府》，北京：法律出版社 2005 年版。

105. 许祖华编：《严复作品精选集》，武汉：长江文艺出版社 2005 年版。

106. 齐如山：《齐如山回忆录》，沈阳：辽宁教育出版社 2005 年版。

107. 艾永明：《清代文官制度》，北京：商务印书馆 2005 年版。

108. 张亚群：《科举革废与近代中国高等教育的转型》，武汉：华中师范大学出版社 2005 年版。

109. 廖其发：《中国幼儿教育史》，太原：山西教育出版社 2006 年版。

110. 何天爵：《真正的中国佬》，北京：中华书局 2006 年版。

111. 鲍永军：《绍兴师爷汪辉祖研究》，北京：人民出版社 2006 年版。

112. 齐如山：《中国的科名》，沈阳：辽宁教育出版社 2006 年版。

113. 刘海峰等：《中国科举史》，上海：东方出版社 2006 年版。

114. 舒新城：《教育通论》，福州：福建教育出版社 2006 年版。

115. 吴俊升：《教育概论》，福州：福建教育出版社 2006 年版。

116. 孟宪承：《教育概论》，福州：福建教育出版社 2006 年版。

117. 庄泽宣：《教育概论》，福州：福建教育出版社 2006 年版。

118. 谢长法：《中国留学教育史》，太原：山西教育出版社 2006 年版。

119. [美] 任达：《新政革命与日本》，南京：江苏人民出版社 2006 年版。

120. [日] 佐藤慎一：《近代中国的知识分子与文明》，南京：江苏人民出版社 2006 年版。

121. 十洲古籍出版社编：《中国近代教育史料汇编·晚清卷》2、3，北京：全国图书馆文献微缩复制中心 2006 年版。

122. 陈山榜编：《张之洞教育文存》，北京：人民教育出版社 2007 年版。

123. 吴雪萍：《基础与应用——高等职业教育政策研究》，浙江教育出版社 2007 年版。

124. 李俊清：《现代文官制度在中国的创构》，三联书店 2007 年版。

125. 郭秉文：《中国教育制度沿革史》，福州：福建教育出版社 2007 年版。

126. 裕德龄：《德龄公主回忆录》，北京：团结出版社 2007 年版。

127. 冯友兰：《冯友兰学术自传》，北京：人民出版社 2007 年版。

128. [清] 薛福成：《出使四国日记》，北京：社会科学文献出版社 2007 年版。

129. 《中国近代教育史资料汇编》编辑会员会：《中国近代教育史资料汇编·普通教育》，上海：上海教育出版社 2007 年版。

130. 《中国近代教育史资料汇编》编辑会员会：《中国近代教育史资料汇编·戊戌时期教育》，上海：上海教育出版社 2007 年版。

131. 《中国近代教育史资料汇编》编辑会员会：《中国近代教育史资料汇编·洋务运动时期》，上海：上海教育出版社 2007 年版。

132. 《中国近代教育史资料汇编》编辑会员会：《中国近代教育史资料汇编·学校教育制度演变》，上海：上海教育出版社 2007 年版。

133. 《中国近代教育史资料汇编》编辑会员会：《中国近代教育史资料汇编·高等教育》，上海：上海教育出版社 2007 年版。

134. 《中国近代教育史资料汇编》编辑会员会：《中国近代教育史资料汇编·教育行政机构及教育团体》，上海：上海教育出版社 2007 年版。

135. 《中国近代教育史资料汇编》编辑会员会：《中国近代教育史资料汇编·留

学教育》，上海：上海教育出版社 2007 年版。

136. 《中国近代教育史资料汇编》编辑会员会：《中国近代教育史资料汇编·实业教育 师范教育》，上海：上海教育出版社 2007 年版。

137. 蒋梦麟：《西潮》，天津：天津教育出版社 2008 年版。

138. 《张元济全集》第 5 卷·诗文，北京：商务印书馆 2008 年版。

139. 罗廷光：《教育行政》上、下册，福州：福建教育出版社 2008 年版。

140. 左玉河：《中国近代学术体制之创建》，成都：四川人民出版社 2008 年版。

141. 徐中约：《中国近代史》，北京：世界图书出版公司 2008 年版。

142. ［美］丁韪良（William Martin）：《汉学菁华》，北京：世界图书出版公司 2009 年版。

143. 翟海魂：《发达国家职业技术教育历史演进》，上海教育出版社 2008 年版。

144. 蒋梦麟：《西潮》，天津：天津教育出版社 2008 年版。

145. 《蔡元培教育名篇》，北京：教育科学出版社 2008 年版。

146. 谭承耕校：《张百熙集》，长沙：岳麓书社 2008 年版。

147. 马和民：《新编教育社会学》第二版，上海：华东师范大学出版社 2009 年版。

148. 曹汝霖：《曹汝霖一生之回忆》，北京：中国大百科全书出版社 2009 年版。

149. 李延平：《职业教育公平问题研究》，教育科学出版社 2009 年版。

150. 藏东：《大师家训·22 位文化大师自述童年启蒙》，北京：中国妇女出版社 2009 年版。

151. 杨家余：《伪满社会教育研究》，北京高等教育出版社 2010 年版。

152. 周馥：《秋浦周尚书全集》第一册·周悫慎公全集，沈云龙主编：《近代中国史料丛刊》第九辑，台北：文海出版社（1966 年版）。

153. ［清］端方：《端忠敏公奏稿》，《近代中国史料丛刊》第十辑，台北：文海出版社（1966 年版）。

154. ［清］素尔纳：《钦定学政全书》，《近代中国史料丛刊》第三十辑，台北：

文海出版社（1982 年版）。

155. ［清］沈桐生辑：《光绪政要》，《近代中国史料丛刊》第三十五辑，台北：
文海出版社（1966 年版）。

156. ［清］吴闿生编：《桐城吴先生文诗集》尺牍四，《近代中国史料丛刊》第
三十七辑，台北：文海出版社（1969 年版）。

157. ［清］陈康祺：《郎潜纪闻》，《近代中国史料丛刊》第五十六辑，台北：
文海出版社（1966 年版）。

158. 五权宪法，《孙中山先生演说全集》，《近代中国史料丛刊》第六十七辑，
台北：文海出版社（1966 年版）。

159. 包天笑：《钏影楼回忆录》，《近代中国史料丛刊》续编第五辑，台北：文
海出版社（1974 年版）。

160. 李绍昌：《半生杂记》，《近代中国史料丛刊》续编第六十八辑，台北：文
海出版社（1979 年版）。

161. 《清末筹备立宪档案史料》上册，《中国近代史料丛刊》续编第八十一辑，
台北：文海出版社（缺出版年份）。

162. ［清］席裕福：《皇朝政典类纂》，《近代中国史料丛刊》续编第八十九辑，
台北：文海出版社（缺出版年份）。

163. ［清］学部总务司：《学部奏咨辑要》，《近代中国史料丛刊》三编第十辑，
台北：文海出版社（1986 年版）。

164. ［清］张百熙：《钦定学堂章程》，《近代中国史料丛刊》三编第十辑，台
北：文海出版社（1986 年版）。

165. ［清］国子监纂：《钦定国子监则例》，《近代中国史料丛刊》三编第四十
九辑，台北：文海出版社（1989 年版）。

166. Vygotsky, L. S. (1978). Mind in society: The Development of Higher Psychological Processes. Cambridge, MA: Harvard University Press, pp. 84-91.

167. ［美］恩斯特·冯·格拉塞斯费尔德.激进建构主义［M］.李其龙译.北京：北京师范大学出版社.2017：294、312.

168. Bloom, B. S. (1956). Taxonomy of Educational Objectives: Cognitive and

Affective Domains, New York: David McKay Company INC, pp. 62-175.

169. Gagnon, G. W., Collay, M. (2006). Constructivist Learning Design: Key Questions for Teaching to Standards. Thousand Oaks, CA: Corwin Press, p. 13.

附　录

附录一：京师大学堂人数的相关记载

1898 年京师大学堂招考了百余名学生，开学后不足百名。1899 年招徕渐多，近 200 人（喻长霖京师大学堂沿革略，《清代续文献通考》2，卷一百六，学校十三，页八六四八-八六五 0）。

1899 年，京师大学堂传到 218 人（光绪二十五年三月二十七日为调整大学堂谕，《北京大学史料》第一卷，页 49-50）。

1899 年，京师大学堂考取 500 余人，现时传到者 218 人，其住堂肄业者 170 人，不住堂而肄业者 48 人（协办大学士孙家鼐奏陈大学堂整顿情形摺，《京师大学堂档案选编》，页 77）。

1900 年，大学堂仕学院 27 人，中学生 151 人，小学生 17 人，附课学生 43 人（吏部左侍郎许景澄奏覆大学堂功效摺，《京师大学堂档案选编》，页 86-88）。

1902 年大学堂招生录取了仕学生 57 名，师范生 79 名。（喻长霖京师大学堂沿革略，《清代续文献通考》2，卷一百六，学校十三，页八六四八-八六五 0）。

1902 年 10 月直隶送 14 名学生。奉天送 5 人。贵州送 3 人。甘肃送 0 人。山东送 11 人。11 月浙江送 5 人。江西送 10 人。12 月云南送 5 人。广东送 5 人。（《北京大学纪事》上册，页 7-9）。

1902 年 10 月，仕学馆录取 36 人，师范馆录取 56 人。11 月，仕学师范又一共录取 90 人。（《北京大学校史》，页 21）。

1903 年 1 月，江苏送 8 人，湖北送 5 人。2 月，福建送 7 人。3 月湖南送 5 人。5 月，河南送 4 人。（《北京大学纪事》上册，页 9-12）。

1904 年招考师范生共计四百余名，但有录取不到者，到堂不久辞退者，自备资斧出洋者，拣发受职去者，游宦去学及各部奏调者，和因事开除者约有六、七十名。（喻长霖京师大学堂沿革略，《清代续文献通考》2，卷一百六，学校十三，页八六四八-八六五 0）

1904 年，大学堂预备科开办，给 18 省的名额共计 231 人（《北京大学校史》，页 24）。

1904 年，招考师范生共计 400 多人（喻长霖京师大学堂沿革略，《清代续文献通考》2，卷一百六，学校十三，页八六四八-八六五 O）。

1904 年，大学堂从各学堂挑选预备科学生，录取 8 名。（《中国近代学校教育制度史料》第二辑上册，页 839）。

1905 年，师范生录取 360 余人。（大学堂总监督张奏报开办预备科并添招师范生摺，《北京大学史料》第一卷，页 147-148）。

1906 年，优级师范生有 217 人，预备科生 136 人（《中国近代学校教育制度史料》第二辑上册，页 919）。

1906 年，仕学馆毕业 34 人。（《中国近代学校教育制度史料》第二辑上册，页 841）。

1906 年，师范馆毕业 103 人。（《北京大学创办史实考源》，页 264）。

1906 年，师范毕业 206 人。（《中国近代学校教育制度史料》第二辑上册，页 919）。

1906 年，预备科毕业 132 人。（《中国近代学校教育制度史料》第二辑上册，页 919）。

1907 年，师范馆毕业 98 人。（《北京大学创办史实考源》，页 264）。

1909 年，师范馆毕业 203 人。（《北京大学创办史实考源》，页 265）。

1909 年，师范馆毕业 223 人，预科毕业 99 人（《北京大学纪事》上册，页 21-22）。

1909 年，师范馆毕业 206 名，预备科毕业 132 人（《北京大学校史》，页 26）。

1909 年，预备科电各省咨送中学生 200 人，但报名者不满十人（《中国近代学校教育制度史料》第二辑上册，页 847-848）。

1910 年，大学堂高等科预计招生 150 人，报名者 30 余人（《北京大学史料》第一卷，页 359）。

附录二：各省选送京师大学堂学生事由

提督山西学政翰林院编修 刘 为呈请展期选送学生事（光绪二十八年七月）

师范馆学生除由京师由本大臣招考收取外，余当取各省举贡生监，比求品行端方，志趣闳远，中学既具根柢，西学已谙门径者，由各省督抚学政就近调考咨送其考试之法。除中国经史大义首需考验外，如算学则试以开方比例之程式，物理则试以声光化电之浅理，历史则试以东西洋沿革大略，舆地则试以中外各境大要情形，条对详明，方为及格。至于东西文之译读，图绘学之共，能苟得兼通，尤为完善。至各生年岁具取三十以内，由本省督抚学政逐加考验合格，咨送来京。

查山西风气较沿江沿海省份不同，所有各属举贡生监于中西学文俱有门径者，本自无多，拟在晋省学堂中考选数名咨送。

（京师大学堂档案馆，全宗一，卷 19（1），js0000019）

新疆巡抚咨复师范学生无从招考由

新疆地处边塞，风气未开，并无西学教习创设学校堂，与甘肃事同一律，甘省已由鄂延请普通教习赴甘，始行办理，俟办理有成，效新省即行照办。饬据藩司议详在案，兹准前因所有前项师范馆学生现在无从招考，相应咨复，为此合咨贵大臣，请烦查照须至咨者。

（京师大学堂档案馆，全宗一，卷 19（1），js0000019）

甘肃学政咨师范生尚无合格之选由

甘省地处极边，士风朴陋，大学堂甫经购料兴修，风气初开，各属应考者甚少，屡经考试，粗通沟股者，不满十人。如和较方圆诸法，略具程式，用以推测，高深广远，则度数参差不准，他如声光化气，更无师承，入京师大学堂骤无合格之选，本督部堂屡查确系实情。

（京师大学堂档案馆，全宗一，卷 19（1），js0000019）

陕抚咨复京师师范现无合格学生无从咨送由

惟新建之学堂尚未造成，先就旧学堂开办，人数未能宽取，暂定额数分别大省七名。

陕省地方僻远，读书人素少见闻，不惟西学，一切专门，固乏当行，普通亦无蹊径。即于中学经史渊源，因少师承，根柢殊难深造。（京师大学堂档案馆，全宗一，卷 19（1），js0000019）

后　记

　　本书是以我的博士学位论文为主体而来。我的博士学位论文前后花费了八年时间才完成，耗时漫长，且期间充满了各种困难，对于我本人和导师、家人、朋友都构成了艰难又严峻的考验。这些问题的主要原因，首先是我自己进入到一个从未接触过的历史研究领域，对许多研究问题感到陌生；其次是研究能力不足，不擅于驾驭丰富的史料。

　　这些困难给我的导师陈学飞教授增加了工作量。学飞老师不但要指导我的宏观选题，还要忧虑我在教育史研究的基础薄弱问题。他不但花费大量心思指导我的论文框架、理论基础、史料运用和写作技巧等学术的方方面面，并且还以学者的宽广包容之心，为我引荐其他历史研究领域的老师，让我有更多机会与这些优秀学者学习。学飞老师不仅是引领我进入学术研究之门的恩师，也是奠定我人生方向的导航者，更是促使我完成这本著作的关键力量。特别感谢学飞老师，没有他的关心与帮助，就没有这本著作。

　　此外，还要感谢我的副导师李春萍。春萍老师对我的博士论文给予了大量指导，经常利用自己的课余时间来阅读我的论文，而后推荐具有研究价值的历史材料、参考书籍。她时常与我面谈，讨论论文内容，纠正我在研究中的种种主观臆测。她对我的研究毫无保留地付出了大量时间与精力，对我的研究能力积累和提升起到了最有力而直接的帮助。本著作的出版也是因为有春萍老师的居中联系。

　　还有北京大学教育学院的几位老师，以学者的宽阔胸怀提供了有价值的意见，促使本论文的成长。陈洪捷老师数次对我的研究问题提出改进意见，让我不断对研究问题进行更深入的思考，逐步聚焦。施晓光老师对我的论文选题提出理论方面的疑问，拓宽了我狭隘的思路，并且经常关心我的学业进展情况，让我感受到教育学院的温暖。郭建如老师帮助我确定论文的思路和方向，并且指导我在日后的研究中对涉及的相关问题作更广泛、深刻的思考。展立新老师无私地帮助我完成论文，并且经常鼓励我去提出各种疑问或个人观点，让我学习树立展开研究与探索知识的信心，而不只是一味盲从现有研究成果。他们的帮助让我深刻体会了探索学问的精神，见到了大师风范，从中看到了自己未来方向。还要特别感谢浙江大学的田正平老师，田老师在我冒昧写信请求指导后，在百忙之中还通过书信形式，毫无保留对我的文章提出了卓有见地的修改建议。

除了师长之外，论文的完成还离不开家人和挚友的大力帮助。游国龙和涂端午两位博士是我的好兄弟，他们用卓越的思维能力对本论文从选题、到框架确立、理论选择、论述等各个环节提供了许多启发性的意见。他们在我对自己的选择和研究能力有所怀疑时，毫不吝啬地给了我最有力的支持和关怀，让我树立信心，坚持完成论文。

感谢家人和挚友陈信达、连尉良、曾镇亚在我写作中的困难时期，从故乡台湾给予我无微不至的关心和坚定不移的信心。

还要感谢担任秘书的同门师弟妹陈汉聪、蔺亚琼和郭俊，他们在繁重的学习之余，还为我的综合考试与论文答辩付出了宝贵的时间与精力，让流程顺利进行。

作为我进入教育史研究领域的起点，本著作仍存在许多不足之处，史料还可以更加丰富，也有引用理论的空间，对于种种的不足，我将在后续研究中逐步加以改进，并期待将来能够提出更为成熟的个人观点。